対話の世界

心理援助から「いのち」の教育へ

井 上 信 子 著
Nobuko Inoue

神田橋條治 対話
Joji Kandabashi

新曜社

〝変貌〟ということ——序にかえて

人は生きていく中で、どんどん変わっていく。森有正がそのエッセイの中で繰り返し述べたように、時の流れの中で、経験の累積の中で、人は〝変貌〟していかざるをえない。その〝変貌〟は、単に感性や思考法や生き方が変化するというだけでなく、多くの場合、一人の人間としての基本的な成長ないし成熟といった色彩を帯びている。

〝変貌〟は徐々に緩やかにもたらされることが多いが、時には急激に生じることもある。「転機」と呼ばれるような、急激な一挙の変化である。ある時ある場での「出会い」によって、「体験」によって、人はそれ以前とは全く異なった、ものの感じ方、考え方、判断の仕方をするようになる。

通常こうした〝変貌〟は、行きつ戻りつを含むジグザグの軌跡を辿る。まさに〝メタモルフォーゼ〟と呼ぶべき変化である。その場限りの表現や行動の習得にとどまったり、新たな自己欺瞞の罠に陥ったりして、自分にとってよりシックリした生き方につながらないこともある。いずれにせよ、本書に納められた数々の文章は、多くの人に新たな〝変貌〟を迫る点を持つ。現状を見つめ直し、〈ジグ！〉と新たな一歩を踏み出すべきだと強く思わせるものがある。その後の〈ザグ！〉がどのようなものになるのか見当がつかなくても、である。ただ真摯でさえあれば、ジグザグの行程を通して、少しずつ自分の内部に潜む自分にとっての真実を探り出し、それを自分の判断や行動の中で大事にしていくことを学んでいく。自分自身の「実感」「納得」「本音」の世界への気づきであり、そうした内的世界に脚を着けて歩んでいくことの学びである。

本書の全体を綴り合わせている一本の赤い糸があるとすれば、それは人の〝変貌〟ということであろう。本書の各章には、心理臨床の場で、大学の教室で、著者と関わりを持った人達の〝変貌〟の物語が語られている。またこれと同時に、著者自身がそうした関わりの中でどう〝変貌〟したかということが、端無くも示されている。

しかし私自身にとって最も大きな関心は、もっと巨視的な視点から見た場合の著者の変貌である。川の流れが上流から流れ下っていく中で、水嵩を増し、時には急流となり、時には淵をつくり、時には緩やかにゆったりとしたたたずまいを見せるのと同様、学生時代から今日に至るまで、著者自身かなり大きな変貌をこれまで何度か示してきた。こうした中で特に、神田橋條治という巨岩との邂逅によって、どのような転機が生じ、どのような変貌が生じたのか、ということである。

この巨岩との出会いがどんな「幻想」を生んだかは、私にとってそう大きな問題ではない。関心のあるのは、巨岩への「傾倒」であり、それを通じて生じた変貌である。著者の前著『対話の技』から本書に流れている通奏低音が、それ以前の著者の姿とは違う何を物語っているのか、である。さらには神田橋先生が本書の冒頭に示唆されている「別れ」の後、この奔流がどこに向かうのか、である。この著書の出版後に示されるであろう著者の新しい門出についても、本書から予め何かを読み取りたい気がしないではない。

二〇〇四年八月二十七日

兵庫教育大学 名誉教授　**梶田叡一**

まえがき

前著『対話の技』［新曜社 二〇〇一年］がこの世に産声を上げた頃、わたくしはもう、そこにはいなかった。わたくしの〝いのち〟が、折り返し点を迎え、「いかに死ぬか」を想うようになった。そして、わたくしは、自覚しうる「最後の楔」から自由になった。やがて「わたくし性」に徹することに怖れを抱かなくなった。

わたくしの〝いのち〟は五年の歳月、対話精神療法［同書参照］に埋まり、後に、その「技」の一部を冷評し、いま、それを対岸のなにものかであるように眺めるに至っている。

その変容を見つめながら、わたくしのいのちは、「生きていれば〝いのち〟はその人らしくまっとうしようとする」ことを直覚した。いのちに、静謐に流れる静的ないのちと、天を仰ぐ動的ないのちの二様あると感ずるようにもなった。さらに、その営みは、悠久の時を刻みながら進化し続ける「大いなるいのち」に抱かれている、とも感ずるのである。

わたくしは、人間のこころという不可思議なものに魅せられ、そのありようをわずかでも知ることで、子どもたちが輝いて、幸せに生きることに役立ちたい、そんな夢を抱いて研究の道を歩み始めた。いま、臨床や教育の理論や技法はさまざまにある。しかし、子どもたちの現状を見る限り、いまのままではその夢は実現しそうにない。いかなるゆえであろう。

わたくしはその理由を、導く者が子どもたちの〝いのち〟を感じていないからではないか、と思うようになった。

わたくしのいう〝いのち〟とは、からだとこころ以前のもので、同時にからだとこころに流れる「生きていく力」のことである。そして、それはからだとこころに調和と統一を与えている。樹木に譬えるなら、樹木の内空間をみたし、樹液をその年輪に染み渡らせ、すみずみまで巡らせる「息吹き」のことである。さらにそれは個のなかに閉じていないものである。

わたくしは、初心に立ち返り、この思いつきを実行に移すことにした。樹木の傍らに佇み自らのいのちの流れと樹木のいのちの流れが感応しあうように子どもとふれ合う臨床と、その子どもの〝いのち〟にひたすらに感応する大人を育てることから始めてみた。そして、その出会いのなかで、彼らの生きていく力を感じとり、そこから開花を求める才能や資質を汲み取り、それを妨げるものは「揺らし」、開花への「自発」を誘うことを試みた。「揺らし」は治療的、「自発」は教育的である。

人はどうあれば〝いのち〟のありようのままに生きられるのだろう？　どうすれば〝いのち〟は輝きだすのだろう？　そのためにわれわれはどうかかわればよいのだろう？　——日常の人間関係の知恵と力を底力とし、「観察」と「連想」と「対話」によって、その問いの答えを手探りしていこうと思う。本書は、その試みの端緒である。

本書は三部構成になっている。

第一部では、わたくしがスクールカウンセラーとして対話したケースを検討することを通して、「子どもの〝いのち〟にふれる教育臨床」について考察する。

第二部では、前著『対話の技』に登場したC子さんとGくんが、その後三年間の経緯と成長を自ら綴り、さらにお母様たちが、子どもとの対話によってご自身がいかに変容したかを拓き示して下さった。これらより、「〝いのち〟を育てあう」ということについて考える。

第三部では、わたくしの教育実践、すなわち大学でのゼミにおける対話を通して、学生たちとひとりの社会人がいかに自らの〝いのち〟を生き始めたかを、彼女たち自身が開示した内容をもとに探る。そして最後に、師匠、神田橋のわたくしへの育みの一部を示し、無意識界における「〝いのち〟の対話」について吟味する。

なお本書では、公表に関してクライアントにご許可を頂いた後、プライヴァシー保護のため本質だけを残して改変を行っている。ご了承頂ければ幸いである。

二〇〇四年 七月六日

「死」を見つめて

井上信子

はじまりの対話

精神分析の誕生に大きく寄与したのは、フロイトのフリース体験である。かつてフロイトは「私は自分の神経症の故に、一時期、彼を愛したことがあった」と語っていたという。そうした経緯について、いまは亡き小此木啓吾は『フロイト――その自我の軌跡』のなかで、「傾倒や幻想なしには、どんな自我の成長も起らない」という卓見を述べた。それに対しボクは「傾倒や幻想と別れなしには、どんな自我の成長も起らない」と付加提案した〔「書評『フロイト――その自我の軌跡』」（『神田橋條治著作集 発想の航跡』所収）〕。小此木先生に傾倒している自分への指摘でもあった。

フロイトの位地に置かれるのを井上さんはひいきのひき倒しと思うかもしれないが、それは資質の大小であって、構造はかわらない。井上さんのなかから、なにか独自のもの、自らの資質の開花となるものが誕生しようとしている。その姿はまだ定かでない。

二〇〇四年 七夕

神田橋 條治

対話の世界　目次

装画　奈路道程
装丁　上野かおる

対話の世界

——心理援助から「いのち」の教育へ

今を生きる〝いのち〟たちへ

第一部　心をはぐくむ対話

心をはぐくむ対話

ある年の春、さる地方からスクールカウンセラーの依頼が舞い込んだ。わたくしはわずかに逡巡した。いまだに、よそ者かうち者か（県出身者か否か）、男か女か、年配か弱輩か、この三つの基準で暗黙に人間関係が決まる「地方」において、若輩で女でよそ者のわたくしは最も不利な条件にあった。さらに、わたくしは個人面接の経験はあるが、グループの経験はなかった。心理臨床の理論や技法にはそれぞれに意味がある。しかし、わたくしはこの頃すでに、個人や集団を動かす根幹は、論でも技でもない、ほかの「何か」であると直観していた。また、転移や操作から距離をとった、人と人が真実にかかわる「実人生の相談」のあり様を模索し始めていた。そこで、素の自分が、特定の心理臨床の理論から徐々に離れ、日常の人間関係力を用いてかかわることで、その何かを見極めようとこころに決めた。そして、はじめて学校という「場」で相談を受けることになった。資格は、心理学を専門とする大学教員である。

赴任先は、港近くの朝市が活気に溢れる、人情に厚い町だった。事情があって任期は一年だった。

潮騒が鳴る小学校がわたくしの「出会いの場」に決まった。初対面で校長先生はわたくしに『まず校長からカウンセリングして頂かないと』と仰り、返答からわたくしという人間を見極めようとされた。わたくしは「お手合わせ」という感じで腕が鳴り、〈ごめんなさい。わたくし、重症患者はもたないことにしております〉と即答した。すると校長の雰囲気が一瞬緊張してわずかに後退りした。が、からだは閉じなかった。その変化から、わたくしは校長に、そんなジョークを許容する感受性の余裕と、強さと傷つきやすさの同居を感じとった。校長の「傷つきやすさ」は、揺れる力というナイーブさ、つまり他者の痛みに共振れできる共感性を意味している。これは極めて臨床的な資質である。そして恐らく、ご自身もその資質に気づいておられる。だが、管理職になられた時、努めてそれを押さえてこられたのではないか、と感じた。だが、校長はわたくしとのはじめの対話で、その押さえているものが引き出される恐れを感じて一瞬、後退りした。しかし、押さえている自覚があり、抑圧されていない。かつ、わたくしがご自分と共通の資質をもつと察して同類の安心感が生まれ、ゆえにからだは閉じなかった、と推理した。人間は動物であるから、出会い頭の一瞬の気迫で関係が決まる。だから、この出会いはとりわけ重要だった。

また、教頭先生の春うららの足取りとやる気に満ちた雰囲気は、校長が他者を信頼し、まかせるタイプのリーダーであることを推測させた。そこで教頭に校長とのつきあいについて聞いた。すると教頭は『校長はこの四月に着任されたばかりなんです』と応え、溢れる喜びを押さえ切れない様子だった。そこには長い厳冬を耐えた「足跡」があった。人は抑圧から解放された時、最も自由を謳歌するものである。教員たちは親切丁寧だった。だが、スクールカウンセラーに対する内心の緊張と警戒心は相当なものだった。しかし、わたくしはこの日、大らかな潮風のわたる兆しを感じていた。

つぎに校門をくぐった日、校長はわたくしを連れて、一年生から六年生までのクラスをひとつひとつ回り、子どもたちに『みんなの悩みを聴いてくれる相談室の先生です』と紹介してくれた。すると、つぎの休み時間には相談室の前がちっちゃな黒い頭の人だかりになり、わたくしはパンダの気持ちにやけに共感的になった。

その時、人ごみをかき分けて、痩せっぽちの女の子がドアを開けて入ってきた。『あたし、悩みがあるんです……』その子は、まっすぐわたくしの目を見て言った。細く、高く、大人びた独特の発声だった。「悩み」というちょっと大人っぽいことばを使うことへの幾分の「誇り」と「憧れ」が、その声に秘められている、と感じた。即座にわたくしは、この子の「悩み」への恋心と治療同盟を結んだ。そして〈そう、わたくしでよければ聴きましょう〉と言って、小さなレディーを椅子に案内した。

対面してみると、テーブルの上におかっぱ頭と顔だけがちょこんとでていた。三年生のJちゃんだと言う。その子は『わたし女の子なのに、きれいな女の人見るとドキドキするの。それにクラスでも女の子が好きなの。変かなぁ？』と尋ねた。意表を突かれたわたくしは、男の子を好きになる前にみんなそういう時期があること、それは自然な憧れの気持ちで、わたくしもあったし、いま大人になってもあると伝えながら、この時期の同性愛的な心理をうまく説明できない自分に焦りを感じていた。わたくしは、自分の答えが〔なんとなくズレている〕と感じ、Jちゃんの「重要な他者」に合格する自信がなかった。その子は『うん』とひとこと言って立ち上がった。『うん』の「ん」の音の響きに、上る飛行機雲のような余韻が籠り、椅子から立ち上がった時、その子のからだが約三〇度わたくしに向けて開いていた。そのとき、わたくしは〔受け入れられた！〕と感じた。こうしてガラス越しの衆人環視の下、はじめての面接は三分で終わった（Jちゃんは一ヵ月半後に再来し、本書第一章に登場してくれている）。

以来、つぎつぎに子どもたちがやって来て、心や生活の悩みを打ち明けてくれた。わたくしは子どもの個人面接に集中した。そして子どもたちがみるみる変化するにつれてご父兄が訪ねて下さるようになり、やがて先生方の不安が解けて、おこころのうちを語って下さるようになった。クラス児童の相談のつもりが、やがて先生ご自身の問題に移行するのは親面接と同じだった。来談者はみな一生懸命で正直だった。

つぎに、そのうちの三つのケースをご紹介し、子どもの「いのち」の流れに添う心理臨床と、その動きによって揺り起された、周囲の大人たちの「いのち」の世話をする感受性について考察したい。

第一章　対話と援助

はじめに

幼稚園から小学校くらいまでのいじめは、なんとなく始まることが多い。ある子どもが、ある日、なんとなく、誰かを「構いたく」なる。そして一対一でそれを繰り返しているうちに（第一段階）[1]、仲間が加わって次第に意図的・集団的な「弱い者いじめ」へと転化する（第二段階）。やがて、教育熱心な親に「支配」されて底深い不安を抱える優等生たちも、この「弱い者」を攻撃の標的にするようになる（第三段階）。しかし、ことが露見すると、この優等生たちは、すべてを当初の「いじめっ子」に被せ、巧妙に彼らを糾弾して迫害する（第四段階）。これは学級内のいじめの典型的過程である［竹内　一九八七年］。

この過程で学級集団から貶められた「弱い者」と、迫害された「いじめっ子」は、遊び仲間を根こぎにされ、前思春期（小学校高学年頃）に同性同輩の親友を得るのが困難になる。この事態は思春期以降、長きにわたって、「性」と「孤独」の領域に深刻な影響を及ぼすことが明らかにされている[2]［サリヴァン　一九九〇年］［笠原　一九七七年］。したがって、前思春期入り口の小学校中学年、いじめ「第二段階」のうちに、適切に対処することが重要である。

本章で紹介するのは「構われやすい」特徴をもつ小学校三年男子が、いじめ「第二段階」の傷を抱えて、自ら学校の相談室を訪れ、わたくしに援助を求めつつ、敢然といじめっ子に立ち向かった例である。

〝資質〟開発援助の方法として〝対話精神療法〟を用いた［神田橋 一九九〇・一九九四・一九九七年］。これは「対話により資質を引き出し、いのちを生かし」「自己認識を深め、その過程で内省的自己を育むことを目的とする」［井上 二〇〇一年］治療法である。すなわち、対話の技を用いて、個体に潜在する〝資質〟や能力を見極め、引き出し、開花へ導く。その結果、個体のいのちが甦り、生命力・自然治癒力が高まる。すると個体は溌剌と生き始め、高まったエネルギーが治癒を促すだけでなく病を予防する。〝対話精神療法〟はその状態に導く方法であり、教育実践と重なる援助法である。

それでは、小学校中学年における「いじめ初期」の対処について検討したい。

事例概要

Hくん　小学校三年生／男子

主　訴　いじめられないようにしたい。

臨床像　背が低く、顔だちが愛らしく、茶髪。

家族構成　父親と母親（いずれも二十代）とHくんの三人家族。自営業。本人は嫌がったが、両親が彼を可愛くしたい思いからHくんの髪を染めた。

面接経過

面接は全部で六回。当時、相談件数が多かったため一回十五分しか時間がとれなかった（以下、『……』はHくん、〈……〉はわたくしの発言を、〔……〕内にはわたくしの連想内容を示す。初回は、すべてのテーマが網羅されているので詳述する）。

【第一回】X年／六月下旬

Hくんは入室すると床をすばやく移動し、椅子に滑り込んだ。全体の印象は〔機敏な小動物〕。着席したからだは、右半身が前に出て斜めに構え、「攻めの姿勢」である。肌は日焼けして浅黒く、張りがあり、爪は薄ピンク色で、目に光がある。これらよりわたくしは、Hくんは「健康状態良好」「筋肉運動優位」の資質〔井上二〇〇一年〕、そして勝とう負けまいの「負けず嫌い」という仮説を立てた。

わたくしはHくんに氏名と学年を問うたあと、〈なんのご相談かな?〉と聞いた。すると『いじめをなくしたい。とくに女の子にいじめられたくない』『どうしたら頭がよくなるか』『いろんなことを相談したい』と、早口で言う。声は喉から頭頂部へ抜け出て細くうわずっている。話していてもからだは用意ドンの体勢で、すぐにも椅子からつるりと抜けそうである。〔『いろんなこと』と言った時の雰囲気に、何かがHくんのからだの奥に向かって渦を巻き、深まろうとする気配がある〕――〈うん。H君と私でアイディアを出し合って、話し合いながら、一緒に考えていくのが私の相談の仕方なんだけど、それでいいですか?〉――Hくんは『いいです』と、こっくり頷いた。

〈いじめって、どんな感じ?〉――『理科のテスト（の人の答案を）見てないのに「見た」と言われた』――〈誰に?〉――『a・b・c（すべて男子）』――〈いじめるのは、いつもその子たち?〉――『女の子とか、二組（隣の組）の人もいるけど、その人たち』――わたくしは〈おそらく、いじめは第二段階だが、かなり進行しているかもしれない〉と見当をつけた――〈うん。言われてどう感じた?〉――『嫌だった』――〈うん。それであなたはどうしたの?〉――『(担任の)先生に言って、先生は怒ってくれたけど、まだなおっていない』。わたくしは続けて、いじめの内容、それへのHくんの対処法、対処の成功/不成功を聞いていった。そしてHくんの話をまとめて、〈いままで、先生を頼ったり、言い返したりしたけど、うまくいかなかった〉と確かめた。『うん』――〈それでいま、ほかに思いつく作戦はある?〉――『無視する』――〈うん。それもやるなら徹底的に! 相手にしない!! どう?〉――『うん、やってみる』。Hくんのからだが弾んだ。〈GO!〉〈ふたりはこの瞬間「同志」に、相談室は「作戦会議室」になった〉とわたくしは感じた。

〈ところで、あなたの好きなことは何?〉――『サッカー。校庭で火・木・土やってる』――〈うん。じゃあね、ひみつの勉強法を教えようかな。これは、好きなサッカーを思いっきりしたあとにすると効果が上がるんだよ。OK?〉と、声をひそめて言った。Hくんは目を見張って頷いた。わたくしはカルテの裏に家の絵を描きながら、〈いいかい、みーんな間違ってる。百点取ることが大事なんじゃない。間違えた問題を二度と間違えないようにすることなんだ。このお家、見てごらん。いまお家の土台造りをしている。ここ(土台)がポコポコ抜けてたら、その上にお家を建ててもいつか土台が崩れて家が全部倒れちゃう。H君が間違えたところは、このポコポコ空いてる所。ここを埋めにゃあ。そうすれば、あとは上にレンガがどんどん積み重なって、いつかお家が完成して百点満点! どう?〉。Hくんは身を乗り出して、絵を覗き込み、ぐうっと集中して聞いていた。わたくしが話し終わると、『やる』と、こくんと頷いた。さっきまでうわずっていた声が、いま、胸いっぱいから出た。「なぜいままで勉強がだめだったのか、腑に落ちた」という感じだった。からだの重心が下がり、気力が充実してきた。念のため、努力しても成果がなかなか上がらない時期(プラトー)があるけれど、それを越えるとびっくりするくらい伸びる時期が来ることも伝えておいた。〈これはサッカーの技を身につけるときも同じだよ〉とつけ加え、最後に〈やってみて、その結果を私に報告に来てくれますか?〉と聞いた。『はい』と言ってHくんは歩き出した。四、五歩行って、振り返り『ポコポコを埋めるんだね』と確認した。わたくしは〔君ならできるよ〕を雰囲気で伝える気持ちを込めて、頷いた。そして〈では、また。失礼します〉と言った。Hくんの『ありがとうございました』は、希望に満ちていた。次回の日程は決めなかった。〔大きくなりたいときは自分で乗り切るのが快感。期限を切らないで、やりたいだけやることが、「手応え」を確実にする〕と考えたからである。

【第二回】 九月下旬(三ヵ月後)

Hくんは、久し振りに来談し、『サッカーの蹴りが上手くなりたい』と言う。からだが捩じれて、戦闘態勢である。〈誰か上手なお友だちに教えてもらうのが一番いいんだけど〉――『t君が上手』――〈教えてもらえそう?〉――『うん、六年生。頼んでみる』――〈どんな技にもコツがある。それは、じかに教えて貰わないと身につかないんだ〉――『うん、t君に教えてもらう』『勉強は、言われた通りにしたら、八〇点、九〇点取れるようになったよ』と言う。夏休みに相当、自分で努力したらしい。ちょうどこの時期、一学期の復習の小テストが続き、勉強したところが出題されて思わぬ成果が上がった。〈うん。報告に来てくれて、ありがとう〉と言うと、Hくんのからだが、なぜかきゅっと締まった。嬉しさが内向して、からだのなかに少しずつ、実がつまっていく感じがした。

【第三回】 十月中旬

Hくんは席に着くと『vもxもいじめられる。助けてあげたいけど、助けてあげたら自分がいじめられる』と、つらそう、悔しそうに言う。〔あなたは正々堂々と闘う人だから、悔しいだろうな〕――『(僕のことも)名前をもじって「ちわわ」って呼んだり、「一休さん」て言ったりする。傷ついてる』――〈うん。誰が?〉――『a・b・c(いつもの三人)、d・e・f・g』――〈うん。言われた時、どうする?〉――『「いやだ。やめて」って言う』――〈そうすると、どうなる？〉――『一日だけは効いてやめるけど、忘れてまた言う。先生に何回も言ったけど、怒ってくれない。こころに傷ついたから、だから相談に来た』――〈うん〉。わずかの沈黙のあと、『t君に言って、リフティング五回できるようになった』と言う。〈やったあ！　ペレやジーコに近づいたね〉――『うん』『v・w・x（男子）、y・z（女子）たちが助けてくれる。（いじめっ子たちに）立ち向かってくれる』――〈あなたが、堂々と闘ってる姿を見て、味方したくなったんだなあ、きっと。その気持ちわかるなあ〉――『うん』『勉強もできるようになってきた』――〈了解〉。

【第四回】 Ｘ＋一年／一月中旬（約三カ月後）

『班の人はやさしい。でも、ほかの班の人は「ちわわ」とか「ちくわ」とか言ってくる。嫌なことを言う。どうすればその悩みがなくなるか。二年の頃ずっと「一休さん」と言われてた』――〈一休さんて、どんな人って思ってる？〉――『偉いお坊さん』――〈そう。いろんな頓智やアイディアを思いついて、それで相手が「参った」になっちゃう〉――『でも悪気で言ってる』――〈そうだね。でも、不思議だなあ？　なんでもっと変な人や駄目な奴にしないんだろう。なんで、偉くて頭のいい一休さんなんだろう？　やっぱり、いろんなこと思いつくとこかなあ？〉と、わたくしは首をかしげて空中に問いを置いた。わずかの沈黙のあと、『aが「決闘」って言ってきた。嫌だ。怪我させられたこともある。押されて膝擦りむいた。「先生に言うから」と言ってもだめ。前から同じで（先生は）甘いから怒ってくれない。どうして言ってくれないのかと思う』と言う。〈ふむ、どうしてだと思う？〉――『子どもゲンカだから』――〈なるほど、大人を見通す力がある〉――『aに、サッカーの時、ドリブルで勝ちたい。親指で蹴る。やったらよく飛ぶようになった』――〈うん、いろいろ思いつく。工夫する力もある〉――『t君を抜きたい。六年も追い越したい。Aチームに入りたい』――〈うん。考えたんだけど、あなたは、悪気もだけど、友だちが自分を馬鹿にしてることに怒ってるんじゃない？〉。Hくんはこっくりと首を縦に振った。〈うん。そしてあなたは、どうしたらいいか、自分でわかってる〉。Hくんのからだがこの瞬間、戦闘態勢になった。『bは、足にスピードがあるから、サッカーだと抜く自信がない』――〈うん。じゃ、別の何かなら自信ある?〉――『ドッチボール。bは、僕のボールに五十回位当たってる。足を狙う。gは大きいから股をくぐって後ろに回りこむ。疲れたときは湿布して、一日たったら終わってる』――〈いろいろ思いつくねえ。参ったなあ。いじめに知恵で立ち向かってる。立派だな。私はずっとあなたを応援しています〉。Hくんは嬉しさを噛み締めた。（わたくしは〈でも、疲れるほど頑張りなさんな〉と、ことばを続けようとして、やめた。「人は時に無理をしないと大きくならない」という恩師のおことば[3]が浮かんできた。私もそうして育ててもらった。（H君はいまがその時なんだ）と思い、胸が熱くなった。）

Hくんは『また新しい作戦ができたら来ます。ありがとうございました。失礼します』と言って、深々とお辞儀をした。上体を起こしたとき、背骨がしゃんと音をたてた。その声は、からだの内側から出て、わたくしに呼びかけていた。

【第五回】 一月下旬

『aと話をしない。遊びたいグループにaが入っていたら、入るか入らないか、そこで決める。いい人（自分の味方をしてくれる人）がいるかいないか、見る。いい人がいたら入る。いなかったら入らない』『d（六年生）はいじめなくなったよ』――〈どうしてだと思う?〉――『ぼくがずっと無視したから。aもbも二学期にきて、いつのまにかやさしくなってた』『作戦を紙に書いている。それでも効かなかったら、先生に言ったり、aの好きな女の子の名前を他の子にばらす』――〈ははは、それはすごい作戦。参ったなあ〉――『ジャッキー・チェンみたいになりたい。a・bが突進してくる。足をひっかけて倒す』。Hくんは目をキラキラさせて、その場面を想像しながら話す。『いちばん効いた作戦は、最初の、無視だった。それと「好きな人をばらすぞっ！」て言ったことだと思う。そして、ありがとうございました』と言って、風を切るように帰って行った。いつのまにか逞しくなっていた。

【第六回】 二月上旬

着席するなりHくんは『いじめがなくなったよ』と、わたくしをまっすぐ見て言った。わたくしは意表を突かれたが、〈うん〉と、厳粛な気持ちで頷いた。（わたくしはひそかに「戦友だった私たち」を惜しんだ。）

『おととい、ゴールの前に置いて蹴ったボールが（サッカーの）ゴールを越えた。aは（両）手でボールを持って蹴らないと越えない』『一年から六年までのいじめがなくなった。いちばん優しくなったのはa』『勉強のほうは、五〇点から上にあがった。前は五〇点の下だった。たまには九九点のときもある。名前を書き忘れた』『サッカーAチームに上がりたい』『いじめられたら、すぐ泣かないでやり返す』――〈うん〉〈そうか、泣いていたのか。私に言わなかった。男の沽券にかかわるもんな〉と、なにか、いじらしかった。〈しかも全学年にいじめっ子がいたのか。大変な闘いだったんだな〉。『背の高い六年生のs君が守ってくれた。またいじめられそうになったら、大きな子の側に行って守ってもらう。遊んでもらってる』――〈うん、賢い作戦〉。

しばらくの沈黙ののち、Hくんは、ことばの闇のなかからいま立ち現れた人のように、静かに言った。『相談に来るのに迷うとこがある。前に進みたい。けど、いまできない気もある。なんか、知らないうちに言いたくなってくる。また来る』。わたくしは〈うん。三月までは、いる〉と返した。Hくんのからだがぎゅっと締まり、顔が堅く、暗くなった。そのままHくんは椅子から立ち上がって出口に向かった。初回のときあれほど浮いていた腰が沈み、いまは床を踏んで歩いている。ゆっくり。スローモーションを見ているようだった。何かが変わった。Hくんは黙礼して帰っていった。そして、これが最後の面接になった。

Hくんの担任教諭は、実力も子どもの人気も高い先生だった。そして先生は、Hくんが強くなり、友だち関係が改善されたことを認めた。しかし「親が変わらないとだめ」というのが先生の結論だった。翌年、新任者が担任になった。半年後、その新しい担任にHくんの様子を聞いたところ、「H君は元気撥剌で、仲間関係も良好。相談室に行っていたのが信じられない」という反応が返ってきた。勝利者Hくんに、いじめられの影はなかった。

考察

「構われ」やすく、「いじめられ」てきた小学三年の男子が、いじめっ子に立ち向かう知恵を借りに来談した。そして、いじめの対処法を自分でつぎつぎに思いついて実行し、いじめっ子たちに敢然と立ち向かい、自力で事態を打開していった。以下、Hくんの例における〝資質〟開発的援助の方針と対人関係について考察する。

資質を生かす

〝対話精神療法〟は、問題解決のために、個体の〝資質〟を使う。それが同時に資質を伸ばすことにもなる。また、資質が伸び開花すると生命エネルギーが活性化される。すると自己治癒力が高まり、かつ、個体内の劣位の資質への補完作業にもエネルギーを配分する余裕ができる［井上 二〇〇一年］。これらは、すべてのケースにあてはまる大方針となる。

そして、資質を見極めるための情報収集手段として、五感による個体の観察を重視する［神田橋 一九九〇年］。情報のうち、からだの生理的現象が最も確かなものであり、わけても「声」は、人間の生命維持の根幹である「呼吸」の乱れ・調子を直接的に表すので、濃やかな観察を必要とする。

個別方針

初回面接での、動作を含むからだの観察によって、Hくんは「筋肉運動優位」の資質であると判断され、問題解決に「運動」「行動」を使う、という個別方針が選択された。「筋肉運動優位」とは、個人において運動的〝資質〟の開花が、言語や感覚などの他の資質に比して顕著に目立つ特徴をいう［井上 二〇〇一年］。

さらに、Hくんがわたくしに最初に言ったことばは、『いじめをなくしたい。とくに女の子にいじめられたくない』『どうしたら頭がよくなるか』『いろんなことを相談したい』であった。わたくしは、これを聞いたとき、Hくんの訴えのもうひとつ奥にある心根は「われ、強き男児なり。それ相応に待遇せよ」という自己主張であると感じた。「強き男児」とは『とくに女の子にいじめられたくない』の表現から推測した。これはおそらく「男の子だから女の子に負けてはいけない」という父親の生き方の取り入れであろう。そう予測するのは、父親の職業が自営業であり「人の下に立たない」「しかし社会と協調していかなければならない」という価値観をもちやすいだろうからである。さらに「相応に待遇せよ」は、『いろんなことを相談したい』とHくんが言ったとき、わたくしのなかに起こった〈何かが求心的に深まっていく〉感覚が摑んだテーマである。すなわち、いろいろな外側の事情はあろうが、メインテーマは「適応」ではなく「自己確立」である。だから「いじめられ」への危機介入ではなく、本来の自己というものが開発されてくる機会としてみたほうがよいと察知した。そこでわたくしは、Hくんを自己確立した人として待遇した。人は、他者に接せられたように自己自身に接するようになるからである［井上 二〇〇一年］。すでに発現しかかっている、健全にして可能性豊かな成長過程を感じとった感覚が、その方針を決定させたのである。

方針の具体化はまず「運動優位の資質の開花」を最重要に位置づけた。Hくんがサッカーを生活のなかで最も大事にするように支持し（〈ひみつの勉強法は……好きなサッカーを思いっきりしたあとにすると効果が上がる〉【第一回（プラトーの説明のあと）】、〈これはサッカーの技を身につけるときも同じ〉【第一回】）、技の上達の知恵を貸し（〈どんな技にもコツ……。じかに教えてもらわないと身につかない……〉【第二回】）、憧れイメージを提示した〈ペレやジーコに近づいたね〉【第三回】）。このようにして、Hくんの資質が伸びようとする方向に添っていった。そして徐々に、Hくんの〝いのち〟の生命エネルギー全体が高まり、苦手な領域（勉強）にもエネルギーが配分されるようになるのを待ちながら、Hくんにできそうなことを提案して、成功経験を積む機会を与え、自信をもつように図った〈〈ポコポコ（間違えた問題）を埋める〉【第一回】、〈上手なお友だちに教えてもらう〉【第二回】）。またすべての面接で、Hくんが自分で状況を見て、自分の頭で思いつき、考え、実行するように導いた。これが自己確立ということだが、まだほんものでないうちは、自分のすることを見守り、結果を認めてくれる人を必要とする。そこで、結果を共有し〈〈……結果を私に報告に来てくれますか〉を【第一回】で伝え、以後、報告を受け止めた）、その行動を起こした能力を認め〈〈大人を見通す力がある〉〈いろいろ思いつく。工夫する力もある〉【第四回】）、自己確立の可能性を高めていった。そして面接終了時に〈では、また。失礼します〉と伝え、自己確立した人への対応を示した。この働きかけの根底には、自らと同じ、Hくんの〝いのち〟への敬意があった。

だが、その〝いのち〟を宿しているHくんのからだは当初、健康で、攻めの形ではあったが、覇気がなかった。その声は喉からでて細くうわずっていた【第一回】。しかし面接開始数分後にからだの重心が下がり、希望に満ちた『ありがとうございました』の声がわたくしに届いた。【第四回】で、背骨に力が入り、わたくしに「呼びかける」声になり、最終回【第六回】には、ことばの闇のなかから立ち現れて、「生きものから人間へ」［竹内 二〇〇一年］声のメタモルフォーゼ（変態）をやり遂げた感があった。

Hくんは資質が伸び、苦手な勉強の領域にも力が配分され、生き生きした「声」とからだを取り戻したといえよう。以上より、【第一回】で立てた「仮説」は支持された。

瞬間の孵化

以上の治療方針でHくんとかかわっていて、方針と異なる新たな局面に出会うことがあった。すなわち、「いま、ここ here & now」の瞬間でのバリエーションの展開がなされたのである。

初回面接でわたくしは、いままでのいじめの内容・対処法・結果をまとめたあと、Hくんに〈それでいま、ほかに思いつく作戦はある？〉と聞いた。これは、その場で突発的に生じた問いである。二種の状況がわたくしのなかにアイディアを生み出した。ひとつは、その瞬間のHくんの状態像であり、ふたつは、面接開始からの数分間に醸しだされた関係の質である。このふたつがわたくしのなかに、さらに「new field に踏み込む」という質のアイディアを生じさせた。わたくしをしてそうせしめたのは、余裕である。わたくしの余裕ではない。〈Hくんの状態と二人の関係が前進を許容するであろう〉という余裕である。

また、そのあとわたくしは〈秘密の勉強法を……〉と声をひそめて言った。なぜ、ひそめたか？　これはまず、「秘密作戦会議」の雰囲気を大事にしたということがある。つぎに、Hくんは外見的には落ち着きのない行動を示していたが、内面では求心的にぐうっと中心に集中する感じがあった。それと同じ状態を関係の場にも作ったということである。さらに、Hくんは伸びやかな子どもであるのに、発声だけが伸びやかでなかった。わたくしは、Hくんを発声が生き生きする世界に誘おうとしたのである。Hくんはもう発声を変える余裕がある。〈声音で感情を込めて発声することも自在にできるのに、いまだ出していないだけだ〉という感覚が生じて、わたくしをしてこの方法をとらしめたのである。われわれは、もう十分生き生きしてきているのにからだだけが硬い人には「ちょっと肩を回してみよう」と声をかけるが、身を硬くしているのが必要だと思う人にはそうさせようとしない。その感覚である。すなわち、「気持ちとことばを繋ぐ」感覚の掘り起こしである。

援助者がいかにして被－援助者に誘導されていくかが、それも自覚的に誘導されていくことが、適切な処方と考えられる。

親子関係

Hくんは可愛らしくて、父母にかわいがられていた。しかし、そのかわいがり方は、本人が嫌がるのに茶髪に染めたりといったように、Hくんの自主性を無視し、心情を思いやることもしない、つまり無闇にかわいがり、かわいいという感情を親が子どもで発散している、という自分勝手な仕方なのである。

わたくしが【第二回】で〈報告に来てくれて、ありがとう〉と言うと、Hくんのからだがきゅっと締まり、〈ありがとう〉へのぎこちなさがあった。かわいがるということは、一般的に、子どもが「ありがとう」と言いそうなことを親が一生懸命することである。親が子どもに「ありがとう」と言うのは、人間対人間として対等につき合っている場合である。対等なら子どもがしたくないことを強いたりしない。すなわち、Hくんは一方的に受け身の親子関係のなかで育てられており、アクティブ・ロールをとり自分が「ありがとう」と言ってもらう練習が足りないのである。能動的行動が資質的に向いているのに、それを伸ばす機会を与えられていない。ここで、Hくん勝利の秘訣である「無視」、反応しない無視ということが、アクティブな対処法としてリフレーミング re-flaming しているのが興味深い。

担任の認識

本章の例では、家族によってかわいがられてきたHくんが、学習してきたその対人関係パターンで、子ども同士の関係に対応しようとした。しかし他人は、親のように「愛情」深くないから、Hくんをかまって、いじり回して、遊びものにして、という関係になった。この意味で「親が変わらなければだめ」という担任の認識は正しい。しかし、ここで子どもが新たに発生した困難を打開していく力を得ると、親のかかわりのありように対して反発する形で親子の関係を子どもが変えていく可能性がでてくる。社会のなかで自力で獲得したものを力にして、ただ受け身的にかわいがられるばかりの親との関係を、子どもが変えていくのである。したがって、前担任の認識は、半分正しくて、半分間違っているといえよう。

おわりに

Hくんとの面接過程から得た認識をふたつ述べておきたい。

ひとつは、状態が回復し、事態が克服され、自信がつくにつれて、これまで語られなかった心因が語られるようになったことである（全学年にいじめられていた。泣いていた。【第六回】）。このことは、まず問題や症状を根こそぎ解明してからという援助の進め方は、まず子どもの自尊心を低下させてから援助を進める形になり、しばしば無駄に労力を消費するマッチ・ポンプ的なかかわりになる。すなわち、援助的かかわりがクライアントの自尊心を低めておいて、それからまた高めていくからである。そうではなくて、クライアントが自発的に、すでに明らかにしている問題をともに解決していく、という自尊心を大事にする方針があると、かかわりによる自尊心の傷つきという危険を避けうると考える。

ふたつには、学校現場では、落ち着きがない・乱暴などの「行動」で自己表現する子どもに対し、それを心理の問題として捉え、我慢を覚えさせ、自己統制力をつけて解決を図ろうとする傾向がある。しかし行動型の子どもには、精神の修養という課題は、資質にあっていないので出来ないことが多く、その結果、挫折感ばかりが増えて、自信を失う。そうなると、資質はその反逆として「行動」の目立つ形の不適応状態を示す。すなわち、後先考えずにやり過ぎる、ガラスを割る、むやみに喧嘩する、などの衝動行動をとるようになる。これは導き方の誤りが誘発した行動である。すべてを心の問題として捉える前に、動物である人間の根底にある生理の問題として捉え得る部分を探る必要がある。抑えればエネルギーは暴発する。そうではなくて、資質である運動や行動により、エネルギーの発散を図る方向に促す必要がある。

その個体の〝いのち〟エネルギーがどのように流れようとしているのか、樹木に寄り添って樹液の流れを感じとるような、そのような感覚が、導く側に要求されるということであろう。それが個体の「〝いのち〟を生かす」ということであり、そのとき個体は、生物として最も強靭になると考えるのである。

註

（1）いじめの「段階設定」はわたくしによる。

（2）肉体的成長が二人愛を可能にさせるのではなく、前思春期の同性の二人関係（「親友の幸福に寄与するために何をすべきか」と発想するゆえにこれは「愛」である）が、思春期以降の異性愛を展開させる。「親密欲求」が満たされないと「性的欲求」――こころとからだ――との統合が難しくなる。すなわち性の社会化のルートが閉ざされてしまうのである。かつ、青年の孤独体験を可能にするのは、同性同輩との親密感、一体感である。青年は孤独と親密の往復の中で自己を見つめ自己形成していく。親密感を奪われると孤独の深みに降り立てないのである［Sullivan 1953］［笠原 一九七七年］。

（3）梶田叡一先生のお言葉です。「時に」ではなく「常に」激励の気もいたしますが、ありがとうございました。

謝辞

公表のご許可を頂きましたHくんとご両親様に感謝いたします。そしてこの一文を生命力にあふれるHくんに捧げ、幸せを祈ります。ありがとうございました。

初出

井上信子〔二〇〇三年〕「対話精神療法に基づく資質開発的援助——「いじめられっ子」の事例を通して」『学校教育相談研究』13／51‐58

引用文献

井上信子〔二〇〇一年〕『対話の技——資質により添う心理援助』（神田橋條治 対話）新曜社
神田橋條治〔一九九〇年〕『精神療法面接のコツ』岩崎学術出版社
神田橋條治〔一九九四年〕『追補 精神科診断面接のコツ』岩崎学術出版社
神田橋條治〔一九九七年〕『対話精神療法の初心者の手引き』花クリニック神田橋研究会
笠原嘉〔一九七七〕『青年期——精神病理学から』中央公論社
H・S・サリヴァン〔一九九〇年〕『精神医学は対人関係である』中井久夫ほか訳 みすず書房
竹内敏晴〔二〇〇一年〕『思想する「からだ」』晶文社
竹内常一〔一九八七年〕『子どもの自分くずしと自分つくり』東京大学出版会

対話　その一

植物をも含め、全ての生命が共有するひとつの資質がある。それは、己を生かすために他と対立する、そしてどの時点かで妥協する、という在りようである。高等生物ではそれは「攻撃性」と呼ばれる。

攻撃性の発揮と制御の学習は、生物にとって欠かせない。唯一その学習を禁止されているのは、「仲良く」という育児教育の支配下にある現代の（おそらくわが国の）子どもたちである。生物としての攻撃性は、段階的学習とそれを介しての社会化の機会を奪われて、未熟なままに暴発する。「いじめ」は学習の機会を求めての資質の模索であり学習の機会とするのが、正しい教育である。それすら抑止されると、あとは、ひきこもりや心身症はもちろん、本人にすら不可解な加害行動の暴発となる。「みんな仲良く」教育の被害者である。

攻撃性の活用は、井上さんにとってまだ充分に身についていない課題である。その修行中であることは、校長先生との出会いの際のチャンバラに示されている。

攻撃性が最も自我化されている人の姿を、ボクは、柔道の山下泰裕さんに見る。

第二章　いじめ関係から共感関係へ

はじめに

いじめが発生すると、多くの場合、いじめた側は『いじめたつもりはない』『一緒に遊んだだけ』『からかっただけ』と言う。そのことばは、言い逃れるための嘘というよりしばしば彼らの実感である。つまり、いじめる側の心理的特徴は「相手の痛みを想像できない無機質なこころ」である。とくに「一－対－多」の関係では、個人はいじめ集団の部品と化し、いじめられている他者の痛みにこころを向けないこころの構えをとる。

ではどうしたら「相手の身になる」感情は育つのだろうか。わたくしは「一対一」関係の場において豊かな感情移入の体験をした個体は、それ以後の様々な関係にその思いが広がりその交わりが投入・援用され、この過程で「相手の身になる」感情が育つと考える。自分のうちの犬と濃やかに情愛が通いあうとよそのうちの犬も可愛くなり、その思いが犬一般に広がることはその例である。

わたくしはこれまで、対話精神療法［神田橋　一九九〇・一九九四・一九九七年］により個体の〝資質〟を生かすことで生物として強い存在に導く治療実践を行い、報告してきた［井上　二〇〇一・二〇〇三年］。ここで紹介する例では、その実践を発展させて資質開花を援助した後、「いじめ－いじめられ」関係にある子どもふたりを一緒に面接室に入れ、「一対一」の関係を深める方法を試みたところ改善をみた。そこで、これを「関係療法 *Therapy through Relation*」と命名し、本章ではその改善過程を報告し、さらにその過程を脳機能の観点から検討する。

事例概要

Iさん・Jさん　小学校三年生／女子

主　訴　「いじめられ」をなんとかしたい。

家族構成　Iさんは、父母とも会社員。四人兄弟の第三子。六人家族。Jさんは、父親は会社員。母親は専業主婦。四人兄弟の第一子。六人家族。

臨床像といじめの経緯　Iさんは小太り。声が大きく、エネルギッシュで「筋肉運動優位」の資質と推測した。幼稚園の時、喘息で数回入院。小一でいじめられて喘息発作を起こして入院した。からだが丈夫になる様にと空手を習い、いま茶帯。「ゴジラ」「空手ババア」と言われている。

Jさんは、背が低く、痩せて、おどおどしている。脳天から突き抜けるような声が不自然だが、言葉手繰りが上手く丁寧で、「言語優位」の資質が推測される。幼稚園からいじめられ、小一から「ばっち」「はなこさん」と呼ばれる。

IさんとJさんは同級生で、ともにクラスの女ボス○と四年の△〔後述〕にいじめられ、JさんはIさんにもいじめられている関係である。

面接経過

関係療法は全部で六回行った。その前にＩさんは十二回、Ｊさんは七回、わたくしと個人面接をしているのでまずそれぞれの流れを略記する（以下、『……』にＩさん・《……》にＪさんの言葉、〈……〉にわたくしの言葉、〔……〕にわたくしの感じた内容を示す）。

Ｉさんの個人面接経過

【第一回】Ｘ年／六月下旬　『○がいばっていて、でも言い返す自信がない』――〈それが問題なんじゃない？〉――『うん』。

【第四回まで】～九月中旬　紙粘土で小さな動物などを作りながら、いじめられの様子を寂しそうに語る。一学期の間、Ｉさんはわたくしの帰りを待ち伏せし、夏休みもわたくしに会いに登校した。

【第五回】九月下旬　「やさしいかいじゅうの絵」〔図１〕を描いて、『隣どうしで住んでた仲よしのやさしい怪獣がいなくなることになって悲しい。それで、青い方（左）が赤い方（右）にお魚をあげる。二人ともお魚が好きだから』と物語る。続くお習字でＩさんはまず「心のそこ」〔図２〕と書き、つぎつぎに「友達」「知り合い」「お花」まで十一枚を書いた。わたくしはそれらを並べて「Ｉ子の作品展」と表題を作り展示して、ふたりで眺めた。

【第六回】十月上旬　お習字でしりとり。六十枚余りの画用紙を相談室の床じゅ

図１　やさしいかいじゅうの絵

図2　心のそこ

うにつぎつぎに落として並べ、相談面接に収まりきらない、わーっと動きだす躍動感が溢れてきた。しかし最後に「ご」のつく言葉を探してIさんは「ゴジラ」(自分のあだ名)と苦しそうに書き、書き終えるとしりとりをピタッとやめた。

【第七回】十月中旬　『先生(わたくし)がIの顔を忘れるといけないから』と言って、写真をくれる。そして「世界一大きなパン」を紙粘土で作りごちそうしてくれた。

【第八回】十一月上旬　四人の男子の言葉のいじめを訴える。〇とは自然に『仲良くなって』『明日も遊ぶって指切りした』。話しながらIさんは、黄や緑に彩色した紙粘土を画用紙の上に置いて『たからものはネェ。ゾクン、ゾクンと埋まっているものよ。埋めた海賊が逮捕されると思ったから埋めた。お宝はその時から眠ったまま』と物語る。

【第九回】十一月下旬　男子に『無視して、「うるさい」って言ったら、言われなくなったよ』と、堂々と言うので、わたくしは〈無視するなら完全無視。言うならまっすぐ相手を見て、はっきりと言ってごらん〉と、冷静な闘士の雰囲気で伝えた。

【第十回】十一月下旬　『〇とうまくいってる。先生(担任)に言われると思って、怖くなっていじめをやめたんじゃないか』と、冷静に原因を分析し、大好きな体育のポートボールに駆け出して行った。

【第十一回】十二月上旬　しりとりをしてIさんは再び「ゴジラ」と書いたが、今度はこだわりがなく乗り越えた印象。もうすぐお誕生日と言うので〈おめでとう〉と言うと、言葉でなく物でほしいと手を出して迫る。わたくしはIさんがほしいものを空中で作り贈ったが、半分がっかりしていた。わたくしは「もので確かめなければならないIさんの悲しみ」を思った。

【第十二回】十二月中旬　Iさんは自信に満ちて自分から友だちを増やし始め、自分をいじめている△（三年生、別のクラス）と一緒に面接したいと言い、△のきつい言葉や態度を上手にかわし、時折からだを弾ませながら遊んだ。

Jさんの個人面接経過

【第一回】X年／六月下旬　《掃除をしているのに「やってない」と言われ、「ぞうきん」と呼ばれ、睨まれ、でも我慢してきた》《他の子たちのように紙粘土をしたい》と言い、《ねちょ、ねちょする》《ぐちゃぐちゃ》《気もち悪い》と泣きそうになりながらも、以後、毎回作り続けた。また、面接が掃除や体育の時間などにかかると、《行かないと〇に怒られる》《さぼったと叱られる》と怯えるのもほぼ全回同様だった。この時わたくしは〔子どもの遊び集団で、泣きながらビリでもひっついてみんなと同じことをするおみそのちびっ子〕を連想した。

【第二回】十月上旬　トイレに連れて行かれて「はなこさん」と言われ、みんなは逃げて行く。《言い返したら相手がどう思うかわからない》と、暗くなる。

【第三回】十月中旬　合唱部で、四年生の△が睨み爪をたててつねるが抵抗できない。そこで、《痛い》《やめて》とはっきり言えるようにボイス・トレーニングをした。

【第四回】十一月上旬　Jさんは△に《痛い！》と大声で言えて、それ以後△はいじめなくなった。下校時間が遅いと暗くて《誰かに連れ去られそうな感じがする》。

【第五回】十一月下旬　Iさんに二度、無理やり木の葉や草を食べさせられてお腹が痛くなった。《やり返したいけど勇気がでない》。そして画用紙の中心に、親指半分ほどの「うさぎ」と「くま」を色鉛筆で描いた［図3］。

【第六回】十二月上旬　わたくしが紙粘土を乾かない様に工夫しておくと、Jさんは《やりやすくなってる》《やわらかい》と言い、ドンドンと粘土を激しく机に叩きつけて《つきまとって嫌なんです。むかつくんです》と、怒りの気持ちを吐きだした。わたくしの作品を見て《先生のりんごの真似していい？》と言い、粘土をまるめて赤い絵の具を塗った。りんごのはずだったが《トマトになっちゃった》。

【第七回】一月中旬　やっと、粘土をちぎったりくっつけたりして、小さいがJさんのオリジナルの「うさぎ（パート1）」を初めて作ることができた。

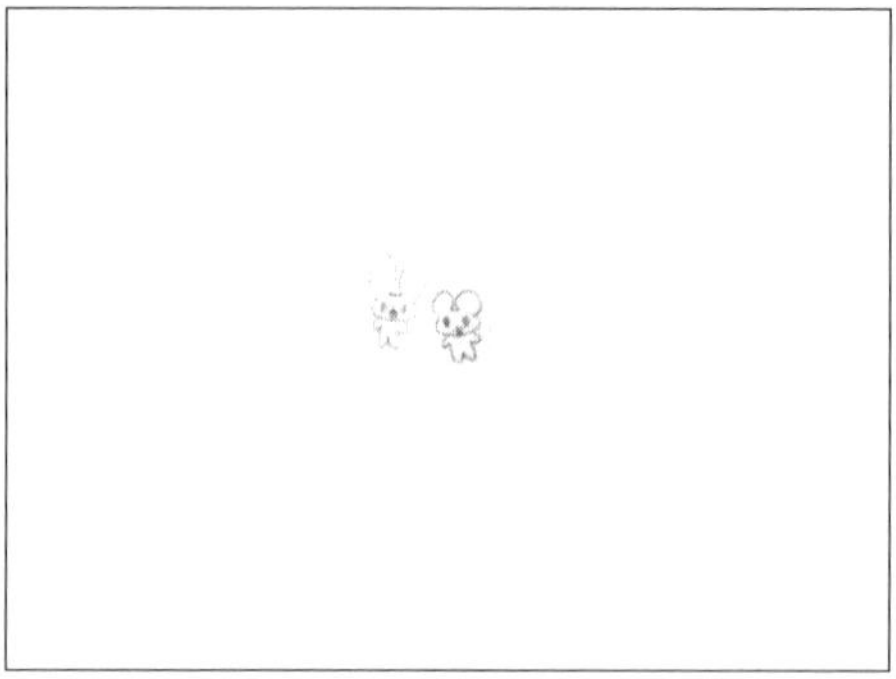

図３　うさぎとくま

関係療法（ふたり面接）の経過

Iさんは、○や男子との関係に改善が見られ【第八・九・十回】自信がでてきた。Jさんは、紙粘土への怖さが低減して自分の作品を作ることができた【第六・七回】。その頃、Iさんから「Jさんと一緒に面接することで、少しでも長く相談室で遊びたい」という提案があり、それをJさんに伝えると喜んだ。そこで、自然な「一対一」関係の感情共有体験の場ができた（メモを取りきれないのでふたりの了解を得て、対話を録音した。転回点は一回目にあったので詳述する）。

【セッション1】X＋一年／一月中旬

ふたり一緒にしたが、Iさんはわたくしに鉄棒を見てほしくて校庭に誘いだそうとする。わたくしはJさんの時間でもあることを静かにIさんに説明した。Jさんは黙っている。わたくしがJさんに〈どう思いますか、Jちゃん？本当に自分がどう思うかを言うの〉と言うと、《うーん、本当は本当は、まあできるだけ、Iさんと一緒に紙粘土を作りたい》と答えた。わたくしが時間を前後十分ずらして、一人ずつの時間を作ることをIさんに提案すると『再来週はどうせ一緒』と言う。〈「どうせ」っていうと本当は嫌みたい。Iちゃんはそういうところへたっぴぃなのよ言い方が〉――『I言葉の使い方荒いから』――〈先生だけねやさしいのは〉と言うと、ふたりは大笑い。Jさんは《先生、笑わせないでー。つい笑ってしまうから。Iさんだって笑うだろう》――『ぜー』……、ふたりのやりとりが弾む。結局、並んで紙粘土を作り始めるが、Jさんは紙粘土を《気持ち悪い》と言って、顔を歪める。

わたくしとJさんが話しだすと、Iさんは話し方を真似て『話の録画してる』と邪魔をする。〈Iさんはしゃべらないでいる訓練しないと〉――『やだなー』。掃除の時間を知らせるベルが鳴った。途端にJさんは《(掃除なのに遊んでいると)〇に叱られる、怒ると怖い、先生(担任)に怒られる》と不安でいっぱいになる。Iさんはそれをうるさがるが、〈どういうふうに怒るの?〉とわたくしが聞くと、『〇はJに「一回家に帰れ」とか「刺す」とか、言うんだよね』と、Jさんに共感を示す。

Jさんは《今の班の人、私のこと嫌いなんだよ》と語りだす。するとIさんが『みんなでJちゃんのこと嫌いだよ』と捨てるように言う。《でもやさしい友だちはいるよ。Mさん》《悲しいでしょ》――〈うん〉――《Iさんも(友だち)ね》。Jさんは押さえた表現を続けた。Iさんは横に並び、互いに半身で相手を感じ、うつむきながら作品を作り続ける。《「ばっち」って言われている》――『頭悪いから嫌だって』――《私、意味わからない物体みたいなこと言われてる》――『「不潔」』――〈緊迫した空気。Iさんはむきだしで、Jさんの痩せたからだの皮膚が一枚ずつはがされていく感じで、わたくしは苦しくなった。止めようか……〉――だが、つぎの瞬間、Jさんは《不潔なの》と繰り返した。〈『不潔なの』の前に『そう、私は』の言葉が省かれている。「そう」は、自我が「不潔」を受け入れて現状に直面しようとしている感じがある。いま、その姿勢と手を繋ぐ時だ〉と判断した。〈(「不潔」)思いあたるの?〉と聞くと、《鼻水とか、よくだす》――『まゆが小さくて変、給食を少なく食べる』《気持ち悪くなってティッシュに吐いた》。Jさんはこのことを一段とつらそうに言った。その時Iさんが『みんなに「いっぱい食べろ」とか言われて吐いた』。この時Iさんが『Jちゃん、言葉遣いもいいのに』と言った。〈Jさんへの掛け値のない同情心だ〉と思えた。言いながらIさんが紙粘土を握りしめて『ぬるぬるぅ』と言うと、Jさんは《ごめんねー、粘土君》と紙粘土に語りかけ手の中に包みこんだ。その時、Ｊさんは相談室の廊下に人の気配を感じて《あっちからじろじろ見てて、気持ち悪い》と、身を縮めた。そして《「ばっち」と呼ばれる理由が、私はわからないけどね》《本人がわからなくてさ、「何でそう言うの！」って思う》と抗議した。Ｊさんは瞳をかっと見開いて、全身が怒りと屈辱に震えていた。〈うん〉――沈黙のあと、紙粘土の作品が《おそばじゃなくてうどんになっちゃったから（わたくしに）怒られないか心配だった》と言う。そんな心配ご無用！　とわかり、『ヤッホー』〈ハッホー〉《タッホー》と三人ははじけた。

ＩさんにからかわれるわたくしをＪさんは《先生かわいそう》と言う。わたくしが〈この優しさをみんなはどうしてわからないかな？〉と、誰にともなく問うと、Ｉさんが『なんかね、Ｊちゃんの性格のなかにいやな事がひとつある』と言う。〔Ｉさんはどこまでもばか正直だった〕――《なんやと思う？》――〔Ｊさんは混沌とした状態から抜け出したい〕感じがした。『言葉遣いが気持ち悪いとか。いい言葉使うじゃん』――〈みんなはそうじゃないかしら？〉――『「自分たちと違う言葉だから、なんか気持ち悪い」と思う人もいたりした』――〈Ｊちゃん、それ聞いてどう？〉――《いやだ》――〈うん。でもね、先生それちょっとあってるんじゃないかと思う。それに、誰かひとりだけ違う人がいると、それだけで〉――『仲間外れされるってとこがある』――〈うん、日本はそういうところよ〉とわたくしは怒り半分、諦念半分で応答した。『×さんは、Ｊちゃんと一緒に遊んでいるから、Ｊちゃんのいいところを知っている』――〈そうだね、そうだね〉――『ていうことは、みんなはＪちゃんのこと知らないだけです！』――〈うん、人って外側から見る〉――『中側は見ないよね』――〈うん、話し方とか、表情とか、よく笑うとか暗いとか〉。Ｉさんとわたくしのやりとりをじっと聞いていて、《暗いほうじゃないかな、私は》とＪさんはぽつりと言った。『声を大きくすれば普通に見える。みせびらかしてみれば？』《そしたらもっと嫌われるよ》――〈どうして？〉――《いや、嫌われる》――『Ｉもそうだもん。○に嘘のことみんなに言われて』――《嘘ばっかり。縄跳びが私はなかなかできないんだけど、それだけで怒られるんだ、○に》――〈うん、いまの話し方すごくいいよ〉――《えっ》――〈いつもはね、喉から上からしか声が出ていない。だけどいまは、からだ全体から声がでてた。先生と一緒にまたトレーニングしようか。だって、話し方だけで決められたら、やじゃない?〉――《嫌だ》――〈ほら、今のもよかったぞ。そう! 力が出てきた〉――『うん』。Iさんも一緒に嬉しがった。Jさんはどぎまぎした。

つぎのクライエントが来室。Iさんも Jさんも、もっと相談室で遊んでいたいので、Iさんは一計を案じ『三人で相談するのを試してみよう』と言う。わたくしが〈もう、悪知恵を働かせて!〉と怒った真似をすると、Jさんが《先生、そういう悪知恵を働かせるほうがね、トレーニングになるよ》と言う。〈素晴らしい! その通り! あっ先生いま、完敗だわ〉。三人で、きゃはははと大笑い。三人面接は実現しなかったが、Iさんの底ぬけの明るさと率直さに支えられた時間だった。結局、この時間、Iさんは紙粘土でお蕎麦と、いまにもころがりだしそうな赤・緑・黄色の丸いボールを、Jさんはお蕎麦を作った。

【セッション2】 一月下旬

Iさんが『代表委員会というのがあって、「いじめをしない」とかを決めるんだ』と話しだすと、すかさずJさんが《いじめは増えていくだけだよ》と言う。しかしややあって《いじめで学校嫌いになっちゃってるから、楽しい学校にしてほしい》とつけ加えた。Iさんは『上の学年が下の学年をいじめないようにもしてほしい。そういうの見てると、むかむかしてくる。いやでいやでしかたがない』と言う。Iさんが『いじめられるほうのね……』まで言うと、Jさんが《気持ちがわかってない。ばかやろが》と続けた。わたくしが〈Jちゃん声でるようになってきたねー〉と感嘆すると、《どうだ、練習をしてきたぞ。おうちで言ったら怒られるから。こころの中で出してる》と胸を張った。『ああ、わかった、Jちゃんが大きい声を出さないわけ。おうちで大きい声出してないから』――《私ね、じつはね、ここと ね、教室でね、大声出したら耳を傾ける。みんな》――『ならさ、ずーっとボリューム上げて。I、ボリューム上げ過ぎだね』とIさんは、Jさんとの比較で突然、自分を顧みた。〈Iちゃん、エネルギー満タンだからね〉。『そう。Iね、空手やってるから。「けやー」って声ださなくちゃいけないから』――《いいなー、私も野蛮なことしたい》――『Jちゃんも習ったら?』と言うや否や、Iさんは一所懸命に、学校から空手道場までの地図を書いてJさんを誘う。しかしJさんは、場所が遠いことや料金などを聞いて、しきりに《お母さんが「だめ」って言う。叱られる。怒られる》と不安がる。それを見てIさんは『「空手やってる子は怖ーい」って言われて、なーんにも手出されない』とさらに押した。

わたくしが〈いじめのこと、お母さんに話してある?〉と聞くと、Jさんは《話してあるけど、話してない》――『強くなってね、つぎは、みんなをいじめるとか』――〈それじゃあちょっと、「自分を守る」〉――《守る》――『そう、空手は自分の身を守るため!』と、Iさんは地図を完成し、わたくしの面接資料保存のために、張り切ってコピーを教頭先生に頼む。教頭先生も空手をなさるので「教えるよ」とJさんに言った。するとJさんは《Iさんにも教えてもらっていい?》と返した。Iさんは『Jちゃんが強くなるために書いてあげた。はい』と言ってJさんに地図を渡した。この日、Iさんはお花畑の絵を、Jさんは画用紙を横向きに使って左三分の一にチューリップの冠を被った女の子を描いた。

【セッション3】 二月上旬

Jさんは親と相談して、勉強が一ヵ月で出来るようになれば空手をやってもいいことになった。Jさんがわたくしにいじめられの《相談》をしようとすると、Iさんはことごとく邪魔をして、自分のことを『Iはわがまま星人よ』と言う。だが、Jさんはそれを《Iさん面白すぎて話が出来ない》《愉快になる》と受けながら、《先生、いいですか?》と、さり気なく仕切り直しをした。そして、班の人たちがJさんだけに発表させて自分たちは騒いでいる。それをどうしたらいいかと聞く。Iさんは『無視よ、無視』と気炎を上げる。しかしJさんは、無視について何か言われないかと、さらに不安になる。

Iさんは、○の母親が担任に○のいじめについて相談し、○がIさんに電話で「ごめん」と言ってきた話をする。

そして、Iさんが丁さんの両親に宛てて空手の『手紙書いた方がいい?』と聞くと、Jさんは《うん、書いてもらったほうが》と答えた。そこで、三日後の大会案内に続けて手紙を書き始めた。しかし途中、言葉につまり、『守り?』——《守り抜く》——『私のように、怖くなる?』——《私のように、強くなれる》——『強くなれる。いじめがなくなる、減る』と言い換え、一緒に考えてふたりで文章を工夫した。Jさんはそうしながら、春の草むらの中にいる「ねこ・パート2」を作り、《これ先生、人間の仲間》と、一人ごちた。Iさんはその様子を見て『ねぇ、なんでI、手紙書いてるのにJちゃんだけ遊んでるの?』と不平を漏らす。わたくしは〈いいじゃない。あなたの優しいこころがとても素敵よ〉と伝えた。

いよいよ手紙が完成して、Iさんが読み上げた。

　Jちゃんのお父さんお母さんへ——Jちゃんはいじめられていて、なやんでいます。「やめて」と言ってもあいてはムカついて、もっとしかえしをしてきます。とてもかわいそうです。だから、空手を習わしてあげてください。おねがいします。

　空手を習っていじめがなくなるわけ——空手を習えば強くなって自分で自分の身を守り、わたしのようにいじめがなくなります。Jちゃんも勇気が出て、ほかの人がびっくりしていじめをやめると思います。わたしからもおねがいしますので習わしてあげてください。おねがいします。わたしがきちんと教えます。

……I子より

みんなで拍手。Iさんの顔は紅潮していた。三人で手紙のコピーに行く。連れ立って歩いている時、Jさんが《友だちがいてよかった》と、わたくしに言った。そしてIさんは『はい、これお母さんに見せてね』と手紙を渡し、Iさんは《うん》と受けとった。わたくしはIさんに残ってもらい、Iさんの頭に手を置いて顔を覗きこみ、Jさんの《友だちがいてよかった》という言葉を伝えた。

【セッション4】二月下旬

Jさんは親子で空手の大会に行った。習うかどうかは、まだ結論がでない。Jさんの紙粘土の野原シリーズパート3「ねこ」やパート4「ひよこ」を見て、Iさんは海苔巻きを作りながら『ひよこがね、どんなに上手に走っても、こけてこけてこけまくる』と、からだをくねらせながら楽しそうに歌う。Jさんは「ねこ」の色塗りで《茶っぽいのがいいな》――『さっき、青とか言ってたじゃん』――《言ってないよ》――『言ってたよ』と言い合いながら、Jさんも鼻歌。そしてIさんの作品を見て《なんだそれは？》――『だから、海苔巻き』――《そうでした》。しかし、絵の具がはみだして黒く汚くなったのを見て《お腹へってたのに》(笑)――『食べる？』――《食べられるわけない》――『一緒、食べるふりしない？』――《うん、あそこ置いといて。先、食べてて》――『海苔巻きとそば』――《いい組み合わせだ》。後半わたくしは退席し二人だけになったが、対等な関係でわいわい遊んでいた［録音テープにより確認］。

【セッション5】三月中旬

いくつかの理由でJさんは空手を習わないことになった。そして《うちのお父さん、お絵描き好きで、写し絵みせたら上手って言われる》と言うと、『写し絵でしょ』と、Iさんは切り捨てる。するとJさんは《なんか文句あるかい？》――『いや、文句はないけどさー。よし、これを濃ーく写そう。Iね、桜の木、描こうと思って』。Jさんは《大きな桜の木の下で、あなたと私、仲よく遊びません》と歌いだす。『枝がいっぱいあるんだ』［図4］――《ほら、もう春だよね》――『春よ来い、早く来い。冬よ来ない、ぜったい来ない』――《冬は来ない、ぜったい来るな》――『私、桜の花、好きなんだ』。Jさんは、Iさんの桜の木を覗きこみながら《桜、かわいい》《今の班、大丈夫だよ、私には。あんまりいじめられない》《実はね、実はね……》。その言い方をIさんが批判すると、《口癖ってもんよ》とかわした。《そいでね、春はね、平和というか、面白い感じでね。それで、あんまりいじめられなくなった》Iさんが、表面が固まって中がやわらかい黄色い絵の具を指で触ってるのを見て、Jさんは《気持ちよさそう。気持ちよ

図4　さくら

図5　チューリップ・ひまわり・あさがお

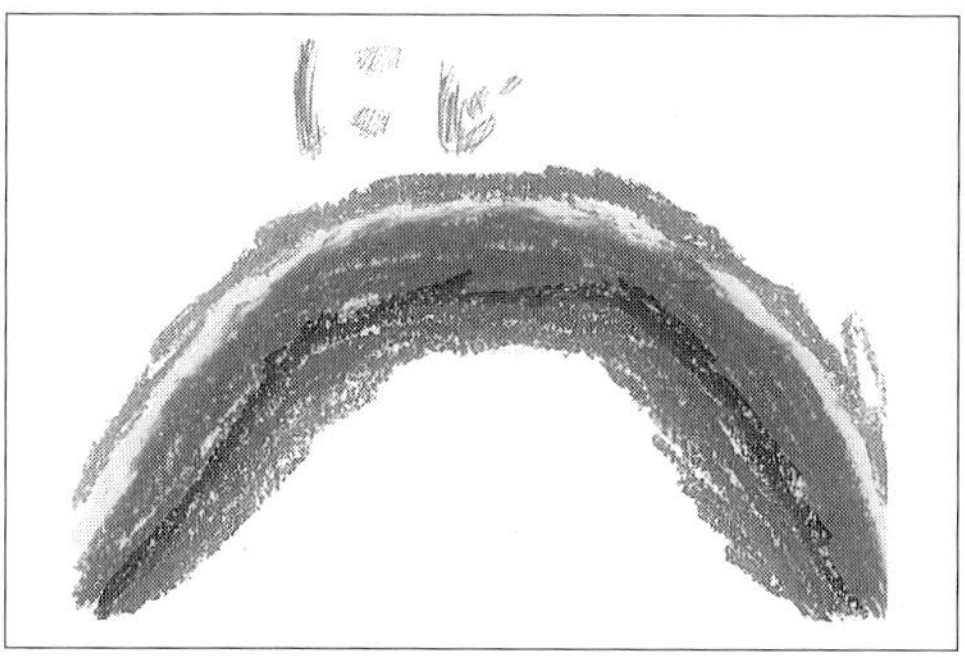

図6　に　じ

さそうだな、何か、さわっているの見てると》と言う。気づくとJさんが鼻歌を歌っていた。そして、ひまわり・朝顔・チューリップの花の冠を被った女の子三人〔図5〕を画用紙いっぱいに描き《わたしのキャラ(クター)》と、嬉しそうにした。さらに、床に落ちた物をわたくしに《拾って》と言うので、〈人使い荒いなぁ〉と返すと、『Iと似てきたね、Jちゃん』と、Iさんがいたずらっぽく言った。するとJさんは《くすぐったい》と、かわいらしく肩をすくめた。そして、いままでの紙粘土の作品を眺めて《私がね、初めて作ったのはこのふたつ(トマトとうさぎ)なんだよネ》と愛しそうに掌に包みこんだ。そして来週で(面接)終りなのに来られるかどうかわからないから、最後の紙粘土をほしい、家でやりたい、とわたくしにねだった。他方Iさんは、桜の木のあとに虹〔図6〕を描き、充実したいい顔をして帰っていった。

【セッション6】三月中旬

Jさんはクラスに友だちが三人できた。迷ったが、面接より《友だちと帰ったほうが愉快だ》と考え、少しだけわたくしに《最後の相談》をして帰ることにした。自分をいじめている子を許すか、許さないかを皆で話し合ってると言う。Iさんが『自分で決めたら』と言うと、《でも、みんなで決めるんだから》と言い返した。Jさんは、Iさんの話をちゃんと聞くが、いま自分が話しているのよ、という押さえがきくようになった。《どうやって仕返しをしたらいいか、「かわいそう」っていう気持ちもある》と言う。またIさんが『一回だけでも睨み返したら?』と言ったが、Jさんは《睨み返せばいいってものでもないしな》と、やんわりだがきちんと言った。するとIさんは『Jちゃん、お話が終わったら教えてね。I、あっちに行ってるから』と言って、部屋の隅に移動した。

そこでわたくしは、〈あなたのことで気になっていたことを、お話していいかな?〉とJさんに問うた。するとJさんの背中がきゅっとしまり真っ直ぐに伸びて《きっぱり言っていいよ》と言う。〈Jさんは、本当だったら怒るところを悲しくなって泣いたりしてたと思うの〉——《昨日くらい、誰かになんか言われた時「失礼だね」って言えたよ。怒れる自信ある。大丈夫》――〈うん。そしたら、復讐というより、自分がいま怒ってることを感じられて、それを伝えられるようになれたらいいなって思う〉――《そうだねー。わかった》と言った。そして、今日するはずだった紙粘土を《もらっていって、おうちで作りたい》と言う。それからいままでの作品すべてを抱えて、友だちの待つ校庭へ駆け出して行った。心なしかJさんの背中が骨組みまでしっかりしたように思え、その成長ぶりがまぶしく、〈頑張れ!〉とこころのなかで応援していた。

他方Iさんは、Jさんが帰ったあと紙粘土でハート型を作って「いのうえ、きょうまでありがとう」と書いた。わたくしの似顔絵を描きながら『先生ね、○っていう子にずっといじめられていたけど、それはなくなっていまは仲良し。つぎに男の子にいじめられるようになった。それはほとんど大丈夫になった。今度、新しく☆ちゃんに、なんかちょっと無視されたりしてる』と、いままでの経過を総括した。そして描き終えると、『先生いなくても大丈夫だから』と言った。わたくしは、まだ少し心配なのとそのいじらしさに涙ぐみそうになった。すると最後に鉄棒を見てほしいと言う。わたくしは〈いいよ。いじめと堂々と闘ったもんね〉と言い、肩を並べて階段を降り、下駄箱で靴にはきかえて校庭にでた。その間中、Iさんの歩調とわたくしの歩くリズムがなめらかに合っていたので、わたくしがいなくても〔大丈夫のようだ〕と思えてやっと安堵した。昇降口から鉄棒までの「道」のり、Iさんはショパンのワルツの「子犬」のようにはしゃいでいた。わたくしはそれに微笑みを返しながら、〔この「道」が長く続けばいいのにね〕と思いながら、別れの哀しみに耐えていた。Iさんは鉄棒に走り寄り、勢いよくさか上がり、前回り……を見せてくれた。すごく上手なのに感嘆した。やがて下校時間になり、後ろ向きに帰っていくIさんを、わたくしはずっと見送った。

半年後、Iさんは感情表現をだいぶん抑制できるようになり、ときどき小競り合いしながら逞しく、いじめる相手を撥ね除けている。しかし人とぶつかる程度は軽くなり、やり方が上手になり、友だちも少数ができた。Jさんと友だち三人の友情は続いていて、Jさんは自己主張できるようになっていた。いじめまではしないが、ちょっとした意地悪をすることはある様子だった。

考察

いじめっ子といじめられっ子が、〝資質〟の開花とともに、それぞれの心理的課題であった「愛情不足」と「外界への不安・緊張」を、ある程度、乗り越えた。さらに、ふたり面接の「一－対－一」関係における濃やかな感情体験を通して、いじめっ子がいじめている子の痛みにこころを寄せて友情を示し、それを受け取って、いじめられっ子も自己主張できるようになった。以下、ふたりの変容過程を脳機能の観点から検討する。

脳機能と「人間が生きる」ということ

脳生理学者、時実利彦［一九七〇年］は、脳機能の観点から「生の営み」を図7のように表した。「生きている」は、意識のない静的な植物的生命現象で、「生きてゆく」は、精神的で動的な動物的・人間的生き方である。これらを脳の三つの統合系が分担している。「生きてゆく」姿には三段階あり、①学習以前の本能・情動行動により基本的生命活動が保障されることで、天性的存在者として私たちを「たくましく」生きてゆかせている。②学習経験を積み、外部に適応することで技術的存在者として「うまく」生きていっている。③目標設定、価値追及、実現による創造行為を通して、人格的存在者として「よく」生きてゆこうとしている。

以上を保障、実現するために、家庭が以下の四つの機能を果たすことが期待される。第一に、「生きている」いのちの保障のために、生理的欲求（睡眠、休息、排泄）を安心・安全に適える。第二に、大脳辺縁系が分担する「たくましく」生きるための本能欲求（食事・性・集団）、情動欲求（快・不快）を安易・安全に適える。第三に、新皮質系が分担する「うまく」と「よく」生きるために、「生理的早産」［ポルトマン 一九六一年］である人間の赤ん坊を保育し、教育し、社会化する。第四に、人間特有の、大脳辺縁系にわだかまる欲求不満と、新皮質系につのる欲望不満の解消の場として、慰め、いたわる。［要約はわたくし］

生きている	反射活動・調節作用	脳幹・延髄系
生きてゆく		
たくましく	本能行動・情動行動	大脳辺縁系
うまく	適応行動	新皮質系
よく	創造行為	新皮質系

図7　生の営み（時実 1970 年）

現代は家庭の機能が低下し、極端な場合は、被虐待児のように、第一機能の生理的欲求さえも保障されていない。さらに第二機能の本能欲求も、朝食抜き、家庭に居場所がない、情動を受容されない、などの欲求不満を抱える子どもは増えている。そのため、本来は家庭教育を前提として社会適応・自己実現の援助をする学校教育にしわよせが起こり、いま、本能・情動・保育の充足までも、学校（と社会）が抱えざるを得ない。よって、教育と心理援助がない混ぜになったかかわりが必要とされる。そこで以下に、図7を案内図として、本章での例を検討する。

対話精神療法による資質の開花

対話精神療法における〝資質〟とは、「遺伝と新生児期の外部環境とのかかわりの結合体として、脳のシナプス連合にくみ上げられ、ある程度動きにくい水準に達している脳の型」［井上 二〇〇一年］である。そして資質を生かすということは、図7の「生きてゆく」の三段階を縦に貫く傾向、すなわち本能・情動の満たし方、適応や創造の仕方に関する、個体の傾向性があり様のまま充足されることを意味する。本章の例における面接経過から、資質の開花および心理的課題解決のあり様を検討する。

Iさんは、わたくしへの後追い、自分の写真をくれる【第七回】、形あるものでないと安心しない【第十一回】、わたくしとJさんとの関係をことごとく邪魔する【第一～四回】、などから、「愛情不足」であることが考えられた。そこでわたくしはまず、暖かな肌合いの雰囲気を心がけてIさんと対面した。さらにIさんは体育が大好きで行動的な「筋肉運動優位」の資質が推測されるので、ダイナミックな動きのある遊びを展開して「快」感情を積み上げた。すなわちただお習字をするのでなく、書いた紙をわたくしがつぎつぎに「床に落とした」のである。すると画用紙は生き物のように床を滑り、Iさんは目を見張って歓喜の声を上げながらすぐに真似し、やがて床が画用紙で溢れ、Iさんのからだは床の上をころげ回りそうに弾んで「快」感情は頂点に達した【第六回】。それ以後、Iさんは潑剌として【第八回】で宝を探しあてた。さらに【第九回】で男子を黙らせた話をしている時Iさんの気力が漲ったので、わたくしはIさんの中に「闘う」資質を認め困難にまっすぐ立ち向かうことを支持した。すると【第十二回】には、自分をいじめている相手と一緒の面接を望むまでに強くなり、活き活きと遊んだ。

他方Jさんには、紙粘土を気持ち悪がり【第一－五回】、怒られることに怯え【第一－七回（二回）】、じろじろ見られることを怖がり【第一回】、連れ去られる恐れを示す【第四回】など、強い「外界への不安・緊張」があった。そこでまずわたくしは、Jさんが何をしても叱られず安心して喜怒哀楽の感情が表現できる場を作った。同時に、Jさんは「言語優位」の資質と推測されるので、作品を作りながら静かに話すJさんと丁寧に対話していった。その間中わたくしは、【第一回】で連想したJさんの中の〔おみそのちびっ子〕の自発性を削がないよう、ほどほどの暖かさを心がけた。すると、少しずつ表情に感情の彩りが見え始め、紙粘土を机にドンドンと叩きつけて攻撃性と一緒に自分の中の言葉がでてきた（《つきまとっていやなんです。むかつくんです》【第六回】）。さらに、あれほど粘土を気持ち悪がっていたのが、《先生の真似していい？》と言ってりんごを作った。でも《トマト》になったと笑い【第六回】、ひと月後、小さいが粘土で自分独自の「うさぎ」を作ることができて喜んだ【第七回】。

いずれもわたくしは、家庭での主として第二・第三機能である本能・情動・保育欠如への対応として、「一対一」関係の中で、Iさんは運動優位、Jさんは言語優位、それぞれの資質の傾向に添って「安心」と「快」体験へ導いた。その結果、Iさんはからだで闘える子になり、Jさんは自分を出すことを恐れない子になった。すなわち、「たくましく」生き始めた［図7］と考えられた。そこでさらに、ふたり一緒に面接することにより集団欲求充足の足場作りを図った。

関係療法による感情共有体験

【セッション1】で、Iさんの愛情不足が再燃し、鉄棒を見てほしいという理由でわたくしを一人占めしようとした。この時わたくしは不安気なJさんに、より気持ちが向いており、それをIさんが察知して自分への注意の集中を強く求めたと思われる。生理的早産［ポルトマン 一九六一年］である人間の子どもは、親の自分への注意がなければ生きていけない。だから子どもは毎日、庇護を求める本能行動に駆り立てられ、からだで集中を感じとり、それが子どもの「生きてゆく」力の源泉になる。Iさんはそれが足りないから、『話の録画』【セッション1】と言って邪魔をした。

しかし、やがてJさんの真剣な《なぜ自分は嫌われるのか?》という自己探求の問いにまっすぐに応答する過程で、当初は『みんながJを嫌い』『「不潔」』と残酷な言動だったのが、自己切開していくJさんのつらさをからだで感じ、「Jが吐いたのはみんなに強要されたから」「言葉遣いもいい」と同情心を示し、やがて『みんなはJちゃんを知らないだけ』と理解し、『Iもそうだもん』と、Jさんの思いを自分の悲しみに重ねた。そして【セッション2】【セッション3】で、かつて自分もいじめていたJさんが、皆にいじめられなくなるように（Iさんと友だちになりたいのもあるが）という思いから、空手道場への地図や手紙をJさんの親宛てに書くという友情を示した。その時、Iさん自身のいじめられ体験の哀しみがJさんの哀しみに重なり、いじめ関係から共感関係への変容が起こったといえよう。

さらに【セッション2】では『I、ボリューム上げ過ぎだね』とJさんとの比較で自分を見つめ、【セッション3】では、邪魔する自分の行為を『わがままだから』と言った。その自己認識には、自我（わが）で本能欲求（まま）をいかに調整して、「うまく」適応していくかという問いが内包されている。その「わがまま」をJさんに《面白すぎて》《愉快になる》と受け止められ【セッション3】、かつわたくしからJさんの《友だちがいてよかった》という言葉を伝えられた後、すなわち【セッション4】以降Iさんの邪魔する行為は全くなくなった。Iさんは、Jさんから感謝が入ってくることによって、こころが育ち、その年齢なりの「うまく」生きる第三段階の適応へ進めたと考えられる。これ以後、著しい社会への適応行動がみられる。IさんはJさんの両親への手紙も『書いたほうがいい？』と相手の意向を聞き【セッション3】、稽古場への地図【セッション2】の様に自分勝手に押しつけなくなった。さらに【セッション6】には『お話が終わったら教えてね。I、あっちに行ってるから』と席を外して待つという変化が起こった。その背景には、Jさんと友だちになることができて、関係が充実したので、しつこくする必要がなくなったこと、Jさんに手応えがでてきたので、意向がつかめて、尊重するようになったことも考えられよう。

他方わたくしは、Jさんの【セッション1】の言い回しと表情の中に、Jさんが「いじめられ問題」に直面しようとしている動きを感知した。Jさんが自分の欠点について提示している言い方や音調の中に、後ろ向き、言い訳、愚痴を言うのではなく、前向きに問題に直面している姿勢を感じとり、それと手を繋ぐ時期だと判断したのである。この時Jさんは、「強い自分」と「弱い自分」の両方を、波のように交互に主張した。友だちがひとりしかいないことを《悲しいでしょ》と、哀し気に問い、わたくしが〈うん〉と受け止めた。つぎに《本人がわからなくてさ、なんでそう言うの！》と、語気荒く言い、それもわたくしが受け止めた。さらに《暗いほうじゃないかな、私は》と、小声で力なく言い、『声を大きくすれば普通になる』とIさんが返し、《そしたらもっと嫌われる》と、憐憫を誘い、これにはIさんが『Iもそうだもん』と共感した。つぎには《(〇は)嘘ばっかりなんだ!》と、激しく言った。わたくしはその時〈うん、いまの話し方すごくいいよ〉と「声」の課題を提示した。

　それから、空手を媒介にして精一杯自分のために考えてしてくれたIさんの思い、メッセージのなかにあるものを受け取ったことによって、Jさんの内面は膨らんだ【セッション2】【セッション3】。【セッション4】からは、ほぼふたりの「一ー対ー一」の対等な関係になり、小さいながら、野原シリーズ「うさぎ」に続けて「ねこ1」「ねこ2」「ひよこ」の四つを作り、紙粘土を支配した。その過程で〔Jさんのからだに自分を守る皮膚という自他境界ができてきた〕と、わたくしは感じた。Jさんがあれほど紙粘土を怖がったのは、変化する時の内面の不確かなものを粘土に投影したため、さらに自分をだす時がきたが自分を出すと叱られ続けてきたのでその変化の得体が知れず怖かったためと考えられよう。そして、ひまわり・あさがお・チューリップの自分のキャラクターを画用紙いっぱいに描いた【セッション7】。さらにIさんのわがままを受容しつつ、動ぜず【セッション6】、かつ自分の中の怒りを感じて《失礼だね》と表現できるようになった【セッション7】。しかも、意見を求めたわたくしの回答に際して《きっぱり言っていいよ》と、姿勢をまっすぐ正して対峙した。さらに、自分をいじめた子への復讐を考えたが《かわいそうな気もして》、結局やめることにした。この判断には、自分自身のいじめられ体験の悲しみを相手に重ね合わせて、共感が生じていることが推測されよう【セッション7】。Jさんは、孤独の中で苦しんだ後、Iさんの友情を支えに、適応のための自己修正箇所を発見した。のみならず、より自分にあった友だちを選んだことで、この年齢なりの「よく」生きる価値追及行動が認められよう。

　ふたり面接(関係療法)を開始した頃、Jさんは、ひそひそじめじめした理由不明のいじめられという陰湿で混沌とした世界から脱出したかった。つまり他者にどう見られているかを知り、自分を見つめ「うまく」「よく」変わる準備が整った時期であった。野蛮で、生で、率直で、善良で、明るいIさんは、そのJさんの変容の契機としてふさわしかった。そしてIさんは、出し過ぎの感情を、「うまく」生きるために統制することを学ぶ時期であった。神経質で声が小さく、言葉遣いがよく、関係性に敏感で気を遣う〔「空手を教えるよ」と言う教頭に《Iさんにも教えてもらってい い？》【セッション2】〕Jさんは、そのモデルとして適切であった。

以上より、「一対一」関係における豊かな感情移入体験が「相手の身になる」感情を生み、その感情は相対する他者を越えて広がる可能性があることが示唆された。

九、十歳頃、すなわち小学校中学年頃に、脳の神経細胞はほぼ完成し、この頃に新皮質における創造の精神を司る細胞が配線される〔時実 一九七〇年〕。そのため、この時期、子どもたちの精神に質的飛躍がおこり、彼らはその年齢なりの自己を問う〔井上 二〇〇一年〕。したがって、脳機能的にはこの時期が、「たくましく」「うまく」「よく」、すなわち「人間のもてる力」をすべて発揮する方向に子どもたちを導く敏感期のひとつであると考えられるのである。

おわりに

人間が「生きてゆく」とき、本能欲求が満たされなければ、不快の情動が生み出され、高じて怒りが爆発し、威嚇し、闘争するのが必定である。重要なのは、それらの闘争行動が、人類が原始哺乳類であった時代の脳である大脳辺縁系に支配されている限り、同種内の争いでは相手の息の根を止めるまでは争わないという指摘である〔時実 一九七〇年〕〔三木 一九八三年〕。昨今の、いじめによる殺傷を考えるとき、豊かな感情移入を体験するような教育的・心理的な環境の設定、援助、および「共存」を図る生物としての知恵を次世代の子どもたちにどう伝えるかが緊急の課題となろう。

註

（1）〝対話精神療法〟では、運動的・言語的・感覚的という〝資質〟区分を用いる。これらはまだ学問的に確立しているものではない。育児、教育の場で暗黙裡に共有されている経験知である。それはその本人にとって相性のいい生活種類を選択できる作業仮説である。そしてそれは恐らく将来、遺伝子のレベルで解明されるであろうと想定している。

（2）「個人において運動的資質の開花が言語や感覚などの他の資質に比して顕著に目立つ特徴である」という意味である。

謝辞

公表のご了解を頂きました、Iさん、Jさん、そしてご家族の皆様に深く感謝いたします。いじらしいほど懸命に自分をみつめ、自分を探したおふたりはすてきでした。おふたりにこの一文を捧げ、健闘を祈ります。

初出

井上信子［二〇〇四年］「『関係療法』の試み――いじめ関係から共感関係へ」『学校教育相談研究』14／33-44

引用文献

井上信子［二〇〇一年］『対話の技――資質により添う心理援助』（神田橋條治 対話）新曜社
井上信子［二〇〇三年］「対話精神療法に基づく資質開発的援助――「いじめられっ子」の事例を通して」『学校教育相談研究』13／51-58
神田橋條治［一九九〇年］『精神療法面接のコツ』岩崎学術出版社
神田橋條治［一九九四年］『追補 精神科診断面接のコツ』岩崎学術出版社
神田橋條治［一九九七年］『対話精神療法の初心者の手引き』花クリニック神田橋研究会
三木成夫［一九八三年］『胎児の世界――人類の生命記憶』中公新書
A・ポルトマン［一九六一年］『人間はどこまで動物か』岩波新書
時実利彦［一九七〇年］『人間であること』岩波新書

対話　その二

赤ん坊に近づき「かわいいね」と指でつついたり、ときには抓って泣かせて「いい子、いい子」とあやしたりするお姉ちゃんがいる。これをお姉ちゃんのアンビバレントな感情のあらわれであると見なすのは誤りである。そこにあるのは、未分化な対象接近欲求のあらわれである。しばらく経つと、赤ん坊もお姉ちゃんも大きくなり、もっと多様な「きょうだい」関係が生じ、そこで「いじめ」を含めた多様なかかわりへと発展する。「アンビバレント」と二分するのがもったいない複雑な情愛関係が醸成されて、各人の内側へ体験として記録される。

次の社会化の段階で、「きょうだい」体験の記録は行動の基盤となり、さらに豊かなものとなる。「いじめ」も、自我にコントロールされた行動として成長する。

少子化のせいで「きょうだい」関係の初期体験が少ないので、未分化段階での対象接近学習が貧しい。

社会化の段階では「みんな仲良く」という「ことなかれ教育」により、友人関係は平板化し、実体の貧しいものとなる。現代の子どもたちは「いじめ」行動を創出することで、「こころ」の成長を希求する。これを禁止すると、学習体験を与えられていない自我は、欲動一般へのコントロールが育たず、単純な衝動行為が暴発する個体が完成する。

成長に有益な「いじめ」体験は、一対一の関係のなかで、大人の見守りのなかで育成されるのが自然である。犬猫のきょうだいたちのじゃれあいを観察することが役立つ。

一－対－全体の構図は、制度化された「いじめ」、社会行動としての「いじめ」である。豊かないじめ体験を経ていない人々の集団のなかで制度化されたいじめ行動が、陰惨な結末を生みつつある。個人を集団にひき入れる際の「自己紹介」という制度は、一－対－全体の構図を育成・強化している。

人間関係はまず一対一の関係からスタートするのが自然の理にかなっている。そのことをシュミレートしているのが「構成的グループ・エンカウンター」という治療技法である。この技法のさらなる発展が急務である。本章は、構成的グループ・エンカウンターの技法精錬へのさまざまなヒントを含んでいる。

第三章　お料理療法

はじめに

「私たちは友だちだから遊んだ。友だちだからといって、そこに友情の情があったわけではないのだ。はじける光のようだった。混沌とした、未分化の喜怒哀楽をさらすという貴重な体験をするということが、幼児の他者との交わりなのだと思う」〔佐野 一九八八年〕——ここにあるのは動物的な生命体が発するエネルギーのぶつかりあいである。わたくしはこの、子どもの「からだ」がまるごとで激発する唯我的、自己満足的なエネルギーが、創造的・思考的・相互的に深まり、集中するように援助する視点が「教育」に必要であると考える。

いかなる時代、いかなる社会に生きようと、避け得ない普遍的なひとつの事実——それは、「われわれは束の間この世に『生まれ来て、死ぬ』定めにある」ということ。わたくしは人間の教育の目標を、「一回性であるところの『自分の生』を担っていける人になる」ことと定めることにした。それは、ことばを換えれば、自分が行った一瞬一瞬の選択を、自分で信じられる人になるということである。それはまた、妨げる外界を想定して自立を勝ち取る自主独立とは異なり、われわれの内から沸き上がってくる〝いのち〟の命ずるままに生きる人になることである。

本章では、内なる要求のエネルギーの動きと感受性を汲み取り、瞬間、瞬間に子どもの〝いのち〟が充実するよう導く時、最も教育的な応対が生まれてくるのではないか、という考えを、ひとつのいじめのケースを通して提案する。
その「いじめっ子」の回復と成長に寄与したのは、学校中の教員と「いじめられている」子どもたちの母親であった。ケースとその周辺に起こってくる人々の動きを、〝いのち〟の生きていく力としてわたくしが感じ、対応した経過を再構成することが、本章の目的である。

事例の概要

Kさん　小学校三年生（九歳）／女子

主　訴　低学年児童の母親たちから『子どもたちがKさんにいじめられている』という相談があった。

家族構成　父親（五十歳代）・母親（四十歳代）・長女（中学三年生）・舅・Kさんの五人暮らし。舅・父親とも法務関係の仕事に就き、規律を守ることに価値の置かれた家の雰囲気である。

相談開始前

Kさん自身の相談を始める前に、ふたつの関連する面接があったので記す（以下、〈……〉内にわたくしの発言、〔……〕内にわたくしの連想内容・日常の知恵を示す）。

X年六月中旬（一学期）

Kさんの母親が、長女（既卒）の不登校（中学一年生の夏頃から）の件で来談した。

母親は二十分遅れて入室した。からだの「かたまり」が前のめりに転がり込んできた、という感じだった。そして肩で息をしながら、わたくしがことばを差し挟めないほどの勢いで話し出した。『舅は頑固』『父親は怒るだけで何もしてくれない』『ふたりに長女の不登校のことを「お前が悪い」と責められてつらい』と訴え、涙され、苦悩が綿々と語られていった。やがてわたくしには、対面している母親の内空間に「黄昏どきの湖面」が広がって見えてきた。わたくしは〈母親は光と闇の「未決の時」を生きている〉と思った。ふと、〈子を生むことは人生の闇である「死」と和解するための、はじめの一歩なのかもしれない〉という連想が浮かんだ。

わたくしは母親の苦労を労った。母親はパート勤めもし、疲れ切って通院もしていた。家族の理解を得られない母親が、「からだ」を硬くして生きていた。母親はいまにも張り裂けて「破れそう」だった。

わたくしはまるごとの母親にふれるため、母親を和室に案内していた。わたくしにも、この進め方ははじめてのことだった。まず〈何か整っていない〉という感じがしたので、「背骨調整」の体操の仕方を教えた。つぎに、母親の背中（肝臓のあたりが気になって、手が行った）に手を当てて、暖め方を示した。そうしながらわたくしは、ひとりの婦人の人生を思った。〈少女から娘へ、嫁として夫と舅に仕え、母になって、……女としての幸せはどうだったのだろう？いま、夫や舅への愛憎をどう感じているのだろう？〉。途端に、わたくしのからだがどんより曇って重くなってきた。わたくしは〈鈍くなるとは、こういう感じなのか？　鈍くしなければ生きてこられなかったのか？〉と哀しくなった。つぎの瞬間〈澱んだ何かが母親のからだの深奥で鳴動しそう〉な気配を感知した。面接室で〈破れそう〉と感じたのはこれだったのかと得心した。鬱積してやり場のないエネルギーが噴出口を求めていると観じた。ふと〈エネルギーが停滞し濁りかたまると感受性を鈍らせ、場合によっては病のしこりをつくるのかもしれない。だとしたら、ともかく動きだしそうなことはいいことかもしれない〉と思いついた。さらに「半身浴」の仕方を教え、〈見よう見まねですが〉と言いながら、わたくしが「丹田呼吸法」をして見せ、「吐き切る」ことを重点に母親に練習してもらい、終えた。

玄関まで母親と一緒に歩きながらわたくしは、〈鬱積すれば、噴流するのがエネルギーの自然な動き。だが、母親の中に見えたイメージは静寂な「黄昏の湖面」。そこには、家庭の破壊や人生のやり直しを求めるような雰囲気はなかった〉と思い起した。そこでわたくしは、母親のエネルギーが穏やかに流れるような出口を複数、慎重に設定し、時の流れを待つことにした。

まず〈お母さんひとりで抱えないで、愚痴をこぼしに来て下さい〉と相談に誘った。しかし、相談と母親の仕事の時間帯が重なって無理だとわかった。そこで、担任に気兼ねのいらない某大学附属の相談室（無料）を紹介し、〈お母さんご自身の相談にも乗ってくれます〉と情報を伝えた。母親は頷いた。さらに名刺を渡して、中学校のスクールカウンセラーと連携を取りたいので伝えてほしいと頼んだ。母親は『伝えます』と言った。帰りがけにわたくしは〈時間はかかるだけかかります。来られるときはどうぞ。待っています〉と伝えた。母親は、目頭を潤ませ、振り返り振り返り帰っていった。わたくしは、母親の涙にわずかに安堵した。〈泣かされた涙は憎しみを誘うが、泣いた涙は心を洗う〉と思えたからである。母親の後ろ姿を見送りながらわたくしは〈いのちが生き埋めにされている〉と、胸塞がる思いがした。最後に教頭先生に、Kさんの母親を気遣ってさり気なく話し相手になって頂くようお願いした。わたくしは教頭先生を、心の機微がわかり節度がある壮年の男性だと思っていた。

X年九月下旬——Kさんに「いじめられている子」の母親面接

Kさんにいじめられているという低学年女児たちの母親四名が来室し、口々に以下を語った。

『Kさんの家と近所で、家から学校まで一本道で、子どもたちは登下校時、Kさんを避けられない』『Kさんは途中で待ち伏せし、子どもたちに「ゆっくり歩け」「帰りを待て」と強制し、子どもたちは怖がっている』『Kさんには同学年に友だちがいないらしく、子どもたちが幼稚園の時から、四人のところに学校でも家でも日曜日でもかまわず遊びに来る』『Kさんは子どもたちが親にKさんの話をすることも禁じている』『子どもたちの担任とKさんの母親に再三事情を話したが、担任は対策がないようで、母親はKさんを叱りつけるだけだった』『それでも一時はよくなった。でも、また悪化してきたので相談に来た』『Kさんの母親は長女の不登校のことで頭がいっぱいな様子』、ということだった。——わたくしは長い間、傾聴し、最後に以下を専門家の雰囲気で語った。

①わたくしが、いじめられている子どもたちに会い、心の傷を見極めて、傷が深ければすぐに対処する。②子どもたちが家で妹や弟をいじめていないか、を問うと、すでにあることが判明した。それはいじめられている子どもが、こころのバランスをとるための自己治療だから、叱らずに抱き締めてほしい。③だが、いじめられるばかりでなくて強く賢くなる必要があるから、対策を家族で一緒に練り、幾分ゲーム感覚で戦略アイディアをだしあってほしい。④Kさんはすぐにわたくしが状況を把握して相談を始める。そして、⑤いじめっ子はどこかでその子自身が悲しい思いをしているので「一緒に育てる」感じをもって下さるとありがたい、とそっとつけ加えた。しかし⑤については、母親たちの雰囲気が自分の子どもたちのことで精一杯という感じだったので、わが子を守ることが最優先で、Kさんの遊びの誘いを断ることも仕方ないと話した。

保護者面接終了後、ただちにわたくしはKさんの授業参観をした。Kさんはブラウスに皺がより、スカートも汚れ、靴下が黒ずんで、全体として親の手がかけられていない印象だった。からだも表情も堅く、動作がぎこちなく、全体にさみしさが漂い、クラスのなかに「居場所」がない様だった。だが、Kさんの担任へのまなざし、担任がそばを通った時かすかに期待に揺れるKさんの「からだ」から、Kさんが担任を好きなことがわかった。担任の「からだ」もKさんを受け止めている。ふたりのあいだには眼には見えない何かが流れていた。担任は、感受性豊かで、ノンバーバル・コミュニケーション能力の高い人に思えた。Kさんの「からだ」は担任以外には固く閉ざされていると感じた。

放課後Kさんを相談室に呼んでもらい、相談の内容説明をして誘ってみた。するとKさんの堅い面差しに光が差して『来る』と、もごっと言った。わたくしは、Kさんにとって担任より自分が大切な存在にならないようにするための、距離のとり方が微妙だと思った。

相談開始

面接は全部で十四回。相談件数が多く、状況に応じて二十～六十分で行った。以下、その過程を三期に分けて報告する（文中、『……』はKさん・〈……〉はわたくしの発言、〔……〕内はわたくしの連想内容、＊印にはわたくしが担任や母親に即応した内容を示す）。

第一期　わたしはここよ。こっちを見て！

【第一回】 X年十月中旬（Kさんの授業参観から二週間後）

Kさんは大きなピンクの布袋を抱えてやってきた。中には、画用紙・お絵描き道具一式・紙粘土・腕カバー・着替えのシャツまで入っている。紙粘土は自分で買ってきたと言う。Kさんがどれほど大きな期待を抱いて来談したかを思い、わたくしは切なくなった。しかし、それらを取り出す態度はそっけない。開口一番にKさんは『画用紙を四枚つなぎあわせたい』と言った。わたくしはなぜか、大切なことのように感じたので、面接中であったが相談室を出て、隣の職員室の教頭先生にセロテープを借りに行った。Kさんが後を追って職員室に入って来た。その時から、わたくしはKさんの面接の際、相談室と職員室を行き来する行動を意識してとるようにし、また面接中に戸をわずかに開けておいた。この時わたくしは、なぜそうするのか自分でわかっていなかった。

Kさんは画用紙をつなげて大きな白紙を作り、紙粘土を始めた。つなげて広げられた白紙をみて、わたくしは〔不登校の子どもたちの箱庭によく分断された世界をつなぐ「橋」が架けられること、そして、それが回復成長の証であること」を思い出していた。わたくしが話しかけても、粘土の形ができるまで返事をしない。わたくしも平面の女の子の顔（Kさんに似せて）を作り始めた。しばらくして〈Kちゃんは、着物が似合う美人だね〉と話しかけると、ぱっと顔が明るくなり、恥ずかしそうにうつむいた。Kさんはチューリップの顔・女の子・パン・パンかご・いちごケーキを作っていった［図1］。作りながら『合唱団でいじめられた』と言った。〈誰に？〉——三名の女子の名を挙げ『その子たちが睨んだり悪口を言う。先生（担任）に話したけど「気にしなくていいよ」って言われた。合唱団をやめたくなる』と言う。

『（相談は）何時まで？』——〈本当はもう教室に帰ってる時間なの。でもいいよ。こんなにいろいろ持ってきて、楽しみにしてくれてたんだもん。先生もKちゃんと一緒にいたいわ〉とわたくしが言うと、Kさんはすごく嬉しそうにする。〈いきなしKちゃんになってる（もう名前で呼んでるの意）しねぇ〉——Kさんは作品を大きな白紙の上にきれいに並べた。教室に戻る時、『これ（ピンクの布袋）置いといて。大きくていま持っていけないから』と言う。〈うん〉。わたくしは出口まで送って〈また粘土と一緒に待ってます〉と伝えた。

しばらくしてKさんはまた相談室を覗き、嬉しそうにわたくしが視界から出ないように、後ろ向きに階段を降りる。危ないので〈ころぶなよー〉と声をかけると、『はーい』と明るい返事が返ってきた。だが下校時刻になっても布袋を取りにくる気配はない。わたくしは〈居場所の確保かな。持って帰る日が卒業の日になるのだろう〉と思い、そのままにしておいた。

＊担任から「Kさんは（相談室に行くのが）嬉しくて嬉しくて日にちと時間を指おり数えて待っていたんです」という報告があった。さらに、わたくしが授業

図1　女の子とチューリップ

参観をした日からこの日までの間に「Kさんにひとり友だちができた」と言う。〈何かが動き始めている。子どもは日々、成長し続けている。今日は昨日のつづきではない〉と思いながらわたくしは、担任にKさんの観察を、また教頭にKさんの母親へのいたわりの言葉かけと話し相手を、続けて頂くようお願いした。

スーパーヴィジョン（神田橋 一九××年）

紙粘土の作品［図1］は平面の世界。クライエントは視覚の世界にいる。現実感が乏しく、外見が映像に見える。触角の世界になればもっと立体的になる。共感性を探るスキンシップが必要。他者関係が苦痛なので、ありありと対象とかかわることを避けるために、外界を平面としてしか見ないようにしている。一種の現実感の喪失。立体に見る能力はこの子にもともとある。よみがえってくる場が不安・緊張がなく、粘土のもつ力でもそれが賦活されてくる。

X年十一月初旬——「いじめられている子」たちの母親面接

この日、朝一番にKさんにいじめられている低学年児童の母親五名が来談した。母親たちが持参した、子どもたちの絵にKさんは角の生えた「鬼」として描かれ、Kさんの嫌いなところをひとり十項目ほど挙げていた［図2］。さらに事態が悪化し、ガムテープ事件が発生したという。『Kさんはひとりの一年生の目と口をガムテープで塞ぎ、交通量の多い道路に両手をつかせて、その手をガムテープで道路に貼りつけて「動くな」と命令して帰った』と言う。小さな子どもたちといる時の、哀しみを撒き散らし、怒りを振り撒いているKさんの姿が、母親たちのことばに描き出されていた。その時、この一年生の母親がわたくしに、Kさんの母親が大変そうだから自分がKさんを育てるのはどうかと聞いた。そこでわたくしは〈途中で投げ出さないならお願いしたい。投げ出せばKさんの「見捨てられ体験」が深まり、いまより悪くなります〉と応え、以下を伝えた。

①小さい頃の親子関係がその後の人生で繰り返されることがあり、いまのままだとKさんは、今後の他者関係で

見捨てられていく可能性がある（母恋しい男性の女狂い、父恋しい娘の不倫などを例に説明した）。②防ぐ手立ては、お母さんたちがひとりで抱え込まず、みんなで少しずつ母性的なぬくもりをKさんに継続して与えて下さること。③人は、自分が他人からしてもらったように人に接するから、まず「愛される体験」を積み重ねると人を愛せる人になる。④「いじめたら嫌われるよ」という二重否定の表現で躾けるのは脅迫であり逆効果なので、そうではなく「未来に希望」をつなげてほしい。⑤いじめはどこにでもあり、子どもたちはその関係を生きることで、闘争心、誇りや卑屈や身を守ること、弱い者を庇うこと、強い者に立ち向かうことを学ぶ。だからこの機会に、逞しく生きるすべを子どもたち自身に考えさせて下さい、と話し、母親たちの「あたま」と「こころ」両方に訴えた。

すると、母親たちから『かわいそう』と、Kさんへの情的共感が生まれ、『みんなで出来る範囲で』『Kちゃんが小さなうちに』『お母さんも助けなきゃ』と、気持ちが流れ、『私たちが心理学の勉強しなくちゃ』と、「頼もしい隣人たち」が誕生した。

図２　「いじめられている子」の描くＫさん

そこで、子どもたちにはKさんのことはいい人生勉強。しかし、そうは言ってもすぐには強くなれないから、力がつくまでは逃げることも肝要。しばらくは親たちが順番に一本道の送り迎えをしてほしい。そして、朝、子どもたちを送っていく時、Kさんがそばに来たら将来に希望をもてるように語りかけてほしい。例えば『いまは、○○ちゃんたち怖がってるけど、また遊べるようになろうね』『いつか一緒に行こうね』などと言って頂けるとありがたい、とお願いした。

隣人たちは『やってみます』『そうしよう』と、受け止めて下さった。ふと気づくと、同伴の幼児が、Kさんの作品〔図1〕を壊していた。「お花の顔と女の子」の輪郭ががたがたになったのを見た瞬間、わたくしは〈人が幸せだというだけで、不幸な人は壊れてしまう〉という連想が湧き、胸が締めつけられた。

Kさんは午前中に一度、相談室を見に来た。予約時間を伝えると、それを三度声に出して確かめて教室に戻った。

【第二回】 同日

来室すると、Kさんはまた画用紙を四枚つなげて大きな長方形にしたいと言う。わたくしがセロテープを職員室の教頭に借りに行くと、Kさんはまた後を追って職員室に入り、教頭に話しかけられた。Kさんはからだをこわばらせながらも、ふたこと小さな声で返答した。わたくしは、壊された作品の前にKさんを導き、事情を話した。わたくしが気づかなかったことを謝り、壊した子のお母さんが謝りたいと言っていた、と伝えた。Kさんの「からだ」は悲しまなかった、がっかりもしなかった。無表情にわずかに唇を噛み、そして静かに諦めた。諦めたあとのうっすらとしたやさしさがKさんを覆った。それを見てわたくしは、作品の形をできる限り一緒に整え、教頭に写真を撮ってもらうことを提案した。Kさんは『うん』と素直に頷き、絵を描き始めた。

教頭が入室して写真を撮り、退室する時、わたくしが〈教頭先生、Kちゃんは、着物が似合うと思いませんか?〉と聞くと、『去年のお祭りのときの浴衣姿を覚えているよ。おねえちゃんと二人でね』と返した。教頭は臨床センスの優れた人で、途中入室も自然で雰囲気を壊さないので、ご自分の判断でして頂いた。Kさんは嬉しそうにしたが、あまり嬉しそうにしてはいけない、という自主規制の雰囲気になった。そしてふたりになると『着物、持ってないから。浴衣はふつうの時は着れないから……』と一所懸命に伝えようとする。

伝え終わると、『先生も作りな』とぶっきらぼうに言うので、【第一回】でわたくしが作った紙粘土の女の子の顔〈モデルはKさんだが、内緒にしてある〉に絵の具を塗ることにした。Kさんは他の来談者をしきりに気にするが、わたくしは〈誰がここに来るかは言えないの。あなたのこともほかの人に言わないのよ〉ときっぱり伝えた。Kさんは完成した絵をわたくしに見せて『女の子とうさぎは友だち。お散歩してる』と説明してくれた。時間になっても遊びたがったが、約束を守るよう言いきかせて終りにした。来週の面接予定を聞くので〈いま、相談したい子がいっぱいで、みんなは十五分なんだよ。でもKちゃんは一時間とったよ〉と伝えた。Kさんの顔が光に包まれた。わたくしは、Kさんが自分だけが特別に愛されることをとても必要としていると感じていた。Kさんはようやく教室に戻ったが、放課後、クラブへ行く時また相談室を覗いていた。

X年十一月初旬――「いじめられている子どもたち」の面接

Kさんにいじめられているという低学年の四人に来室してもらい、話を聞いた。〈Kちゃんのことで困っていること教えてくれる?〉すると幼い子どもたちは口々に『意地悪！　人の家に勝手に来て、いばってる！』『呼び捨てする！』『（幼稚園）年中の時から』『弟も泣かされている』『遊びの役割を自分で決めちゃう』『頭たたく』と、窮状を訴えた。怒りを撒き散らすKさんの姿が描きだされていた。〈いいところはどうかしら?〉――『捨てネコをかわいがってる、親ネコも』と、ひとりが言うと、『うん、そう』と、もうひとりが頷いた。

バウム・テストと自由画を実施すると、四人で楽しそうに、わいわい言いながら描いた。途中、『井上先生、メガネはずした方が美人！』『はずして、はずして！』『美人！　美人！』と大はしゃぎして止まらない。そこでわたくしが思い切ってはずすと『わぁ、ほらぁ。美人！　美人！　美人！』の大合唱。この時わたくしは、Kさんが【第二回】で見せた、嬉しそうにしてはいけない自主規制の雰囲気に共感をもった。〔言われ慣れない褒め言葉には、大量のとまどいと恥ずかしさと、微量の嬉しさがある。しかし嬉しい反応を規制する動機の中心は、評価が変わることへの恐れ?　変わった時の傷つきの防衛?　信じたことを馬鹿にされる屈辱の回避?　それとも、慣れないために反応型が形成されていないだけ?　Kさんの抑制した感情の裏にあったのは何だったのだろう?〕と、わたくしは思いを巡らせていた。

ともあれ子どもたちの絵を見て、いじめられの傷はいまのところ大丈夫そうだ、と安堵した。時間の終りを告げると、子どもたちは『井上先生のところ、楽しい！』『明日も来ていい？』『いつなら来ていい？』と、抱きついておねだりする。みんな甘え上手で、親に受け入れられていることがわかり、わたくしは〈今度ね〉と返しながら、Kさんのぎこちなさを思い、胸が苦しくなった。

＊同日、Kさんの担任と、いじめられている一年生の担任が来談した。担任はKさんに『あなたがかわいいから、大事だから』と言って、小さな子たちをいじめることを、抱き締めたりしながら叱っています、と言う。わたくしは〈先生は臨床のセンスが素晴らしい。そのまま、感じたままなさって下さい。わたくしから足すことはひとつもありません〉と伝え、一年生の担任には、Kさんによる傷はいまは問題ない。だが、幼児期のストレスが思春期頃に何らかの形で出てくる可能性がないわけではない。しかし、因果関係を捉えるのは難しく、経過観察とともに、何か生じたらその時、対応するしかないことを伝えた。

【第三回】 同日

Kさんは『先生も、絵でも描いて、絵の具、塗れば？』とぶっきらぼうに言う。わたくしが〈あっ、わかったぞう。その言い方がさぁ、なんか怒られてるみたいな感じするな。だから一年生の子なんかは、幼稚園生に毛が生えたような小さな子たちだから、怒られてるって感じるんと違うかなぁ〉と言うと、Kさんは下を向いたまま黙って紙粘土を作っている。〈先生のその意見を、どう思いますかぁ？〉するとKさんはうつむいたまま『同じ』と言う。〈おっ、先生と同じ意見？　じゃあ、「絵の具塗れば？（優しい言い方で言い直す）」っていう感じはどう？〉と言うと、Kさんは『やだやだ』とからだをゆさぶった。〈照れる？〉――『うん、照れる』――この瞬間、ふっとKさんの「からだ」が緩んで、その隙間から光がこちらに差し込んできた。Kさんは、誰かが扉を叩いたら開こうと、きっかけを待っていた、とわたくしは感じた。〈そっかぁ〉――わずかの沈黙。そのあいだに、わたくしはKさんの扉を押し開いて中に入った。〈Kちゃんつらいと思うけど、先生、正直に言うね。一年生三人、二年生一人、「Kちゃん怖い」って言ってた。「呼び捨てにしないで」って言ってたよ。また一緒に遊びたいけど、いまは怖いみたいだったよ〉と伝えた。Kさんはわずかに唇を噛んだ。しかし、まなざしはゆっくり溶け始めていた。わたくしは、ことばがKさんにまっすぐに届いたと感じた。そして〈よわい子や小さい子をみると、いじめたくなっちゃうね。でも、自分でもどうしてそうしちゃうかわからないねぇ。だけど、先生とお約束してほしいな、「もういじめない」って。そうじゃないと、Kちゃんのいいところをみんなにわかってもらえない。そんなの先生、悲しいよぉ。だから、ねっ、お約束してね〉と語りかけた。Kさんは黙っていた。やがてふたりの息づかいが重なった。気づくと、Kさんの「からだ」の輪郭は、やわらかく溶けてとろりとしてあたたかくなっていた。

わたくしは〈そうだ、先生、途中だったんだ。ニス塗ろう〉と言って紙粘土のKさんの顔（本人には内緒）の制作にとりかかった。しばらく沈黙が流れた。気づくとKさんの「からだ」が再び殻をつけていた。しかし、前の殻とは違う、しなう感じの「皮」だった。そして『お母さんが来週ここに来る。一年生が来たり（その子たちの）お母さんが（相談に）来たことを、お母さんに言わないで』と頼む。〈言うとどうなりそう？〉と聞くと、『お母さんが困っちゃうから』――〈困ると、お母さんどうなるの？〉――『いつも言うから』――〈どんなふうに？〉――『「一緒に行くな、ひとりで行きなさい」って』――〈そう言われて、Kちゃんはどう思う？〉――Kさんは無言だった。わたくしはKさんと同じ真剣さで〈約束はできない。話の流れで言うかも知れない。でも、あなたの気持ちは受け止めたよ〉と返した。Kさんはこっくり頷いて『先生と一緒に給食、食べたい』と言った。〈うん、そうしようか。来週ね。先生（担任）にお話ししておこうね〉と、わたくしは心情的にKさんを自分からひき剥がし、向う側に置いて、言った。

＊同日、いじめられている一年生の母親から学校に電話があった。『朝、子どもたちを連れて行く時、Kさんが来

て一緒に行けないわけを説明して「いつかまた仲良くできるといいね」と言ったのに、放課後、遊びに来る。その繰り返しだが、どうなっているのか』と、腹をたてた質問だった。そこでわたくしは、子どもと大人では「いつか」という未来の長さが違うこと。また自分のしていることがまだなかば無自覚なため、自分でわかっていないことを伝えた。最後に〈お子さんたちは（いじめられによる傷は）大丈夫です〉と伝えた。すると、『ああ、……ありがとうございました』と言われた。「ああ」のあとに一呼吸の沈黙が流れた。そのあいだに、自らの子どもへの安心感が余裕をつくったためであろうか、この母親は幼いKさんに対する「導く者」の立場を取り戻して下さった。

＊電話を切ってすぐに、他のいじめられている子の家に連絡し、母親たちに状況を尋ね〈いまが大事な時です〉と、再びの援助の要請をした。母親たちは送り迎えの際に『おばちゃんもがんばるから、一緒にがんばろう』『お母さんが忙しくてお話聞いてくれない時、おばちゃんに話してね』と、Kさんを励まし続けて下さっていた。

X年十一月中旬

職員室で担任とＴＴ（Team Teacher）がKさんの眉毛事件について話しているのを、偶然、わたくしが耳にした。一昨日の下校時、公園近くで高校生が近寄って来てKさんの右眉毛を剃ってバイクで逃走したので、学校として対処してほしい旨、Kさんの母親から担任に電話があった、という。担任は、危険なのでクラスで話題にするという。わたくしは、担任がクラスで話す前にKさんと面接したいとお願いして、急遽、Kさんを相談室に呼んでもらった。

【第四回】 同日

確かにKさんの右の眉が半分剃り落とされていた。Kさんに公園での光景を絵に描いてもらった［図3］。わたくしはKさんの半眉の顔にも絵にも、なぜか「なまめかしさ」を感じ、〔お歯黒〕を連想した。つぎに絵を見ながら、ひとつひとつていねいに出来事を聞いていった。説明する時のKさんは、空想に浸り、陶酔感と充実感がある。陶酔感は、化粧台の前の女のナルシシズムに似ていた。〈もし、Kさんが自分で眉を剃ったなら、姉の真似か？　母の真似か？　Kさんの空想は、自分を弱い被害者に仕立てることで大人の注目を集めようとしているのだろうか？〉と思いが巡った。

そこでわたくしはまず〈それは怖かったねぇ〉と言ってみた。すると何かがKさんの「からだ」からわずかに引いていった。だが、陶酔感と充実感は減らずに満ちている。〈空想は、創造や願望、不安や嘘などに満ちた万華鏡〉である。そこで〈大人のお化粧は〝嘘〟だものねぇ〉と言ってみた。Kさんは軽く首をかしげてうっとりしている。〈嘘が悪いわけではない。そこには成長の青写真すら描かれていることがある。問題は、自分を守り他者を操作するための、嘘の悪用だ〉と考えた。そこでわたくしは、〈ひとつ嘘をつくと、ずっとつかなきゃならなくて、つらいね。でもつらい思いをしても、〝嘘〟は〝嘘〟だものねぇ〉と、悪用の価値を引き下げた。ややあってKさんは微酔状態に変化し、やがて顎を引いて頷いた。

図3　眉毛事件

しかし最後まで、Kさんにとってその出来事は事実だった。わたくしはふと、Kさんの絵はいつも色づかいがきれいだが、この絵［図3］はとくに色彩豊かだ、と気がついた。赤いブランコ、黄色の滑り台、緑の草、黒い自転車、高校生は青ズボンにピンクのカミソリ、である。この間のKさんの観察とやりとりから、〈Kさんはふだんから、空想の中に生きていて、その空想世界は色彩に富んでいるのではないか？　そういう子どもは、防衛ということではなく、からだの資質としてエネルギーが空想に転換されやすいということがあるのだろうか？〉という問いをもった。

たまたまその日、Kさんの母親が来室可能であり、遅れて来た母親も加わり三人で話すことにした。しかし母親は、Kさんの眉毛事件はそこそこに、すぐ長女の不登校の件に話題を変えた。Kさんは母親の語る姉の話を聞きながら、隣で絵を描いて静かに待っていた。この時のKさんは、母親を半身で感じながら、幸薄い人のもつもの淋しげな雰囲気に変わっていた。陶酔はとうに醒めて、なぜか、確かな落ち着きが感じられた。その様子をみてわたくしは〈Kさんの空想には、もともと空想の中にいるのが居心地がいいのと、危険なめにあった内容で親の気を引きたいのと、空想することでエネルギーを蓄え内界の調和を計るのと、という三つの意味があるのではないか〉と推理した。しかし、Kさんのこの危険な空想内容に臭う性愛的な雰囲気は、果たしてエディプス葛藤で説明しきれるのか否か、わからなかった。わたくしはKさんを見つめ、こうして毎日見捨てられているのだとわかり、切なくなった。

そこで、Kさんが寂しがっていること、Kさんの相手もしてほしいことだけを伝えた。母親は頷いたが、直後にまた長女の話が始まった。わたくしは〈母親の長女へのこの偏愛は重い。まだ時間がかかりそうだ〉と思いながら、体操や呼吸法などの効果を聞くと『気持ちがいい』と言うので、継続して下さるよう、また生活の中にもっと「気持ちいいこと」を増やして下さるよう、伝えて終りにした。

＊面接後、担任と母親からの情報とKさんからの情報の細部を突き合わせると、矛盾点がいくつか見つかり、出来事はKさんのファンタジーだと判断した。しかし、かつて公園近くで何か怖い思いをした可能性を考え、日没が早まったので合唱団の終了時刻を早めてほしい旨、担任から合唱団の顧問と校長に申し入れることをお願いした。

第二期　「たからもの」見つけた！

X年十一月中旬

体育の時間に「棒高跳び」をしたが、Kさんは最後まで跳べなかった。その時はじめてクラスのみんなが「がんばれ」「だいじょうぶ」「とべるよ」と応援してくれた。Kさんは挑戦して、跳んだ。この出来事を、一人の男児が担任への連絡ノートに書いた、「Kさんは、とぶゆうきがなかったけど、みんながはげましたので、とべました」。Kさんのことを級友が肯定的に取り上げた初めての文章だった。担任はこの男児に「よかった!!　みんなのおうえんで、とぶゆうきがわいてきたんだね」と返した。

【第五回】 X年十一月下旬

Kさんは紙粘土に取りかかるが、思い出したように『先生の言ったの（背骨の歪みを調節する体操）、やってるよ。お母さんに教えてもらった』と、椅子のなかに丸くなり『気持ちよかった。お母さんもやってるよ』と言って、その格好をして見せた。〈そう、よかった。気持ちいいことと、楽しいこと、いっぱいしてね〉と返した。そして、背中に手を当てて暖める仕方を教え、〈お母さん、お仕事で疲れたとき、やりっこしてね〉と伝えた。Kさんは嬉しそうに頷いた。

するといきなり『時間がない、どうしよう、時間がない』としきりに気にしだした。『（絵の具のための）水汲んできて、そのとき終わったらどうしよう』――〈大丈夫だよ。あと十二分あるよ〉――「じゃあ、行ってこよう」と言って、水道に行き、戻って来て、『三時間目、避難訓練。その時先生どこにいるの？　その時、先生、紙粘土つくる子と一緒にいるの？』〈ううん、ひとりでここにいるの。火事なのに〉『先生も外に並べば？』――窓から消防署の人の姿が見えた――『ああ、もう時間がなぁい』と大声を出す。『だめだ。もう時間が過ぎて、もうだめだ』と言い、絵筆を手に握ったまま椅子の中に沈む。時間になると『訓練やりたくなーい』『紙粘土やりたーい』と大きな声で言う。気を取り直して、画用紙に「たからもの」と、肌色の絵の具で書いた。やがて火災発生の校内放送があり、Kさんは校庭に走って行った。

給食時間になるとKさんは再来し、一緒に食べ、秘密をふたつ共有した。ひとつは、教頭のみかんの差し入れ。〈みんなには内緒だよ〉と言うと、Kさんの顔がパッと輝いた。ふたつは、給食を残してはいけない規則だが、Kさんのお残しをわたくしのお皿にこっそり隠し、共犯のふたりで咳払いをして何事もなかったかのように振舞った。Kさんは上気した。まだまだ、特別扱いされる体験がKさんには必要だった。

X年十一月下旬

級友がKさんのいいところを認めて、先生への連絡ノートに書いた。（女子B）「友だちの『いいところ』――Kさんは、スクールカウンセラーにいっていっしょうけんめい友だちと仲よくすることをいっしょうけんめいです」――担任は、「まだだれも言ってない『いいところ』をみつけたんだね。発見賞だよ!!」と返した。

【第六回】 X年十一月下旬

Kさんは髪を切り、表情が豊かになって、とてもかわいらしい感じになった。そういえば服もきれいに洗濯されてさっぱりしている。〈母親の気持ちがKさんにも少し向いてきたようだ〉と思い、わたくしの「からだ」が、じんと潤んだ。Kさんは朝から何度も相談室を見に来た。面接時間にはお習字をしたいと言い、最初に「お金」と書き、順に「お菓子たべる」「牛作」「作品」「すな」と続けた。その後、お習字でしりとり。わたくしは〈棒高跳び頑張ったことを、お友だちが連絡ノートで褒めてたぞぉ〉と伝えながら、〈ぼうたかとび〉と書いた。するとKさんはからだごと喜び、真剣に「びいだま」と返し、〈まほう〉「うま」〈ママ〉「まふら」〈らんぼう〉……と続けた。終わるとわたくしに『きょう、何時に帰る?』と聞き、さらに『今日も、給食を一緒に食べたい。食べられれば、かばん持って帰る』と言う。〈そうしようね〉と言って向き合い、たあいない話をしながら一緒に食べた。途中で、教頭が献立にはないジャムを差し入れてくれた。みんなでKさんを特別にかわいがった。

この頃クラスの子どもたちが、自宅で綴る「ノート」にKさんのことを盛んに記すようになった。

X年十二月初旬

（女子C）「『友だちについて』――先生、あのね、今日、Kちゃんと遊びました。もうKちゃんとは三回遊びました。Kちゃんはわたしにやさしくしてくれます。私はこう思いました。友だちがいるってことは、いいことだと思いました。後、友だちをさ別しちゃいけないって思うた。イエエエヒ。」

（女子D）「私は、みんないいところをかきます。とくべつでだします。〇〇（Kさんの苗字）さんは、友だちをつくるためにがんばています。」

（女子E）「『友だち』――わたしは、友だちがいてとってもうれしいです……（三人の女子の名とそれぞれの長所をあげる）。Kさんはこのごろいろんな人のいいところを日記にかいててとってもいい友だちです。わたしはこんないい友だちをもって、とてもうれしいです。これからはもっともおっと友だちをいっぱいつくれたらいいと思います。いいえ、今、ぜったいやりたいです。」

（女子C）「『がんばるぞ!!』――今日、△の先生から『英語の試験の今度は四級を受けようね』と言う電話がありました。前のとき（五級で受けたとき）がんばったけど受からなくてもう、バッタリつかれていたので思い出すと、ちっともやる気はありませんでした。でもKちゃんと（『なんでもがんばろうね』と）約束したので受けることにしました。今度は本当にがんばります。」

（女子F）「『わたしの友だち』――わたしは、今日図書室でないた赤おにを見たときに『友だちっていいな。友だちってやさしいな』とずっと思いながら感動していました。……あとときどき〇といっしょにKちゃんに話をかけます。でもKちゃんはうれしいようなはずかしいような目をするから、何をはなしたらいいかわからなくなります。いっしょうけんめいはなすけど、どんなことを話していいか分からなくなります。わたしたちから声をかけるから、Kちゃんから話をしてくれたらうれしいと思っています。Kちゃんだけではありません。男子は……いっぱい話がしたいです。』

Kさんも、家でつぎのことをノートに書き綴っていた。

X年十二月初旬（前述の子どもたちが綴ったのと同日）

「『友だちのこと』——今日、Cちゃんとあそびました。さいしょにしゅうじをしてそのつき（原文ママ）に宿題をしました。やたのがたくしゅうでは計ド（計算ドリル）をしてあと日記とさく文と漢字でした。あとのほかは家てしました。Cちゃんはこのまえもあそんでくれたのが三かい目になりました。でもあそぶのがとてもおもしろいのでいいなとおもいましたとてもあそんでくれたのでやさしいなとおもいました。」

（翌日）「『おはなしをきいてください』——いまおもってることはいろんなみんなが声をかけてくれるかられです。かならず声をかけてくれるからです。でGちゃんがわたしに算数を、教えてくれます。そのためCちゃんと遊んでいるときもありました。でもいろいろで漢字の丸つけをしてくれました。プリントをみしてつたらわたしはかしてあげました。でもみんななかよしでしてくれました。とてもうれしいなきもちでした。するどいけどとてもうれしかたです。いろんなことおしえているのに。そのためでもやさしくしてとてもうれしいです。いろんなことでもみんなが声をかてくれるのでとてもわたしはうまれてはじめてとてもたのしいとてもうれしい日みたいです。（原文ママ）」

担任は「よかったね。Kさんも、みんなにやさしくなったからみんなもしてくれるんだよ。うれしいね。ちゃんと『ありがとう』を伝えてね」と返事を記した。

【第七回】 X年十二月初旬

Kさんの、朝から何度も相談室の様子を見に来る行動がなくなった。時間になっても来ないので教頭が『担任がK

さんに伝えるのを忘れているか、Kさんが忘れているかだから、偵察に行ってきます』と言い、教室に向かった。だが、Kさんが理科の勉強に一所懸命取り組んでいたので声をかけずに戻ってきた、という。〈先生、素晴らしい感性！〉とわたくしは感嘆の声をあげながら、教頭は何かの思いが込み上げて上気してると感じていた。しかし、しばらくするとKさんが来室した。担任が教頭先生の姿を見て、Kさんに行くように指示したと言う。

わたくしはKさんに、教室に戻って勉強を続けるか、相談するか、どちらにしたいか選ぶように言った。Kさんは『こっち』と言って相談を取った。そして『なに描こうかなぁ』と思案したのち、「たからも（の）」［図4］を描き、つぎに算数の計算を画用紙に書いた。そして突然『あっ！』と声をあげた。今日は担任のお誕生日だということを思い出した。急遽、あのピンクの布袋からドングリを取り出し、教頭にビニール紐を探してもらって、腕輪のプレゼントを作った。絵も描いた。そこで、担任を相談室に呼んでわたそうとふたりで話して決め、ドアを開けると、なんと目の前に給食の牛乳箱を抱えた担任がいた。即座にわたくしが交替して牛乳係になり教室へ行き、Kさんは相談室で担任にプレゼントをわたした。

図4　たからも（の）

＊放課後、担任は『びっくりしました。いつ作ってくれたんでしょう。うれしかったぁ』と子どものように跳ねた。わたくしはプレゼントを作った時のKさんの手際のよさやアイディアや集中力から、Kさんは思考の具体的操作は充分可能であること、さらに、九歳の壁は多くの子どもたちにとっても厚いが、Kさんの授業への熱意が継続し、導き方によっては越え得ると推測し、それを担任に伝えた。担任は知的な人なのですぐに了解し、その「願い」を共有してくれた。わたくしは、〈子どもを、存在まるごとで受け止めてくれる先生が担

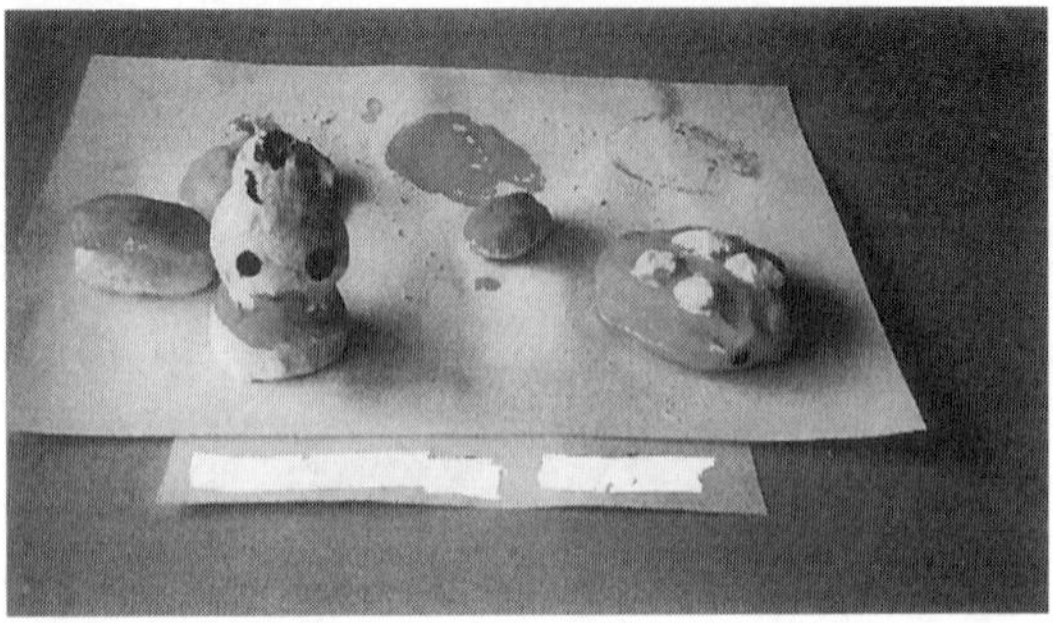

図5　立ちウサギ

任でよかったね〉と、心のなかでKさんに囁いていた。

【第八回】 X年十二月中旬

三年生のI（いじめられっ子でわたくしが相談中——本書第二章）が、Kさんと一緒に面接したいと言う。Kさんに聞くと嬉しそうに頷く。IはKさんにいじめられていた子だが、いつのまにか強くなり自分から友だちを作り始めていた。ふたりのやりとりの濃やかな観察、子ども同士の教育力への期待から、一緒にすることにした。紙粘土が足りなくて、ふたりで仲良く購買部に取りに行った。戻ってきて、紙粘土を平らに延ばすために『麺棒がほしい！　麺棒！　麺棒！』と合唱し、教頭にお願いする。教頭が学校中駆け回って、丸太から綿棒まで探してきてくれた。Kさんの紙粘土の作品に厚みがでて立体化し、この日、立ち姿のウサギを作った［図5］。ふたり仲良く、ピースしたり、じゃれあいながら楽しそうである。わたくしの質問に、Kさんは『いい加減に覚えなさい。もう先生も馬鹿なんだから』と言う。かと思えばふたりで『先生』『先生』を連発。しかし終始、Kさんはわたくしに命令調で、そんな会話が許される関係であることをIに見せ、三者関係にはなれなかった。しかし、Iはめげなくなり『あはっ』とかわしながら、楽しく遊ぶコツをいつのまにか獲得していた。

途中でKさんの級友がふたり、相談室のドアの所に尋ねて来て『Kちゃーん、何つくってるのかなぁと思って。頑張ってねぇ』と応援して行った。級友たちが屈託なかったのに対し、Kさんはぎこちなく『うん』とだけ応対し、早く行って！という雰囲気だった。Kさんの「からだ」は薄い甲羅で覆われている感じがした。Kさんが以前つけていた殻は全身を覆っていたが、いま甲羅からは顔と手足が出ている。わたくしは〈教室と相談室を別世界にしておきたいからか？　咄嗟に上手く返せないからか？〉といぶかった。しかし『Kさんはカウンセリングに行って、お友だちづくりに頑張ってるんだよう』とクラスの援助的雰囲気づくりをしてきた担任の、教育成果が花開いていることに間違いはなかった。Kさんは机に戻ると、Iとふたりで内緒話をして『大事な発表がある。来週も紙粘土しながら、クリスマス会やる！』と合唱。ふたりのやりとりを観察していたわたくしに、Kさんは『はやく、先生も何か作って。さみしい』と言う。

Iが帰った後、『今度ねぇ、先生に着物といいもの持ってきてあげる』『先生、あとでねぇ、先生にいい写真を撮ってあげたい』とやさしく言う。甲羅は取られ「からだ」は和らいでいた。面接終了後、カメラでわたくしを撮ってくれた。わたくしは写されながら〈記念写真になるなぁ。先生、来年の三月までしか来られないから。ありがとう〉と伝え、密かに別れの準備を始めた。

相談が終わり帰り支度をしていると、主事さんがふらっと相談室に入ってこられ、趣味のお話を楽しそうにされた。開いていた職員室との境のドアから、教頭が顔を入れ「おっ、話を聞いてほしくなりましたな」といたずらっぽく言い、なごやかな放課後が過ぎて行った。

【第九回】　X＋一年一月中旬

Kさんは三十分遅れて来た。『先生、来なくなるとさみしいでしょ。だから、これ、あげるよ』と言って二枚の写真と下敷きをくれた。写真はおくるみの中に生まれたてのKさんがいるお宮参りの光景と、お父さんと遊んでいるKさんが三歳の頃のものである。下敷きは、Kさんが大好きなドラえもんの絵入りだった。わたくしは〈Kさんの思いの重さがからだに染みた〉そして、とても嬉しいが大切なものなのでKさんの結婚式まで預かる、と伝えた。相談を終えて階段を昇るKさんの後ろ姿は、「からだ」の輪郭ができ、そのなかに哀しさが閉じられた感じがした。以前は、堅い殻の中で「からだ」を緊張させるか、『風の谷のナウシカ』の、怒りに震えて体液を撒き散らすとらえられたオームの子どものように、小さな子どもたちの中で哀しさを撒き散らすかのどちらかだった。だが、いま、哀しみを哀しめる〝からだ〟になっていた。〈輪郭ができれば、他者との距離もわかる。感情を「からだ」で感じられる。収めることができれば、相手の「からだ」も大切にできるようになる〉そう思えた。

＊担任が今朝『相談室に行きたい人?』と言っても、いままでハイハイハイと手を上げていたKさんが手を上げなかった。予想と違う、と言う。わたくしは、Kさんは「教室にいたい思い」と「相談室への未練」とで葛藤中である、心が複雑になり葛藤するようになった、その「葛藤を持ちこたえる力」を育てたい、と伝えた。わたくしがKさんの友だち関係を聞くと『普通になりました。悪目立ちしなくなりました』と言う。以前は誰もKさんに関心がなかったが、今日も、（紙粘土の）お寿司を先生に見せていると、友だちが『わあーっ』と寄ってきて、『きれいな色』『上手』『こんなの作ってんだ』と言いながら取り囲んだ。前なら誰もKさんを気にかけず関心を持たなかった。わたくしは〈何かなければ目立たないのは前と同じ。でもいまは、目立たないけど教室に居場所がある?〉――『あー、そうです。そうですね』――〈入口と出口は同じということですね。先生、変な心理学の本なんか読まないで下さいね。考えないで、感じたままに動いて下されば、先生はそのままで優れたカウンセラーの資質をお持ちですから。それと、さっきKちゃんが、小さい頃からの写真をくれました〉――『あぁ、くれたんですか』――〈はい。自分の全部を受け取ってほしいという意味です。はーぁ。あの子なりに別れの準備をしているんです〉――『あぁ』――〈よろしくお願いいたします〉――『こちらこそ』。教頭はKさんの担任のことを『子どもに体当たりしていく一所懸命な先生です』と言っていた。〈Kさんがそのことを一番わかっている〉と、わたくしは思っていた。

Kさんにいじめられていた子どもの母親たちに来室を呼びかけ、その後の様子を聞いた。わたくしは、Kさんがよく笑うようになり同学年の友だちとクラスに居場所ができた、だが夢中になり「自分はこれ」という自信を持てるものがKさんの中に根づくまで相談が必要だ、と伝えた。また、子どもたちは小さいので傷つきやすいが、いじめを撥ね除けており、甘え上手で大丈夫。それは、離れていても、母親がちゃんと子どもの心のなかにいるからだと伝え、その後の様子を聞いた。

三学期に入って一回だけ、Kちゃんに何か言われたと泣きながら帰ってきたが、あとはもうない。子どもたちは『Kちゃん、やさしくなった』と言っている。二学期は『Kちゃん、あいかわらず』と言いながらも『言い返したよ』『しょうがない』、こう言ってきたからこう返した、と言っていた。『ちょっとのことではめげなくなった』『行き帰りも途中までは一緒だったけどそこから分かれて行った』とか『なんかある程度こう、線ができているみたい』とも。最近、子どもたち同士でお互いにケンカが始まった。『精神的に余裕ができてきたから』『前は守らなきゃならなかった。結束してたんですよ』『Kちゃんから身を守る必要がなくなったから、やっとその年齢らしい成長したんじゃないかなと思ってるんですけど』『けんかして落ち込んで、謝ろうにもどう謝ったらいいか、わからないっていうか』『すごいかわいい手紙、着せ替え人形にして（書いてた）』『最近、遊ぶグループがちょっと離れてきて、幼稚園からずっと一緒だったんですよ』『マンネリ化してきて、新しい友だちが新鮮に見えるんじゃないですか。そういう時期に入ってきて、まあ、これも成長ですよね』。一年生の子たちは『いま会っても、Kちゃんすごく優しい』と言う。しかし二年生一人だけ違うことがわかり、その母親が『うちの子は突っ撥ねるからかもしれないね』と考えこむと、一年生の母親が『一学年の違いなのかもしれない』『クラスの子と遊んでる時、Kさんが入れてって来るから、遊ばないって言ってしまうみたい。それを仲間に入れてあげたらまた違うんでしょうけどねぇ』――〈そこまでの器はちょっと、二年生ではね……〉とわたくしが言うと、別の母親から『ちょっと、むずかしい』とフォローが入った。

〈どれくらいの期間、送り迎えをして下さったんでしょうか？〉――『前、カウンセリングを受けてすぐ始めて、十二月の初めくらいまで、ずっとやってたから』――〈もうそろそろ送らないでいいかな、というご判断はどこでなさったんでしょうか？〉――『朝、むこうも時間をずらすようになって』『いじめるという話もなくなってきたから』『回数を減らして。毎日から三日に一回とか』『どんどん寒くなるものだから、親の方がついていけない状況』『子どもたち自身も言えたりとか、そういう状況がでてきましたから』――〈その辺のタイミングが、すごくセンスのいいところなんです。お母様たちの〉――『子どもが（付き添いのことを）最近一緒に行かないの？　今度いつ一緒に行くの？って』『楽しかった』『（子どもたちの）会話聞くのも、すごい楽しかった』――〈Kちゃんが来た時は、どのように対応して下さったんでしょうか？〉――『子どもたちは先にやって、自分だけKちゃんとふたりで話をしながら。日常会話をしながらちょこちょこっと（希望をもつことを）入れて行く程度にしていました』――〈どんなふうに入れて下さったんでしょうか？〉――『まだちょっと学校に一緒に行くのは怖いから、良くなったらおばちゃんがいいっていうから、もうちょっと我慢してね、とか』――〈すごく正直でいらしたんですよね〉――『まあ、もう正直に言わないと、回りくどく言ってもわかっていないようだった。だからあんまりトンって言ってもだめでしょうから、ちょっと普段の会話とかあのお母さんの話とかいろいろ混ぜながら』『子どもも勘が鋭いものですから、目で合図するとさっと（先に）行くんです。家では鈍なんだけどなあ』『いや、すごくしっかりしてるんですよ』『汲みとってくれるもんですから、今日は子どもたちを先にやって後からKちゃんとふたりでというように』『もう、なんかひどい時は他の子も混ざってしまって、帰り、十何人連れて帰った時もあって』『どっか、幼稚園の集団みたい』『保母さんになったような感じで』――〈いろいろご苦労をおかけしました……〉。

『子どもたちは、毎週のように行きたい。カウンセリングに』『うちも言ってた。遊びと間違えてるの』――〈いえ、遊びなんです。そのうちに時間をとります〉――『今度はいつ行くのって』『もう、喜んで行くと、ふふ』。

〈でも、お母様たちは最初からわたくしを信じて下さったわけではないような……。そこをお聞かせ頂けると、ありがたいのですが〉――『最初、不信感がありました。とくに主人が「なんでそんなの（スクールカウンセラー）がいるんだ？　昔はそんなのいなかったじゃないか」って。「どういう人だ」って、すごい不信感があったけど、でも子どもたちがKちゃんのこと言わなくなったから、今日「行ってこい、行ってこい」って、なんかそんな感じだったから、なんかそういうのがあってよかったと思って、逆に……』それに校長先生が（母親たちが）Kちゃんと一緒に来ている姿をみて『ご心配おかけして』と頭を下げられた、と話された。わたくしが〈ありがとうございました〉と言うと、母親たちが来年の相談について聞かれた。わたくしはこの三月末までが任期で、来年度以降、本校にスクールカウンセラーの配置予定はない、だが先生方が引き継ぐことを伝え、協力に感謝して終了とした。

第三期　先生がいなくなっても……

X十一年一月下旬

わたくしは担任から、異動が決まったことを告げられた。Kさんが大事な時に担任もわたくしもいなくなる。母親は相談に来られない。家庭でのKさんの守りがまだ期待しにくいので、Kさんと学校のつなぎを強化するため主事に白羽の矢を立てた。主事はこれまでも丹精した「さくら草」を相談室にさり気なく置いて下さる、素朴で暖かい人である。そこで〈主事さんは先生方やわたくしが見逃している子どもの何かをきっと見ていて下さると思うので、Kさんの顔を覚えて教えて下さい〉とお願いして、相談室に入りKさんの面接を始めた。

【第十回】同日

Kさんはつっけんどんな言い方がほぼなくなった。かわいさが詰まって生気が満ちてきた。無心に紙粘土を作っている時の集中力には目を見張るものがある。わたくしは、怖がっていた一年生が『Kちゃん、やさしくなった』と言っていること、クラスの子が担任に出すノートにKさんのことをどんなにすてきに書いているかを、話した。Kさんの「からだ」が嬉しさで満杯になった。

少しするとストーブがひどい匂いになり、隣の職員室に緊急避難して並んで紙粘土を作った。Kさんは十字架のついた背の高い「塔」を作り始め、土台が不安定で倒れてしまったが作品の立体化が本格的になってきた。作りながら『このあいだ、公園のそばの団地の所を、暗いとき通ったよ』と少し不安そうに言う。〈そう、怖かったねぇ。合唱団の終了時間を早めるよう校長先生に頼んだよ〉と返すと、Kさんの「からだ」からすうっと何かがひいた。

オープン・スペースなので、主事が通りかかったふりをして、自分の黒い「大事なものファイル」から「手打ちそばの作り方」の紙をふたりのあいだに置いた。さらに「先生（わたくし）に」と、相田みつをの「ただいるだけで」の詩の紙も差し出した。Kさんは『あっ、おそば！』と顔を輝かせ、『前からね、先生と一緒に作りたいと思ってたのぉ。……ね、つくろう。先生、つくろう』と言う。わたくしが〈火を使う許可を校長先生にお願いしないと〉言うと、Kさんは下を向いて躊躇したが、すぐに顔をあげ、決心したように『うん、行こう。先生きて！』とすっくと立ち上がった。〈うん〉。

Kさんは、校長室までの数メートルでこころの準備をするような面持ちだったが、職員室のドアを開けるなり、目の前に校長。Kさんは驚きながらも『おそばを、作りたい』と一所懸命、二度言った。校長も、Kさんの声が小さいので近づいて、懸命に聞き取ろうとした。はずかしがり屋のふたりのやりとりが、ほほえましかった。わたくしは一歩離れてその様子を見ていたが「手打ちそばの作り方」の紙を見せ、〈家庭科室をお借りしたいのですが〉と言葉を添えた。すると校長は『家庭科室はいつでも開いてます』と言い、Kさんの方に向いて『いいよ。そのかわり、先生にも食べさせてくれること！』と言われた。するとKさんは「からだ」を折るようにして校長の方に一歩近づき『わかってますよぉ』と言った。驚くほど、対人距離が近い。ほどのよさを学ぶことがつぎの課題になりそうだと思った。

Kさんは職員室に取って返し、自分から教頭・先生方・主事に『相談でおそばをやります』と伝え歩いた。相談担当教諭は手帳を出し、『お蕎麦かぁ、じゃぁ、土曜日の四時限目だな』と、いつものように最適の予定をすぐに組んでくれた。やさしいスマートな先生で、Kさんはこの先生の前ではちょっとはずかしがった。わたくしは後からついて回って、Kさんの動きに合わせて〈よろしくお願いしまーす〉と、先生方にお辞儀をした。Kさんは嬉しそうなだけでなく胸を張って、粘土の所に戻り、『今日はこの色塗りはしないで、あたしメモ帳持ってるから（おそばの）持ってくるもの書く』と言う。その時、相談中の他児童が、まるで二歳児が母親を必死に探すように涙をためてわたくしのもとに来た。危機状態らしい。〈どうした?〉と声をかけて、受け止めようとした。その時、Kさんは事情を察して自分から『わたし材料、ノートに書いてるから』と言い、およそ十五分、その子にわたくしとの関係を譲ることができた。成長した。しかしその日、Kさんはわたくしが下校するのを見張り、見届けていた。

主事がわたくしにくれた詩は、「ただいるだけで」だった。

あなたがそこに
ただいるだけで
その場の空気が
あかるくなる
あなたがそこに
ただいるだけで
みんなのこころが
やすらぐ
そんなあなたに
わたしもなりたい

相田みつを（『人間だもの』）

わたくしはどんなに勇気づけられたことか。相次ぐ小さな、ある時は大きな来談者たちの痛みをからだで受けてしまうわたくしは、実はこの頃、限界に達していた。そして、詩を見つめながら、〈どうしてこの学校はみんなこんなに共感的な人たちばかりなのだろう〉と、不思議な気分に浸った。

＊担任によると、Kさんはこの日の朝、相談室へ行きたい人の希望をとった時、手を上げたが『相談室、いっぱいだったら、いいよ』と言ったという。

X＋一年二月初旬に「手打ちそば」面接の予定だったが、わたくしに公務の予定が入り延期せざるをえなくなった。わたくしは学校からKさんに電話で事情説明とお詫びをし、相談日程の変更を伝えた。夕方、Kさんからわたくしの自宅に電話があった。教頭に番号を聞いたという。蕎麦打ちのための持ちもの確認だった。Kさんは『私がもって行くから、先生は重いもの持ってこなくていいよ。エプロン忘れないでね』と、言った。やさしい口調だった。

【第十一回】 X＋一年二月初旬

家庭科室でふたりでエプロンをして、無謀にも生まれてはじめて「手打ちそば」に挑戦した。Kさんは真剣な面持ちで無心にそば粉と格闘した。大好きな紙粘土のごとく、こねて平らにしたが、細く切れない。すると『そうだ！いいこと思いついた』と目を輝かせて「そばだんごハンバーグ」を発案した。しかし油がないので後回しにし、Kさんの母親が事態を見越して持たせてくれた乾麺で暖かいつゆ蕎麦を作り、先生方のお昼に届けた。先生たちみんなに拍手され、Kさんは頬が紅潮してドキドキの嬉しさに満ちた。Kさんの胸の鼓動が傍にいるわたくしにも伝わり、わたくしの「からだ」も熱く揺れた。さらに先生方はお盆やお椀を手に、列をなして家庭科室までおかわりをしに来られた。Kさんは溢れる思いをさり気なく抑え、立派に切り盛りした。わたくしはその姿を見て、〈Kさんはいい奥さんになりそうだなぁ〉と感心した。

Kさんは『今度、カレーを作りたい。わたし、お母さんが仕事の時、ごはん炊いたり、キャベツ切ったりして、カレーなら自分で作れる』と、しゃきっと言う。途中、来校していた母親が見に来た。そしてKさんが思いついた新メニューのために、頼まれて油を近くに買いに行ってくれた。Kさんは創作料理に特性のタレまで作って完成させ、職員室に手紙を添えて置いてきた。母親は蕎麦粉で白くなったKさんの服を拭き、Kさんは合唱団に行った。

母親は後片づけを手伝ってくれたが、ずっと不登校の長女の話をしていた。まだ、母親も長女も、わたくしが紹介した他の相談機関に行かず、母親ひとりで抱えていた。わたくしは聞いているのが苦しくなり、母親の長女への偏愛がなかなか修正されないのがつらくなった。最後に、体操と半身浴と呼吸法のことを聞くと、「からだ」が楽になるらしく、続いているとのことだった。そこでそれらの継続を伝えて終りにし、相談室に向かった。

教頭先生に様子を聞くと、母親の来校時はもちろん、機会を見つけては話し相手をしてくれていた。

【第十二回】 X＋一年二月初旬

相談の申込み件数が多く、時間がなかなかとれない。Kさんはかなり状態がいいので、〈もうこなくてもやれそう？〉と聞くと、Kさんの全体が曇ってしまった。「からだ」の輪郭の内側に哀しみが収められ、なにも言わない。わたくしはKさんが存在まるごとで哀しみを感じ、哀しめるようになった、と感じた。〈うん、来週は一時間とれるかなぁ。ね〉と言うと、Kさんは頷き、ホッとして「からだ」が緩んだ。川底に落ち葉が沈んでいくような時間が流れた。ことばは、ない。ややあって『先生（わたくし）が来なくなっても、先生たちとカレー作りたい』――〈うん、何人分？〉――『先生（担任）と校長先生と教頭先生、三人分』――〈うん、Kちゃんを入れて四人分かな〉――『うん』――わたくしは、自分の姿が静かにKさんの中から消えていきそうな様子に、安堵した。Kさんがわたくしなしでやっていけるほど成長したことの嬉しさと、少しの寂しさを噛み締めて、一緒にいた。

X十一年二月下旬

朝、担任からわたくしに以下の知らせがあった。長女の不登校に祖父が激怒して『出ていけ』と怒鳴り家の中が荒れている、という相談の電話が、母親から教頭指名で五日ほど前にあった。教頭はしっかり母親の支えになっていた。その頃からKさんは教室でも荒れて、友だちにもひどい言葉を投げつけ、友だちがギブアップしている。担任は『「あなたがかわいいから」と言い、抱き締めながら叱ったけれど、もとに戻ってしまった』と早口で不安を顕わにした。担任の「からだ」の輪郭は波打ち、気が高ぶり、かつ乱れている。そこでわたくしは〈一見、もとに戻ったように見えても、立ち直りが早くなっているはずです。人の成長は直線ではなく、螺旋を描きながら、少しずつテーマの輪が小さくなっていくからです〉と声を落とし、声で担任を包む様に伝えた。さらに〈Kさんの友だちも、状況が人を変えること、その時、本質まで変わってしまう場合と一過性の場合があることなど、「人間」を知るいい機会です。これからKさんとどうかかわるのか、子どもたちが自分自身で考えるような指導が必要ではないでしょうか〉と問うた。担任は、この問いに対することばを探るうち、徐々に高ぶっていた気が沈み、教師である「自分」を取り戻し始めた。そして頷いた。さらに『Kちゃんは私になついていて「来年も先生が担任がいい」と言います。でも異動が決まっていて、……どうしたらいいですか?』と聞いた。わたくしが、教員の異動を子どもたちに知らせる時期を聞くと、終業式だと言う。そこでわたくしは、分離の準備の手段として〈具体的甘えさせから、抽象的甘えさせに変えて下さい。抱き締めて言い聞かせる仕方は、最も親密な仕方で先生にしかできません。それを、からだにふれず雰囲気で包む仕方に、さらにことばによる仕方に変えていって下さい。それはだんだん自分から離していくやり方であり、同時にほかの人が代われるやり方への移行です。近づけばそれだけ関係への責任が重くなるということです〉と、専門家が見解を述べる言い方で伝えた。『あー、わかりました』と応え終えた時、担任の「からだ」はキュッと縮んで集中し、教師の「気構え」が出来ていた。わたくしは担任の歩調が確かなのを、その後ろ姿で確かめて、相談室に戻った。

同日——「いじめられている子ども」の面接

Kさんにいじめられていた子どもたち四人に話を聞いた。わたくしの問いにみんなで合唱して応える。楽しくてしょうがない様子。Kさんの絵は、三ヵ月前は「鬼」だったが「ブスな女の子」に変わり、嫌いなところは十個から五個あるいは二個に減り、『やさしい時もあるぅ』の声が出た。

【第十三回】同日

Kさんが時間になっても現れないので、教室に見に行くと、掃除に行ったという。相談室で待っていると、掃除を済ませてすぐ来談した。かわいらしさは変わらず、安定していた。やはり立ち直りが早くなっていた。〈今日、遅刻で、時間少しだから、来週、勝手に（面接）いれちゃうぞー〉とわたくしが言うと、『うん』と笑顔がほころんだ。一年生たちの「やさしい時もあるぅ」を伝えた。Kさんは素直に喜び、わたくしが初回に作った紙粘土の女の子の顔が誰かと聞く。〈内緒！　先生の大切な子なんだ〉と言うと、Kさんが『私？』と聞いた。〈えっ、どうしてわかった？〉と驚くわたくしに、Kさんは唇をもぞっとさせて、『先生やめる時、持って行くんでしょ』と捨てるように言う。〈うーん。かわいい写真もらったからなあ。どうしようかな？　Kちゃんもらってくれる？〉と言うと、『うん、いいよ！』

——Kさんは上気して頬を紅潮させた。

翌週、わたくしはとうとう風邪で寝込んでしまった。このあいだにKさんは、【第一回】からずっと相談室に置いていた「布かばん」を自分で持って帰っていた。

この頃、Kさんの母親が相談機関につながることができた。

【第十四回】X＋一年三月中旬

飛び込みのケースがあったため教頭にKさんを託し、職員室で待ってもらった。ふたりで楽しそうに話している。相談室に入るとKさんは『先生、相談があるの。先生もう終りでしょう。ほかのカウンセラーだと嫌だから、先生のカウンセラーの力で（学校の）先生たちにカレーライス作ってあげたい』と再び言う。わたくしは、学校には相談に来てKさんのように時間を過ごしたい子が他にもいるので、Kさんばかりを特別扱いすることに一瞬、躊躇した。しかし、職員室に行き教頭に頼むと快諾を得た。その時の教頭の無邪気な微笑みを見てわたくしは、Kさんの求めているものへの教頭の感度のよさに気づいて、感動した。

相談室に戻るとKさんは『先生、言わないで。答え言わないで』と耳を塞いでからだを折る。わたくしは〈ねぇ、先生たちがKちゃんのことどう思ってると思う？〉――『うーん、嬉しいと思ってる』――〈そうしたら答えはわかるんじゃない？〉――『えー、やっていいの？』と叫び、あんまり嬉しくてでんぐり返りしそうになりながら、『自分が言うから、教頭先生にも校長先生にも言うから、お願いやらせて』と言って、すべての手配をKさんがした。

【第十五回】X＋一年三月中旬

家庭科室で、ふたりでエプロンをして、カレーライスを作った。おそばの時はどちらかというとわたくしがリードしたが、今回はKさんが『先生、たまねぎ切って』『そっち先にして』『もっと大きなボール持ってきて』などの指示をして、わたくしがそれに従った。ご飯もカレーもすごく上手にできた。校長・教頭・養護教諭に届けた。Kさんは担任を家庭科室に招待してサーブした。担任は『Kちゃんと一緒に食べたいな』と言い、『あれ、井上先生は？』と聞いた。その時はじめてKさんはハッと気づいて、わたくしの顔を見て嬉しそうに笑った。わたくしはつぎのケースのために相談室に戻らねばならなかった。

担任が語ってくれた、その後の経過は以下である。Kさんと担任はふたりで食べ、その光景を主事が写真に収めてくれた。が、まだいっぱいあるので、『クラスのお友だちみんなに家庭科室にきて食べてほしい』とKさんが担任にお願いした。担任は『そうだね。じゃ、そうしようか』と返し、クラスのみんなを家庭科室に招待して、小さなおみそ汁用のカップにちょっとずつご飯とカレーを入れて、全員で食べた。みんなが『ありがとう』『おいしかった』と口々に言い、担任はKさんに片づけを命じ子どもたちに教室に戻るように指示した。すると、子どもたちが『Kちゃんはひとりでみんなの分を作ってくれたんだから、みんなでいっしょに片づけたい』と口々に言った。先生は『そうしようか』と応えて、みんなでワイワイ片づけた。それからみんな一緒に教室に戻り、帰りの会をしてKさんは友だちとおしゃべりしながら楽しそうに下校した。

それを聞いてわたくしは〈先生すばらしい！　先生のような教師がいるうちは日本の教育は大丈夫ですね！〉と思わず感嘆した。すると担任は『わたしはKさんや子どもたちの言うことにしたがっただけ』と言った。〈それ、それが心理臨床のセンスなんです。教師は先導する。カウンセラーは半歩下がってついていく。でも今回、先生は子どもたちにしたがった。どちらもが自在にできるようになること、これが教育と相談がないまぜになった関わりなのです〉と伝えた。

Kさんとの相談はこの日が最後になった。

卒業式の日、Kさんは校庭で合唱団の一員として一所懸命歌いながら六年生を見送っていた。わたくしが〈さよなら〉を言いに近寄ると、Kさんは背中を向けかたくなに撥ねつけた。Kさんの「からだ」の輪郭は、重ね描きされた素描のように硬い。しかし、体内は豊かに波うっていた。わたくしは別れを告げることを諦めた。

あとで聞くと、担任の異動も、悲しがったが静かに受け入れたという。

そして担任もわたくしも三月三十一日で任期を終え、この愛すべき学校をあとにした。

半年後、校長はKさんについて以下を語った。Kさんは友だちを連れてたびたび校長室を訪問し、楽しくお話ししていく。他の先生方への対応も含めて『Kちゃんの大人への信頼の回復は著しい』が、『お陰で僕は昼寝ができなくなった』と、ぼやかれ、感受性の余裕やユーモアは建在だった。新しい担任は、やさしい女教諭だった。先生は『Kちゃんは子ども同士の関係で引っ込み思案になってしまうことがあります。でも、仲良しもいて、いじめる行動は見られず、勉強も一生懸命に取り組んでいます』と語ってくれた。

考察

小学校三年生、女児「いじめっ子」の成長過程を報告した。Kさんは、家にもクラスの友人間にも居場所がなく袋小路の中でもがいていたが、事態が動くことによって周囲の知恵がつぎつぎに生み出され、本人の「資質」が開花する場を与えられて、よみがえっていった。

以下、「いじめ」の発生機序、Kさんのエネルギーの動きに着目した教育と成長、さらに周囲のエネルギーの流れと知恵の集結、そのことを通して援助者たちもまた成長していった様子について検討する。

Kさん

Kさんのいじめ行為の理由として、わたくしは以下三点を推測した。

①母親が長女の不登校に心を奪われ、Kさんは「見捨てられ状況」になった。他児へのいじめが発覚する度に、母親から叱られる。その時、母親は怒るのだが、Kさんにとっては自分に向いてくれる数少ない機会である。つまりいじめ行為は、母親の注意を喚起する手段でもあったのである。子どもは「からだ」で生きている。子どもの場合、

大人の注目を集めたいという要求は本能的な「からだ」の要求である。そして、子ども自身ではそれはどうにも対処しようのないことなのである。

②だが同時に、母親から頭ごなしにいじめ行為を責められて、理由を聞いてもらえないので、叱責への防衛反射として謝りいったん収まるが、これは反射に過ぎないので行動の変容にはつながらず再開するという悪循環に陥っていた。その繰り返しで、Kさんの中には母親への反抗のエネルギーが蓄積し、抵抗できない弱者にその鬱積したエネルギーをぶつけることで発散していた。

③しかし、一本道でその小さな子どもたちを待ち伏せしたり、避けられても遊びに行ったりということから、いじめはもう一面、「つながり欲求」「接触欲求」の歪んだ表現でもあると考えられる。ではあるが、自分が近づけば近づくほどみんなが自分から離れて行く、という切なさが増すばかりで、これもまたKさん自身ではどうすることもできなかった。

そこでわたくしは、Kさんが「いじめ」という形をとって、さらには「からだ」の動きを介して、「もう耐えられない」「内側から変わりたい」という信号を発しているととらえ、その「〝いのち〟の求め」に、「エネルギーの流れに添う」という相談の仕方でかかわった。

経過を要約すると以下のようになる。本例の導きの根幹は、母親の長女への偏愛の修正である。しかしそれには長い時間を要することが予想された。そこでKさんを学校中のみんなで特別に可愛がり、快活に生きるためのエネルギーを補給した【第一〜第六回】。すると、淋しく固まった「からだ」の殻が溶け出し【第三回】、やがて満ちてきたエネルギーを〝資質〟開花に流れるよう水路づけをした【第十〜十五回】。その結果、Kさんは、持てる可能性を生き生きと発揮して自己実現し、そのことを通して友だちともつながり、いじめ行為は終消したのである。

本例を検討するうえで、エネルギーに添う相談活動においてわたくしが要諦と考えた「からだと感受性」と「いのちの実現と時間」について、以下に詳しく述べる。

からだと感受性の関係

Kさんの「からだ」は硬い殻に覆われていて、大切な紙粘土作品が「壊されても哀しめずに諦めて」【第二回】いた。しかしその殻は【第三回】で溶けて、「その隙間から光がこちらに差し込んできた」ことをきっかけにエネルギーが流れだし、「殻」が「皮」に変容した。そしてエネルギーが満ちると、「からだ」全体で喜べるようになった【第六回】。さらに【第九回】には「からだ」の輪郭ができ、哀しみも撒き散らさずに「からだ」に収めることができるようになり、すなわち全体性を取り戻していった。その変容の流れに添うように、Kさんは自分の中の何かを引き出し、育てるために必要なもの、あるいは必要な人を、無意識のうちに呼び寄せていった。Kさんの周りに担任や教頭、「いじめられている子」の母親たち、校長、そしてクラスメートが集まって、みんなが知恵を出し合い、つながって、Kさんの成長を見守り、祈る「場」が出来上がった。おそらく、自分が変わるために必要なものをキャッチするKさんのアンテナの受信状態がよくなったのであろう。そして、まさに神様のいたずらとしか思えないような、ストーブの不燃焼【第十回】が起こり、それが主事を引きつけ、主事が提示した「手打ち蕎麦」をKさんが瞬時にとらえ、「お料理面接」に発展したのである。Kさんを受け止める周囲の受信状態、すなわちいまのKさんに必要なものは何かを無意識に感知する、周りの人々の感度も高まっていったと考えられる。それが飽和点に達した時、一気に解決の方向に投げ込まれたのである。「蕎麦打ち」から「カレーライス作り」へ【第十一〜十五回】。そのことを通して、Kさんはクラスのみんなと、しっかり手をつなぐことができたのである。

この一連の事実から「子どもは手塩にかけられると、感受性が高まり、目の前にあるものが自分にあっているか否か、わかるセンスが育つのではないか」という仮説が成立する。「我、ここにあり」の主張と承認は人間の根源的欲求である。そのため、この欲求が満たされないと、それを埋めるのに必死になり周りが見えないのではないだろうか。しかし、満たされれば、余裕が出て、自分に必要なものを感じとれるのではないか。そうなるとつぎつぎに自分に合っているものが、波のように連鎖反応を起こしてくるのではないだろうか。もうひとつ考えられることがある。それは日常のありふれた光景がヒントである。われわれは、蕾がほころんで花が咲いていると、思わず吸い寄せられるようにそこに近づきこちらも幸せになる。花は無心に咲いているからであろう。ただひたすらであるものにわれわれは感応するのではないだろうか。蕾がほころんだ微かな音を聞きつけて、ただ純真に咲いたKさんの花に皆が引きつけられたのかもしれない。

何かをひたむきに求めれば、紆余曲折はあっても、必ず、他者との共振・共鳴が起こり、引き合い、響き合い、引かれ合う。そして、その方向に事態が拓かれていく。「出会い」とはそういうものであることを、われわれは日常の知恵として知っている。

さらに、卒業式の日のKさんの「からだ」についてふれておかねばならない。その日、Kさんは「からだ」を硬くして崩れないように、「ちゃんとしっかりして別れなきゃ」と決心している様子であった。ところがそれが非常に難しくなっていた。なぜなら、もはや感情が凍結されたり片隅に押しやられたりする防衛の時期ではないからである。防衛がオートマティックなものでなくなり、その場限りのものでなくなったからである。フレクシブルというのはこのことであって、防衛がないということではない。防衛は使うものであり、使い終わったらどこかに片づけられなければならない。そうでないと、防衛というひとつの処理パターンが宿主の方を支配し、限界を作ってしまうからである。

以上より、子どもを子ども自らの要求の受信可能なところに導き、かつ防衛を利するようにするために必要なのは、子どもの「からだ」のエネルギーの流れに感応しつつ、大人が子どもに「手をかけて」「相手をする」ことであった。そうすれば、子どもは自分が成長するのに必要な人やものを自分で摑みとり、自分を守る力も得ていく。大人は引き寄せられて援助するだけということであろう。そこには子どもの「自発」があり、大人の「操作」がない。すなわち、「同行二人」の本質はここにこそある――教育とは「自発を誘うこと」である。

Kさんはお料理をしている時、無心であった。失敗も楽しみ、蕎麦粉の再利用を考え、タレの味も工夫して、わたくしに料理の手順を指示し、食器にこだわり、普段の本例には見られない知恵の発露があった。そうすることによってみんなに好かれようとか、何かを満たそうとかする動きは微塵もなかった。そこには、料理を自分が作った喜びによる自己確認があり、つぎにそれを食べさせるという他者への働きかけがあり、その結果、認められた嬉しさを味わっていた。「先生に何かを頼む」「みんなに食べさせる」「いじめる」のように即物的なかかわりの仕方で、関係の中に積極的に介入していく。すなわちKさんは、抽象概念ではない即物的なところで光るのが「資質」であり、そこで己を発揮する。これがKさんの自己実現なのである。傷ついた子どもたちがよみがえるアイテムに、火と水と土がある。料理には火と水があり、本例の場合には土の代わりに、こねるものとして蕎麦粉があった。その前段階に紙粘土があった。五感がよみがえると人は生き返ることを、真仁田［一九九七年］は、キャンプでよみがえっていく子どもたちを例に語っている。

しかもここで大切なことがもうひとつある。それは響き合いや制作や創作が、時間割の枠を越えて経験されたことである。Kさんは、三時限めに避難訓練が予定されていた【第五回】で、突然『時間がない』を連発し、「からだ」が思うように動かなくなってしまった。子どもたちは時間に追われ続けて「浸る」「酔う」「我を忘れる」の体験が奪われている。だがKさんは充分な時間を与えられ、「紙粘土」「絵画」「蕎麦打ち」「カレー作り」に無心に取り組み、時が経つのを忘れた。それは瞬く間に過ぎていった「生きられた時間」である――「人生とは時間」［井上 二〇〇一年］であり、「いまここ」に息づく時、「時間はいのちの事実」なのだといえよう。

本例を通してわたくしは、導く者である（と同時に導かれる者でもある）われわれ自身と、子どもたちの中に育むべき真の事柄をつかんだ直観がある。それは、ひとりひとりが、意識には上らないあるいは上る以前の自らの要求と求める力を感じとれる「からだ」になることである。そしてその力によって自らに必要なものを引き寄せ、「いのちの要求」を無心に実現し続けて、与えられた「いのちの時間」を全うし、そうして悠久の流れの一部となる。これが人の〝いのち〟のあり様であると思うに至ったのである。その旅の途中で、他の〝いのち〟とふれあい、つながり、ともに生きてゆくのであるが、その出会いの中核は、対等な関係において相手の「主観の世界」を共有することである〔伊藤 一九九九年〕。すなわち、ことばで主観を語り合い、相互に了解・承認し合いながら、自ら「生きる意味」を問う旅を続けるのである。しかし子どもの場合「主観の世界」を言語化しえない。そこで大人が感受性を研ぎ澄まして、子どもの生活者としてのエネルギーの流れを察知しながら、〝いのち〟に寄り添うことが必要とされるのである。

大人に添われて満ちた子どもの〝いのち〟、すなわち「生きていく力」は、溢れ、感応しあい、響きあい、高まりあう、ということをクラスの子どもたちとKさんの文章――「友だちをさ別しちゃいけない。（Kさんと）約束したので……今度（英語の試験）は本当にがんばります（女子C）」「（Kさんは）友だちをつくるためにがんばります（女子D）」「友だちがいてとってもうれしい（女子E）」「Kちゃんから話をしてくれたらうれしい（女子F）」「……とってもわたしはうまれてはじめてとってもたのしいとてもうれしい日みたいです（Kさん）」――が証していよう。これより、〝いのち〟は個々人のなかに閉じてあるものではなく、かつ、〝いのち〟の質は、他者を大切に思うという意味で「愛」であるといえよう。

そして、Kさんの面接経過のなかで、先生たちに、朝顔の種に水を遣りたくなるような、芽が出るのを楽しみに待つような、そんな〝いのち〟の動きが高まった。それはおそらく、先生方が「教師になろう」と決めた時、自然に湧き上がっていた、思い、志、教師魂、なのではないだろうか。母親たちもまた、育てる者としての自覚と自信を深め、それがクラスを越えて、波のように学校中に広がっていった、その様子をつぎに述べよう。

Kさんの母親

わたくしはKさんの母親に三度会った。

初回面接（X年六月中旬）でわたくしは、母親の話を聞いた後、まるごとの母親にアプローチした。まず、「背骨矯正の体操」で「からだ」を整え、「半身浴」で汗を流し、「丹田呼吸法」で息を吐き切る仕方を伝えた。これらはいずれも神田橋〔一九九九年〕に詳しい。さらに、わたくしの相談に誘い、他の相談機関も紹介し、中学校のスクールカウンセラーとの仲介を頼み、男性の教頭に話し相手になってもらった。

この相談のデザインは、以下による。まずわたくしは母親との対話から、長女の不登校に関して舅から責められ、夫の理解を得られぬことに我慢を重ね、長年にわたり鬱々とため込んで澱んだエネルギーの存在を認めた。さらに母親の内的世界に「静寂な黄昏時の湖面」をイメージし、「死の受容への兆し」を連想した。また鬱積したエネルギーが発散できぬまま「かたまり」、感受性が「鈍く」なり、さらにそれが「鳴動」する初期微動を感知した。そこで、鬱屈したエネルギーが母親の生活を脅かすような暴発をしないように、三種類の代替療法で「からだ」を整えつつ、澱んだエネルギーを体内から排出し、話し相手を用意することで心の鬱積したエネルギーの発散を図った。さらに、やさしい壮年の男性の教頭に話し相手を頼んだのは、母親の内界の男性イメージが肯定的に修正され、かつ、男性に支えられることで、母親が封印していた女性性のしなやかさや潤いが戻る可能性を考えたものである。

だが、母親は長い間、わたくしが紹介した相談機関にも中学校のスクールカウンセラーの所にも行かず、長女への偏愛がひたすらに続いた。これは膨大なエネルギーの暴発を避けるための、母親の「〝いのち〟の工夫」と考えられよう。母親も懸命に家庭を守ろうとしたのだと考えられる。

それからおよそ五ヵ月が経ち、二度目に母親に会ったのは、Kさんの眉毛事件の時だった（X年十一月中旬）。まだまだ母親の長女への偏愛は重く、Kさんは面接室でも見捨てられていた。だがKさんは、わたくしとの【第六回】面接頃から、どんどん可愛らしくなり、よく笑うようになり、気づくと、服も洗濯され清潔感がでてきた。母親の注意がKさんにも少しずつ向けられるようになったようであった。Kさんの微笑みを見て、母親の硬いからだがほどけ始めたのかもしれない。そして【第十一回】（X＋一年二月初旬）に、母親はKさんとわたくしの生まれてはじめての「蕎麦打ち」の失敗を見越して、乾麺や鳴門巻き、ホウレン草のお浸しをKさんに持たせてくれるなどの配慮を見せ、さらに、当日、Kさんの創作料理のために油を買いに行き、Kさんの洋服についた蕎麦粉も払っていた。ただ、「からだ」はKさんのために動きながらも、気持ちが百パーセントKさんに向いているわけではなかった。この日が、お会いした三度目だったが、この時はまだ長女への入れ込みも衰えていなかった。

それから約ひと月の後、最初の面接から八ヵ月後に、ようやく母親はある相談機関に足を運んでくれた。

「学校は行かなければならないもの」という思い込みが、Kさんの家族をつらいめにあわせていた。舅の時代はそうであったのだろう。それは舅としては当然のことであり、かつ、規律を重んずる家風の長である父親も、その歴史ある価値観を変えるのは難しかった。長女には相談意欲があり、「自分を見つけようとする意思」が垣間見られた。一生懸命生きようとしている家族が、時代の推移や社会状況に引き裂かれてしまったといえよう。

母親たち

わたくしは半年の間に、Kさんに「いじめられている子」の母親たちに三回お会いした。

一回目（X年九月下旬）――Kさんのいじめは子どもたちが幼稚園時代からであり、学校に相談してもKさんの母親に直訴しても埒があかず、相談に来られた。だから、表面的に感情を抑えていても怒りのエネルギーに満ちているのは、自然なことであった。そこでわたくしは、そのエネルギーをその場で発散してもらうことを第一と考えて、とにかく母親たちの言うことに耳を傾けた。時間が終りに近づいた頃、怒りはある程度、吐き出された様に思えたが、長年積もった感情的なエネルギーであること、さらにわたくしと初対面で自己開示度が低いことから発散しきれていないと感じた。そこでわたくしは、母親たちにKさんのことを受け止める余裕はまだないと判断して、まず、いじめられている〈子どもたちにすぐ会い、心の傷が深ければすぐに対処します〉と安心してもらい、それから「いじめられ」への対処法を、淡々と知的に伝えた。知的に言ったものは知性で受けとめられるからである。そして最後に〈一緒に育てる感じをもって下さるとありがたい〉と、ひとことだけ、遠慮がちにお願いした。反発のエネルギーが生じないことを願ってのことである。母親たちは、総じて心身ともに健全な感じの方々だった。

二回目（X年十一月初旬）――母親たちは子どもたちに家でKさんの絵を描かせて持参し、わたくしに窮状を訴えた。さらにガムテープ事件を語り、事態が悪化したとわたくしに迫った。そしてわたくしのことばを固唾を飲んで待っている時、ガムテープ事件の被害にあった子どもの母親が『Kちゃんのお母さんは、お姉ちゃんの不登校で大変だから、私がKちゃんを育てるのはどうですか？』とわたくしに聞いた。その瞬間、他の母親たちのこころが和らぎ、その「場」の雰囲気が変わった。するとなぜか、わたくしの「からだ」の中から心理学の専門知識が溢れ出して、それらを情的に幾分饒舌に語った。母親たちはそれを素直にそのまま心情と知性で受け止めて下さった。『Kちゃんが小さいうちに……』『お母さんも……』『私たちが心理学の勉強しなくちゃ……』のごとくである。この「お母さんも」のことばに、これからのKさん家族のご近所づきあいの不安が払拭された。そしてわたくしはこの時、知識が「自分の一部」になっていることをつくづく有り難いと思った。

このように、母親たちの中に情的な共感と知的な理解が発生したので、子どもたちの一本道の送り迎えと、その時Kさんが一緒になったら〈将来に希望がもてるかかわりをしてほしい〉とお願いすることにした。それにはふたつの考えとひとつの願いがあった。まず、感情のエネルギーは知性や教養でコントロールしようとしてもなかなか難しい。だが、母親たちが一本道をKさんと一緒に歩いてくれれば、Kさんの哀しみを肌でわかり、わかった分、受け入れることができる。こころにふれれば、やがてこころも通う。つまり、Kさんへの共感的理解が、自発的に母親たちの「からだ」の中から起こってくるのではないかと考えたのである。つぎに、母親たちから優しく未来への希望を語られることで、Kさんは待っても待っても得られない母性的なぬくもりを少しずつ複数のお母さんから貰うことになる。すなわち大人の、子どもを思うその思いが、Kさんの生きるエネルギーになると考えたのである。そして、Kさんが変容すれば、結果、小さな子どもたちは一本道以外でもいじめられなくなるのである。さらに、いじめっ子を排除せず、抱えるその母親の姿が幼い子どもたちの中に残り、またKさん自身の中にも残り、いつの日か、困った人、哀しい人、弱っている人に手を差し延べる人になってくれるのではないか、という願いがあった。

三回目（X＋一年一月初旬）――母親たちは、結局ひと月、寒い季節の、戦場のような朝の時間を送り迎えにあてて下さり、子どもたちがKさんのことを言わなくなり、少々のことは自分たちで対処できるようになった時点でご自分たちの判断で送り迎えを終えた。そして、実際は大変だったであろう送り迎えも、『子どもたちの話が聞けて面白かった』『楽しかった』と語られた。さらに、その後の子どもたちの変化を『Kちゃんから自分を守る必要がなくなったから、精神的に余裕ができて、子どもたち同士で喧嘩が始まった』と心理学的に洞察し、『これも成長』とおおらかに受け止めていた。そこには、自分たちの手で子どもを守り得たことで、母親として一段自信を深め成長された親の姿があった。最後に、〈当初、わたくしは信頼されていなかったのでは?〉という問いにも『不信感があった』と正直に返され、それはKさんの変容という実績によって払拭されたことを語られた。この正直さでKさんにも接して下さり、それがKさんにまっすぐ届いたのだと、わたくしは感じ入った。

以上のことから、わたくしは、精神を病んでいる者の場合は定かではないが、そうでなければ、相手に対して正直であることが、たとえその時はつらくさせても、実は相手にとって一番やさしいことであることを思った。つまり、本当にやさしくあるには強くなければならない、という日常の知恵を確認したのである。

担任教諭

Kさんの授業参観をした時、はじめてKさんの担任教諭に会った。ほんの十分ほどの参観だったが、Kさんの置かれている状況を了解するのに実り多い時間だった。この若い女教師は、子どもたちが作文を書いている机の間を歩いていた。その姿を見てわたくしは［この人は、五感の鋭い、からだの賢い人だな］と思った。この先生は、ことばを交わさずとも、歩きながら「からだ」で子どもたちと対話しているのである。子どもは相手の思い、とくに自分にとって大事な大人がどれほど自分に気持ちを向けてくれているかを、「からだ」で感じとる存在であり、かつ、ことばにするとこぼれてしまうことを、ことばにしなければまるごと伝え合うから、これほど豊かな関わりはないのである。

Kさんが担任のことを好きなのはすぐにわかった。担任がそばを通ると、花がひたすらに陽の光を求めるように、Kさんのからだが担任に向かってかすかに揺れ、ふっと、半ば開くのである。ふたりは、相互にからだで相手を受け止め、そのあいだには眼にみえない何かが通いあっていた。このことが、Kさんをクラスの中で本当の孤独に陥らせない歯止めになっていた。この時わたくしは、何よりもこのふたりの「歴史」と、「いま」と「これから」の関係を大切にしたいと思った。そして担任とKさんの関係を強化する位置に自分を置き、できる限り担任を通して事を運び、Kさんとの心理的距離に細心の注意を払うことにした。

クラス全体は秩序ある雰囲気だった。担任は「からだ」でひとりひとりの子どもとつながり、かつ、勉強の教え方が的確で気迫があった。だから、子どもたちは授業をよく聞いていた。ことばが子どもに届いていた。そんな先生だから、子どもたちみんなに慕われていた。つまり、この先生には正当な権威が、子どもたちによって付与されていた。それで子どもたちは自発的に先生の言うことを聞き規則が守られているのだ、とわたくしは理解した。この権威なくして強力な指導力を発揮する教師の下では、均一化傾向が起こりやすく、かつ異質なものは学級を乱す者として排除される傾向がある。

Kさんの担任は違った。担任はKさんを『「あなたがかわいいから、大事だから」と言って、小さな子たちをいじめることを、抱き締めたりしながら叱っ』た（X年十一月初旬）。ここで担任は「あなたがかわいい、大事」という自らの思いをKさんに開示し、そのKさんを思う心情のエネルギーが、担任の「からだ」のぬくもりとともに、Kさんにじかに注ぎこまれていた。これこそが、Kさんが求め続けてきたものである。担任は、Kさんが最も欲しいものが何かをわかる敏感な「からだ」の人だった。さらに、導く者が子どもを「叱る」「褒める」というのは、相手に気持ちが向いていることを示し、互いのこころを通い合わせ、絆を深めるために行うものである。担任は、そのこともわかっている人であると、わたくしは察知した。

さらに、クラスの子どもたちの中に居場所のないKさんにこころを寄せて、『Kさんはスクールカウンセラーに行って、お友だちづくりに頑張っているんだよう』と、クラス全体に向けてKさんへの援助的雰囲気づくりをしていた。この姿勢と、背後にある教師の権威が、子どもたちのなかに「がんばれ」「だいじょうぶ（棒高跳び）」、「とべるよ（クラスのみんな）」、「友だちをさ別しちゃいけないって思うた（女子C）」、「こんなにいい友だちをもって、とてもうれしいです（女子E）」というKさんに対する思いを、子どもたちの中に自ずと起こさせる基盤を用意したのである（X年十一月下旬〜十二月上旬）。あとはKさんが変わればよいだけだった。

つまり、まず先生がその子を可愛いと感じ、つぎにその子への愛情でクラスの子どもたちを指導すれば、子どもたちは、先生が見ているように、先生がその子に接するように、その子を見、接するようになるのではないだろうか。感情は、強制されれば反発を招くだけなのである。

そして、最終面接【第十五回】後、『カレーライスをクラスのみんなに食べてほしい』とKさんが言った時、さらに食べ終えてクラスのみんなが『Kちゃんと一緒にお片づけしたい』と言った時、担任は子どもたちにしたがった。教育活動は一歩前にいて子どもたちを引っ張るが、心理臨床は半歩後ろからついて行く。それは、主体的に引っ張るよりも主体的であり、かつ、引っ張るよりも相手の出方への読みが深くないとできないことであり、出方によってその後の展開のバリエーションが豊富になるのである。この両方を自在に使いこなせるのが、子どもが瞬間瞬間を活き活きと生きる教育実践を行う教師なのであろう。

学校現場は想像をはるかに超えた忙しさで、担任とわたくしの対話は決まって寸暇を惜しんでの立ち話だった。だが、話すようになって、担任は知識で知恵が潰されていない人だとわかった。わたくしが何重にも含みのあることをお願いしても、必ず本質を理解し、それをすみやかに「からだ」で体現化してくれるのである。だが担任は自分のその資質や才能に気づいていなかった。だからわたくしは機会があるごとに具体的にその資質をとりあげて感嘆し、感じるままに行動してくれることを伝え続けた。

担任がKさんにしたこと。それは、「われ - 汝」［ブーバー 一九五八年］の関係のなかで、Kさんの「主観の世界」の意味を全身でわかろうとし、その問題解決と成長を願い、援助し続けたことである。そしてその過程で担任は、教師としての自分のあり様、技量を問い続けていた。ふたりの〝いのち〟と〝いのち〟が出会い、互いによりよく生きることを探った時間であったといえよう。

「教育・指導にかかわる者の活動を支え勇気づけ、折々の挫折にたえることを可能にするものは、努力に伴う子どもの成長・変化の可能性に対する確信――希望――であるが、それが失われた状況ではその役割はうまく果たせない」［真仁田 一九九七年］のである。この状況に陥るのをいち早く防ぐことは、スクールカウンセラーにできることのひとつであろう。ある子どものテーマを把握できても、教師はひとりの子どもだけに注意を集中できない。だからスクールカウンセラーが、テーマを抱えながらも変容の力に富む子どもひとりひとりの臨床に力を注ぎ、みるみるよみがえるその姿を教師たちに見てもらうことであろう。そうすれば、教師たちの中にある「何か」が動きだすのである。その何かの中核は、教師の「生きていく力」だといえるのではないだろうか。

教頭先生

教頭先生は、わたくしの臨床実践を陰になり日向になり、支えて下さった。先生とわたくしのあいだにことばはいらなかった。圧巻は、【第二回】で〈Kちゃんは、着物が似合うと思いませんか〉というわたくしの問いに、間髪入れず『去年のお祭りのときの浴衣姿を覚えているよ。お姉ちゃんと二人でね』と返されたことである。Kさんが最も欲しいものは、大人からの注目である。教頭のこのことばは「あなたを見ているよ、気にしているよ。それも去年かちね」というメッセージなのである。脱帽である。さらに、Kさんと相談室で給食を一緒に食べることにした時も、何も言わずジャムやみかんを差し入れて下さった【第五・六回】。それも、そっと。そうしてさり気なく、一緒にKさんを特別にかわいがって下さった。わたくしは【第七回】で、なかなか来ないKさんを教室まで見に行かれご自分だけ戻られた時の、教頭先生のお顔とお声を忘れることができない。先生は『理科の勉強に一生懸命取り組んでいたので声をかけずに戻りました』と、興奮気味に、誇らし気におっしゃったのである。勉強に集中しているKさんをはじめて見られたのであろう。ついこのあいだまで、小さい子をいじめ、暗く、居場所のなかった子どもの変容ぶりが、先生を上気させたと言って間違いない。だからKさんがややあって来談した時、一瞬、わずかに気を落とされたのである。さらに【第八回】では、わがまま娘たちの、紙粘土を延ばすための『麺棒がほしい！　麺棒！　麺棒！』という要求を満たすために、先生は学校中を走り回って、丸太から綿棒まで探して抱えて持ってきて下さった。子どもたちは大はしゃぎで、教頭先生は子どもたちの優しいお父さんだった。子どもたちは本当のお父さんにもなかなかしてもらえないような手厚いかかわりを、教頭先生にずっとしてもらったのである。

それはKさんの母親に対しても同様で、ほどよい距離を取りながらも、教頭先生が心配していることを伝え続けて下さったのである。

すなわち、教頭先生はわたくしの意図を察し、相談者とわたくしを「つないで」下さったのである。その「察し」

の良さは、先生の資質であると推測するが、もうひとつ一役買ったものがあると思う。それは、わずかに開いていた職員室と相談室を仕切る「扉」である。わたくしは【第一回】の面接で、Kさんが職員室に行くわたくしの後を追って来て以来、最終回までずっとわずかに相談室の戸を開け、ふたつの空間を意識して往復した。ただ、なぜそうするのかは自分でわからなかった。相談室は外部から仕切られた空間であるから「守り」の空間になり得るのである。それなのになぜ、それもはじめてそうしたのであろうか？　考えるに、恐らくそれは、わたくしのからだが、Kさんの最初のことば『画用紙を四枚つなげたい』の中に、関係が「切れて」いる家族（大人）や友だち（子ども）と「つながりたい」という思いを感知した。そこでまず、安全に暖かくつながれる教頭先生との隔たりを薄くし、その隔たりを本人が越えやすいようにしたのではないかと思われる。それは結果的に、こちら側からはKさんが自分を守るために作った「隔たり」を越えるのに職員室の先生の雰囲気を感じ、あちら側からは教頭先生が相談室の中の気配を高感度に察知することに役立ったのである。つまり、わずかな隙間は、西洋の「扉」の限界を補って、日本古来の仕切である「障子や襖」の働き、すなわち仕切の両側から「人の影や物音を伝え、その仕切の向こう側の存在のかすかな気配を気付かせ」［柏木 二〇〇四年］たということではないであろうか。子どもの成長にもたらす「越える自由をもった仕切りの壁」［真仁田 一九八三年］についての考察がもっとなされていいのではないだろうか。なぜなら「人間は統合されたものを分割し、分割されたものを統合する存在者」であり、かつ「人間は限界をもたない限界的存在」であり、そして、「人間の限界性は、扉の可動性が象徴しているところのもの、すなわち、この限界からあらゆる瞬間に自由の中へと歩みでる可能性によって、はじめてその意味と尊厳とを見出だす」［ジンメル 一九九八年］からである。

校長先生

前述したが、わたくしは校長先生と初めて対話した瞬間に、先生は臨床の「資質」をもっているが、管理職という立場上、それは発現しにくい。だから同じその「資質」をもつわたくしが学校でそれを展開していくことは校長先生の意識下の願いである、ということを察知した。だが、見ないようにしていたものが見えるために、見えないものを見るために、「何か」がほどける必要があった。人のこころがほころぶのは、ひたむきさや無心無欲や満ちあふれている幸せにふれたときである。その典型は野の花であり、赤ちゃんの笑みである。だからまず、めきめきと音をたてて伸びて変容する子どもたちの相談に集中して、子どもたちの「こころのそこ」（本書第二章）からにじみ出る幸せにみちた姿を、無心に伸びゆく姿を、先生方に見て頂いたのである。すると校長先生の中で希望がつながり、結果、最後の日までわたくしは、何もことばで許可を得ることなく、学校中どこでも、いつでも自由に出入りし、かつ、相談活動に必要なあらゆる要求を満たして頂いた。すべては、出会い頭の一瞬と、子どもたちの輝く姿で決まったことであると判断する。わたくしが人工的な技術や策を嫌うのはこのためであり、それらは自発を導かない分、人の「こころのそこ」から何かが湧き上がらないと思うからである。

また校長先生が人を信じて好きにさせながらものをよく見ているリーダーであることは、「いじめられている」子の母親たちがKさんとともに登校しているのを見かけた時『ご心配をおかけして』と言われた（X年十二月中旬――母親談）、そのひとことに集約されている。

集団の質は頂点に立つ者で決まる。ゆえにこの小学校には「風が変わる」可能性があった。この風の吹くままに学校を管理から解き、自由の雰囲気で満たすこと、それがわたくしの仕事だった。そのためにわたくしはまず、子どもひとりひとりの〝いのち〟が充実するように、個人面接に力を注いだ。すると子どもがエネルギーに満ちて輝きだした。それを見て、先生たちが溌剌と動きだし、母親たちの気持ちも晴れて活気を帯びて溢れ出し、それが波のように広がって学校という「場」全体のエネルギーが高まっていったのである。そしてそれがまた個人に返っていく、という好循環が起こっていたのである。その流れのなかで、大人も子どもも自らが育つのにふさわしいものや人を自覚的に鋭敏にキャッチしてかかわり、与えあい、それぞれに自己実現を始めて〝いのち〟が輝くようになれば、その時、スクールカウンセリングは「静かな教育革命」になりうるのではないであろうか。

半年後に訪れた時もまた、この愛すべき小学校はおおらかな「自由の潮風」に吹かれていた。

おわりに

いじめっ子のケースを取り上げ、エネルギーの動きと感受性を汲み取り、子どもの〝いのち〟が充実するように導く教育を提案し、その実際を報告した。

従来の心理学理論のエネルギーではなく、生活者としての、われわれの実体験としての、エネルギーが前述のように動いていることは誰しも理解できるのではないだろうか。増えたり、減ったり、よその人からもらったり、周りが膨らませたりすることができる、生活者としての実体験に基く、そういう視点が中心である教育学に資する心理学が創設されていいのではなかろうか。すなわち、「子どもというものは『からだ』で『わたくし性』を生きている」という視点、そういうことが基盤に置かれている心理学でないと、教育に資するところが少ないのではないかとわたくしは考える。

子どもたちはやがて、ことばという限定化され、括弧でくくられた世界の中にエネルギーを投入することを覚えて、大人にならなければならない。しかし、ことばだけが発達してそこに投入されるエネルギーが育たず、かつ、それとことばが結びつく決定的瞬間が経験上貧しければ、ことばが身体的エネルギーの発散と結びつくチャンスを得られない。ことばが「からだ」を揺り動かさないから、いくら国語で美しく深い日本語を教えても、それは授業用でしかなく、子どもたちが使うことばは「超〜」「〜じゃん」に終始してしまうのではないか。「ゆとり教育」とは、休むことではなく、概念と Body Feeling のなかに味わわれる動きとが結びつく、いちばん中身の濃い時間、の意味でなければならない。

謝辞

公表のご許可を頂きましたKさんとご家族の皆様に厚くお礼を申し上げます。愛らしさに満ちたKさんとご家族のお幸せをお祈りし、この一文を捧げます。ありがとうございました。

プライヴァシー保護のためお名前を挙げることは叶いませんが、その素晴らしい教育実践と子どもたちの幸せを願う先生方のおこころに深く敬意を表します。カウンセリングへのご協力、心より感謝申し上げます。また、ケースの公表に関しご許可頂きました校長先生、教頭先生、各担任の先生方に重ねてお礼申し上げます。

最後に、ＰＴＡのご配慮で、紙粘土をはじめとするさまざまな教材をふんだんに使うことができました。ありがとうございました。

引用文献

相田みつを［一九八四年］『人間だもの』文化出版
M・ブーバー［一九五八年］『孤独と愛――我と汝の問題』野口啓祐訳 創元社
井上信子［二〇〇一年］『対話の技――資質により添う心理援助』（神田橋條治 対話）新曜社
伊藤隆二［一九九九年］『人間形成の臨床教育心理学研究』風間書房
神田橋條治［一九九九年］『精神科養生のコツ』岩崎学術出版社
神田橋條治［一九××年］スーパーヴィジョンのコメント
柏木博［二〇〇四年］『「しきり」の文化論』講談社
真仁田昭［一九七七年］「『イジメ』にかかわる教育心理学課題」『女子教育』20／6－21目白大学女子教育研究所
真仁田昭［一九八三年］「離しつなぐ人間文化――『画した一線』と人のかかわり」『女子教育』26／4－8目白大学女子教育研究所
佐野洋子［一九八八年］『友だちは無駄である』筑摩書房
G・ジンメル［一九九八年］『橋と扉』酒田健一・熊沢義宣・杉野正・居安正訳 白水社

参考文献

伊豆山格堂〔一九八三年〕『白隠禅師　夜船閑話』春秋社
村木弘昌〔二〇〇三年〕『白隠の丹田呼吸法』春秋社

対話　その三

この章は本書のハイライトである。事態に関与した人々のそれぞれの心の動きが濃密に描出されている。そこから判ることは、参加者すべてが何らかの積極的な役割を、しかも自発的に、発想し行為していることである。誰一人として単なる受益者の位置に止まってはいない。そして積極的ないわばボランティア活動に従事することが、その行為自体が、各人のなかに自信と自己愛を育成しているらしいことが推測される。人は主体的役割を果たすことなしには自信と自己愛を育成することができない。これはすべての心理治療に向けての示唆となろう。

Ｋさんのいじめ行為の発想を含めた「異常行為」を、自信と自己愛を育成させようとする無意識からの模索として理解するとき、Ｋさんを単に愛を与えられることの少なかった子として理解するときよりも、Ｋさんの体験に密着した心的事態の把握になるのではないか。

第二部　人をはぐくむ対話

人をはぐくむ対話

前著『対話の技』でケース報告をしたC子さんとGくんは、カウンセリングという意味では、C子さんは独歩実験へ移行、Gくんとは応援団のかかわりで、いずれも未完に終わっていた。

その後、わたくしとの間に相談関係はないが、動きだした母と子の関係が発展していったので記述しておければと考えた。

C子さんは深く深く自分のなかに沈潜する気配が、Gくんはロケットが宇宙に飛び出す予感があったが、予想通りの展開となっていた。ふたりとも「自己」というものが確立する方向へ進んでいることはまちがいがないようである。そしてその営みが母親たちに、ひとりの人間としての実存的問いを喚起し、母親たちもまた自己発見されていた。

〝いのち〟と〝いのち〟がどうかかわり、どうかかわれないのか、しばし、親と子の〝いのち〟の交流の旅にご一緒させて頂こうと思う。

第四章　「はてしない」物語

はじめに

ずっと以前、こんなお話を聞いたことがある。

ある日、精神科医のところにひとりの男がやってきた。背中は曲がり、うちひしがれて、足を引き摺りながら。男は言った。『哀しくて、苦しくて、涙がとまらないのです』。そう言いながら、はらはらと涙をこぼした。その時、医者はいいことを思いつき、彼にアドヴァイスした、『あぁ、それなら、街角に新しくできたデパートの前にいるピエロに会っていらっしゃい。ピエロを見た人みんなが、言っています、「そのピエロに会うと思わず微笑んでしまい、幸せな気持ちになる」と』。すると、男は言った。『わたしがそのピエロなのです』。

人の生きている姿は哀しいものである。

では、C子さんの現在をご自身で語ってもらう前に、まずは、彼女の小学生時代を振り返ってみることにしよう。以下に、本書と連なりを成す『対話の技』から抜粋する。

事例の概要

クライエント

C子 —— 小学校三年生・女児・九歳二ヵ月（面接開始時）

来談理由

C子は友だちの好き嫌いが激しく、大好きな一人の子（Vちゃん）としか関係をもとうとせず、母親が「孤立するのではないか」と不安になった。C子が友だち関係に苦しんでいるのをみて、カウンセリングを勧めると『井上さんなら行く』『ほかの人じゃ絶対やだ』と言う。かつてカウンセラー（わたくし）に指摘された神経質なところを克服し、友だちと支えあって生きていけるような人になってほしい、と母親が願い、ふたりで来談した。

家族構成

父親（弁護士）・母親（主婦）・C子、の三人家族。母親は、寝る前にC子が学校での嫌だったこと、うれしかったことをボロボロ泣きながら話すのを聞き、オロオロしてしまうことが多い。父親はC子と直接話すことは少ないが、妻の報告をうけて、早めに帰宅してC子とじゃれあったり、いっしょに入浴して暖かく見守っている。そして妻に対しては「みんな悩んで大きくなるのだから、母親がオロオロしてはだめだ」と叱咤する。（以上、母親より）

生活歴・来談の経緯

正常分娩。初歩：十二ヵ月、初語：八ヵ月。喘息様気管支炎（二歳時から就学時まで）・頭痛・胃痛が頻繁で、かなりの偏食があった。母親はC子を出産して二年間ほど不安感がひどく、うつ状態であった。さらにC子が幼稚園の頃は父親と母親の関係が激しく揺れ、C子にとって安らかな日々ではなかった。

この時期に母親は知人の紹介でわたくしを尋ねてこられ、約二年のあいだに二十一回のカウンセリングを行った。その結果、夫に対して「優れたいい妻」を演じていたことや、「本当の自分」を受けとめてほしかった気持を、意識化して夫に伝えられるようになった。やがて彼女は不安感が「嘘のようになくなり」「自分でやっていけそう」と晴れやかになり、一応の終了とした。

しかし母親は、今度はC子の頻繁な腹痛・発熱が急に気になりだして、「わたしが子どもにたよってしまい、子どもをだめにしたのでしょうか。C子をぜひみてほしい」とわたくしに訴えた。そこでわたくしはそれを聞き入れてC子（当時五歳）の面接を開始し、約一年半のあいだに二十回、描画と箱庭で「乳児期からの育ち直り」を手伝った。

描画には、ぬいぐるみのなかでナンバー・ワンに好きなうさちゃん、C子自身、わたくしをよく描いた。箱庭では、肛門期のおしっことウンチのテーマ、および口唇期的な動物の親子の食餌や旅の場面が展開され、家では母親の乳房を吸う行動がしきりにみられた。やがてC子はぬいぐるみのナンバー・スリーのものを母親に差し出し『Cは寂しいとき、うさちゃんと話して、（自分を）落ち着かせているの。ママもこれを貸してあげるから、自分で自分を落ち着かせて！』と言った。これにより、母親の自分への依存を振り切る力をC子が得たことが確認され、また身体症状も消えて安定したので、いつでも来られることにして中断した。

そして今回の来談はC子が小学校三年生の冬である。

初診の問診表に母親は「三年になった頃より、父親と母親の関係が円滑。家族三人いっしょがそれぞれ居心地よくなった。本人の父親大好きもこのころやっと」と記している。また母親は、C子の性格を「慎重、生真面目、自分なりに物事を深く考え、集中力があり、小さい頃より目的意識明確、こつこつと地道に努力することが得意である」と書いている。

また、C子自身の希望で作文とピアノを習っている。将来はピアニストになる夢をもち、その道の大家に師事し、下校後、家庭での二時間をピアノの練習にあてている。母親も音楽に造詣が深く、C子のレッスンの時間と内容の管理を厳格に行っている。

成長過程

面接開始の三年生二月以前、すでにC子は、来るべき成長のテーマをみずから言語化していた。そこで、C子の内面作業の理解を深めるため、できるかぎり原文のとおり（一部、わたくしによる省略と要約あり）、時系列的に提示する。なお以下の＊は、母親による家庭や学校におけるC子の記録の抜粋である（カウンセリング開始前のC子の記録および作文は、カウンセリング終了後に母親がまとめて送付してくれたものである）。

カウンセリング開始前

作品1《ももたろうのこれから》── 三年生（二学期）七月下旬

村の人にももたろうはいじめられていたのにそのいじめた村の人のためにおにをたいじするなんて、きっとももたろうは村の人となかよくなりたいんだと思います。……きっと村の人たちはももたろうのいいところはしらなくてわるいところしかしらないんだ!! だから、よけいいじめられると思う。ももたろうはきがやさしいのに。ももたろうは村のひとをきらいにならないのだろうか。ももたろう。もっのすごくかわいそう。けど、ももたろうにとってはおじいさんとおばあさんがいるからさみしくなったりいやなことがあってもへいきなのかなあ。わたしがももたろうだったら村のひとのためのことなんかぜったいにやらないと思います。ももたろうはこころがつよい。さいごにはきっといじめられなくなってしあわせになれると思います。

C子はファンタジーのなかに入り込んで、主人公をかわいそうがったり、わたしだったら……と対比しつつ、最後には物語の時間の流れをこえて、ももたろうが「いじめられなくなってしあわせになれる」と、想像して未来を創りだしている。

初回面接でC子はわたくしに「クラスの男の子にいじめられている」ことを告白する。ももたろうの未来は、C子みずからのそれと重なっている。

三年生（二学期）十一月上旬

＊ 運動会終了頃からC子は、Vちゃんを独り占めできなくなってきた思いを、母親に泣いて訴えるようになった。この頃、母親は担任から「いつもCちゃんが、Vちゃんの足をひっぱっている」と言われ、C子にとってつらい日が続いた。

夢一 ── 三年生（二学期）十二月上旬

＊ C子はつぎの前置きをして、夢の内容を母親に少しだけ語った。『とっても嬉しい夢だったの。誰にも言いたくないの。いままではママには言いたくなっていたのに、どうしてか、わからないけど、ママにも秘密にしたいの。』……『泥棒が入ってきて、Cはピアノを弾いているの。そこへお巡りさんみたいな人もきて、ジャングルにいるの。すごく格好いい年上の男の子が「あなたには何かたりないところがある」って言ってくれたの。』『すごく嬉しかったの。だって本当の事を言ってくれたんだもの。人間は完全じゃないもの。わたしは人間で神様じゃないから完全じゃないもの。』

三年生（二学期）十二月中旬

＊『Vちゃんがほかの子と遊んでいると、気になって気になって苦しくなる』と母親に訴える。

夢二 ── 三年生（二学期）十二月中旬

＊『学校でVちゃんの後ろの席に座っている。そしたらVちゃんわたしのこと心配して、大丈夫って言ってくれてすごくうれしかった。』

作品2《こぶとりじいさん》――三年生（二学期）十二月下旬

こぶを取られたおじいさんは……「やっぱりこぶをとらないほうが、よかったかなあ。自分のみりょくをなくした」。…自分を叱るようなめつきでいいました。

「自分を叱る」という表現から、C子のなかで自我が分化していることがわかる。「こぶ」に見えるものを「魅力」と捉えきるには、他者のまなざしからの解放が前提となろう。個性の確立への一歩が踏みだされている。

作品3《こんなところがなければ》――三年生（二学期）十二月下旬

私は、いちばん大すきなお友だちがいます。名前は、Vちゃんといいます。私は、よく考える方です。私は、どうしても、Vちゃんが「とられてしまう」と思ってしまうのです。けど、Vちゃんは、ほかの子ともあそびたい、と思っています。私はそのことでなやんでいます。私のきもちの中に「ほかの子となかよくしちゃだめ。私のものなのVちゃんは」といういきもちがあるのかもしれません。Vちゃんに負けたくない――という気持ちもあります。それは、私にも、わかります。それは、ぜったいに、あってはいけないきもちだと、思います。私は、自分でも、こころがせまいと思っています。そう思うとなんだかとっても、くらい、さみしいきもちになってきます。今までは、そんなにかんがえていなかったからかもしれませんが、今が、はじめてのようなきがします。Vちゃんのことは、前はせかいいちすきでしたが、いまは、せかいいち大っきらいになってきました。私は、そういうおこりんぼうのこぶをとりたいと思っています。私は、ピアニストになりたいとおもっています。おこりんぼうのところ、すぐくよげしいところを、うまくつかえば、ピアノにむいているようです。けれど、ちょっと、じぶんでもおかしいけれど、私は、じぶんのことが

大　っ　き　ら　い　です。

Vちゃんの前では、ニコニコして、ムカッときてもがまんしています。けれど、もうたえきれません。いつかVちゃんにそのことをいわなければいいけれど。おかあさんにそうだんすると「おかあさんが、すきでいてあげるからだいじょうぶだよ」といってくれました。私は、とってもそういわれると、うれしくなります。いままで、まい日まいにちおもしたいと思っていたことは、たったのひとつ、

お　こ　り　ん　ぼ　う

これがなおるほうほうをおしえてほしいよ――――――――！

自分（「客我」）をまなざす「主我」をもつこと〔本書一三五頁参照〕の苦しみ、思い通りに行為しえない「からだ」の重み。C子の発熱や下痢はこれらの葛藤の叫びなのであろうか。

三年生（三学期）一月上旬

＊　Vちゃんから「ポストの手紙を読んだ？」という電話が入り、見てみると「Cちゃんがベタベタしてストレスがたまっていやだ。本当は半分以上嫌い。……絶交」という気持をほかの子どもに書かせた手紙だった。C子は『これはVちゃんが書いたんじゃない。書くはずがない』と言って手紙を破く。それでも『Vちゃんが好き』と言う。夜、自分の気持をVちゃんに電話して静かに伝えた。

作品4《神の存在？》—— 三年生（三学期）一月上旬

神のそんざいとはなんなのか……。神様を見た人は、一人もいないのにな……。たぶん、人の、そうぞうではないでしょうか。「一人一人に、神様がついているのではないでしょうか？……私は、「神はいる」と思います。「きっと、神様が、人のうんめいを、きめるのでは、ないのかなア」。と思うので、もし、いやなことがあっても、できるだけ、「プラスてん」でかんがえるように、しています。たとえば、なにかのしけんに、おちたとします。そしたら、私は「きっと神様が、きめた道なんだから、きっといいこともあるよ。」と、思います。……私は、神様はぜ——————————ったいに、いると思います。もしも、自分のそうぞうだとしても、なぜか、「神様がまもってくれている」。とかんがえただけでも、なぜだか、ホッとするようです。私は、いろいろな人、神様に、まもられていると、自分でも思います。

三年生（三学期）一月中旬

＊ 動悸・過呼吸（吸うときに「痛い」と苦しがる）・頭痛が一週間ほど続く。小児科を受診するが問題はなかった。

作品5《あと一年しか生きられないとしたら、何をする？》—— 三年生（三学期）一月下旬

もし、あと一年しかいきられないのなら、学校にはいって、友だちとあそび、ふつうの生活をして、そのほかに本をよみ、私の大好きなピアノをひく。……それで十分です。

作品6《心の中の時間》—— 三年生（三学期）一月上旬

なぜ、時間におわれるの？　なぜ時間をつくったの？　なぜ、時間があるの？なぜ時間をきにするの？　なぜ、時間は、ながれていて、止まらなく、きそくただしくうごくと思うのだろう？　自分の心の中の時間にあわせ、自分の思うとうりの自由にすればいいのに。なぜだろう。本当に、ふしぎだ。……「計画をたてなさい！」「時間を守りなさい！」とか、私のお母さんは、時間のことしか、おこりません。私は、毎日、毎日、時間を守ろうと思っています。が、「どうして、時間が、できたのだろう」と、思いました。時間が、すべてをしきっている。なのに、なぜ、人は、それをゆるし、それにしたがうのだろう。……たのしい時は、みじかく、かなしかったりつまらない時は、長くかんじる。時間は心の中に、あるのではないでしょうか。……だから時間というものは、一人一人ちがう「心の時間」なのではないでしょうか。……ただ、そのことを、人がきづいていないだけではないでしょうか。

作品4－5－6のテーマは深く関連している。つまり、人は「こころの時間」を楽しく燃焼できたとき、その時間は「生きられた時間」として累積される。そしてわたしという存在が物理的に消滅するにしても、累積された時に満ちたわたしは、余命一年にして「ふつうの生活で充分です」という納得を得る。

カウンセリング開始

C子のカウンセリングの申し込みは三年生（二学期）の十二月であったが、わたくしは時間がとれず、気になりながらも待っていただいていた。

ところが、年が明けて三年生（三学期）の一月に母親から連絡が入った。C子は『何もやりたくない』と

言い始め、『学校が苦しいし、家でママに叱られて、生まれてこなければよかった』と言っているという。

わたくしはC子の『生まれてこなければよかった』ということばにただならぬものを感じ、急ぎ会うことにした。電話を切って、とうとうその時期がきたか、とわたくしは少し苦しくなった。その時期とは、子どもが苦難の道を経て親から離れる、大人への第一関門の時期である。

その夜、わたくしはもう何年も前にお会いしたひとりの神父様のことを連想していた。その方は「神父になる道のりは艱難辛苦であり、自分がそれを乗り越えられたのは母親の祈りのお陰なのだ」と語られた。彼は離島の漁師の家に生まれたのだが、母堂は文盲のクリスチャンであった。そして息子の修養中、母堂は漁の網をかがりつつ、神父への夢の成就を願い、日がなロザリオの球を手繰りながら、ただ「アベ・マリア、アベ・マリア」と祈りを捧げていらしたというのであった。わたくしはその「母なるもの」と「委ねるということ」の素朴さに、深く胸を打たれたことを思い出していた。この連想はC子との面接のあいだ反芻され、とりわけ母堂の祈りの声は通奏低音のように、なぜかわたくしのからだの外からではなく、内から響きつづけた。

面接期間は四ヵ月、全部で十二回行った。以下、『……』はC子のことば、〈……〉はわたくしのことば、〔……〕はわたくしの感じたこと・状況説明である。

久し振りに会ったC子は以前と同じく、黒い雫のような瞳をした、華奢で鋭敏な女の子だった。母親も知的で繊細で、揺れやすい感じが以前ほどではないがまだ見受けられた。

セッション1 ―― 三年生（三学期）二月中旬

家族療法室しか空き部屋がなく、二人で、お風呂や按摩機があるのを『きゃー、こんなのあるぅ』と言いながら見て回ったあと、C子はリビングのテーブルで絵を描く。始める前にC子がわたくしにキャラメルをくれ、いっしょに食べながら一枚目に樹木画、二枚目に自由画のハムスター、三枚目にゲームを描いて楽しむ。わたくしは樹木画をみて、これならなんとか母子分離のテーマを乗り越えられるだろうと判断した。

面接時間の半分を過ぎたところでわたくしが〔ユーモラスに〕〈ところで、この度ここに来たのは何か困ったことあったん？〉と聞く。C子はちょっとハッとする。しかしすぐに、クラスの斜め前の席の男の子にいじめられていること、いちばん大好きなVちゃんを他の子にとられそうなこと、このごろ他の女の子たちも自分に対して変な態度であることを詳しく話してくれた。

〈ここに何回か来るじゃん。そうして、どうなりたい？〉『みんなに嫌われたくない』〈うん〉。

樹木画①

最後に『Cはぬいぐるみがあると落ち着く。ハムスター飼いたいの』〈うん、ハムちゃん飼えるといいね〉で時間となった。

そのあとに母親面接を行った。母親は「自分がC子をだめにしているのではないか」という自問に囚われて不安を隠しきれなかった。わたくしは、C子は病気ではないこと、資質に恵まれた子は敏感に反応し身体症状を示しやすいこと、そして今回のカウンセリングのテーマは「日本の没個性的集団のなかではとりわけ孤独である、優れた資質のある子が、その資質を殺さないで友だち関係をいかに広げ、深めていくか、あるいは覚悟して孤独を引き受けていくか」であること、だから治療的というより創造的カウンセリングであることを伝えた。

そして樹木画①を見せて、根が描かれ幹が太いことを指摘して〈これはCちゃんが小さいとき、お母さんが注いだ愛情が育てた、Cちゃんを一生守る強さを表しています。そのころ、お母さん自身がおつらかったのをわたくしも覚えています。本当によくなさいましたねえ〉と伝えた。母親は瞳を潤ませた。母親は教育や心理の知識もある人なので、わたくしはつぎのように見立てを伝えた。

自由画（ハムスター）

〈実は今回Cちゃんは、もうひとつ大きな課題をやりとげなければならないようです。子どもは九歳の頃、子ども時代に幕を降ろして大人への第一関門に進みます。親に依存してきた子どもが、親よりも親しい存在ができて、それは友だちです。ですから今回、Cちゃんの友だち関係のことでご相談にみえたお母さんはさすがだと思いました。そして子どもは、親元とは別の居場所をつくり、さらには自分ひとりでいられる世界をつくります。ご存じのように、親からの分離の第一の時期です。ところがこれは実際には大変な作業なんです。ありがとうございます。お母さんがCちゃんに強さ、逞しさを育てておいてくださったので、その力でおそらく乗り越えられると思います。これがないと、カウンセラーの力ではどうにもならないのです。〉

そのあと、ハムスターを飼ってあげてほしいこと、自然にふれる機会をつくってほしいことを話すと、母親は、C子が昨日『なにもせずボーッとしていたい』と言っていたのを思いだし、いずれも了解を得た。しかし母親は、C子がボーッとしているのを見ると不安になってうるさく言ってしまう自分に困惑していた。わたくしは〈それはもったいない。そんなとき子どもたちは「神々と対話」しているのに。子ども時代の特権ですね〉と言い、モーツァルトやバッハが「自分の曲は、天上の、神の旋律が聴こえてそれを五線紙に書き写した」と言い残しているという伝聞を引き、〈同様に子どもも、沈黙や無為の時間に神々の囁きを聴いていると思うのですが〉と伝えた。すると母親は「無為な時間が大事なのですねぇ。もっとボーッとしろ、なんですね」としみじみ語った。

また母親は、C子の身体症状や言動について克明な記録もつけていて、持参したほうがいいか、と問うた。C子五歳のカウンセリング時も同様であり、そのときは治療の参考にした。わたくしは母親の自由にまかせた。ただ四年前と同様、夢の記録はお願いした。その後母親は数回、記録を持参したが、わたくしは直感的に、C子の「なにもかもの記録」は受け取るだけにして終了まで〔見ないほうがいい〕と思った（なぜそう思ったのか、わたくし自身、そのときは理由を明確に意識化できてはいなかった）。ただ、読みはしないが、C子の面接後、心配そうな母親と五－一〇分程度の立ち話をしたとき、その話の範囲内でC子への熱い思いを受け止めることにした。また、母親もわたくしにカウンセリングを受けたいと申し出られたが、今回はC子の完璧な味方になる必要があるので母親の影響をわずかでも避けたいと考えたのと、彼女には男性のカウンセラーがいいと考えたので、人柄があたたかくかつ知性のある人とわたくしが判断している初老の男性カウンセラーを紹介することにした。終了後、母親は「楽になりました。お顔を見るだけで安心するんです」と言い、穏やかでやわらかい顔つきになっていた。

そのあとしばらく待合室でC子はマンガを読んでいた。帰り際にC子は、廊下のはるか向こうからわたくしの姿を見つけ、両手を広げて小鳥のようにわたくしの腕の中に飛び込んできた。わたくしも両手を広げて走りより、腕のなかに抱き締めた。C子はアメをひとつくれた。そのときわたくしは『頼むね！』というC子の内面の声を聴いたような気がした。そして、わたくしも内面の声で〈頼まれたこと、それはうさぎ穴の見張り番（『不思議の国のアリス』）ね。とりあえず「神々との対話」のために、追い立てられない無為の時間を確保しておいたよ〉と応えた。

母親はそれを見ながら、いまはまだ人生に意味を見いだせずにいる人のまなざしで微笑んでいた。わたくしはふたり並んで帰る姿をみて〈お母さんもはやく楽にしてあげたいね〉と、何度も何度も振り向いて手を振るC子に語りかけていた。

この初回面接の翌日、C子はつぎの作品を書いていた。

作品7《たまて箱のなぞ》——三年生（三学期）一月下旬

たまて箱は、心の中に、あるもので、人のまわりには、まくみたいなものがはっていてそれを、はがしていって、大人、や、おじいさん、おばあさんになっていく。……たまて箱は、心の中に、あるもので、そのたまて箱は、本当は、「時間を、早送りするもの」なのではないでしょうか。そしてたまて箱をあけたうら島たろうの、体のまわりにある、まくみたいなものを、やぶり、心の中でも、時間がたち、心も、身も、おじいさんになってしまったのではないでしょうか。

C子自身、成長の節目にきており、膜がはがれて、さなぎが蝶になることを予見させる内容である。

三年生（三学期）一月下旬

＊母親と夜道を歩きながら『Cはママといるときがいちばん楽しい。お友だちよりずっーと』と言った。母親は「ママといて楽しいならそうしようね。Cはいまお友だちとのこと苦しいね。でも必ず、Cの良さに気づいてくれる日が来るからね」と返している。

セッション2——三年生（三学期）一月下旬

ひとしきりトランポリン。C子は「ふあっ」と空中に舞い上がっているときの、追われている日常と対照的な自然な感じを楽しんでいる様子だった。起き上がりこぼし（プロレスラーの形をしたゴム風船）に開いていた穴を二人で修理した。C子はそれに空気を入れて、トランポリンの上で張り倒してはケラケラ笑う。降りてきて、棚からオセロを探しだして勝負。一回目引き分け、二回目C子の勝ち、わたくしが勝ちそうになると『先生は勝っちゃだめ！』と真剣に拒絶する。

〈Vちゃんを好きなのは、素晴らしい子だからでしょ？　ほかの同級生と比べてどこが優れているの？〉『目がすごくきれいなのと、深いところ。うまく言えないけど、バイオリンを弾いているところが、とにかく輝いているところ』。二年生の終り頃、C子がピアノ、Vちゃんがバイオリンを発表会で弾いたあとで、C子がVちゃんに『バイオリンうまいね』って言ったのが、初めて話したときで、あとはいつのまにか仲よくなっていた。

作品8《自分の心》——三年生（三学期）三月上旬

うそつきな人は、いない。ただ、人が自分で、見た物や、あじわった物しか、信じない。……「うそつき」といわれている人は、二通りのことがあると思います。ひとつめ、それは、自分の、ゆめの世界へ入ってしまい、現実と、ゆめが、わからなくなってしまうのでは、ないでしょうか。だから、「そんなことはない。おまえは、うそつきなんだ」と言われてしまうのではないでしょうか。ふたつめ、それは、本当のことなのに、人が「うそなんだ」と思ってしまい、しんじないから、それは「うそ」になってしまうのではないでしょうか。……人が、ただ、そう思ってしまうだけではないでしょうか。

「幾分かは本当で、幾分かは作り話の、その危うい狭間にこそ、ファンタジーの魅力は存在する」（森田一九九三年）。この空想と現実を自在に行き来することこそ、少年少女の年齢の精神的特徴である。だが、C子はときおり、空想世界から帰り忘れて、現実世界で友だちに「ウソ」と責められることがあった。

セッション3——三年（三学期）三月上旬

腕に包帯をしている。ピアノを弾いている最中に左腕が抜けたという。オセロ一回目、わたくしが勝ってしまった。すると『ほかの遊びしよっ』と横を向いていろいろ探す。だが片手でできるものがなく、オセロ二回目をしてC子の勝ち。そのあと紙ホッケーを捜し出して、『やーい、空振り！』〈言ったなあ〉などと言い合いながら二回戦を楽しむ。わたくしのボロ負けで、C子はご満悦の表情である。

終了後、母親との立ち話で、C子が最近うらしまたろうの作文を書いたと聞いたとき、わたくしは成長のテーマと関連しそうだと直感した。母親は自分のカウンセリングもしてもらえないか、とまた頼むので〈先生（母親担当のカウンセラー）は、お母さんの理想的カウンセラー像とはどこかずれるんでしょうね〉とだけ受け止めた。

セッション4——三年生（三学期）三月中旬

C子は凄まじい破裂音のするピストルを見つけ、おおはしゃぎであちこちに向けて発砲しつづける。

途中、弾がなくなりわたくしが戸棚を探していると、『今日ねえ。先生が太鼓叩いたんだよ』と珍しく学校の話をする。〈ああ、担任の先生？〉『うん』〈なんか、まえに「Cのことわかってくれない」とか言ってたじゃない？〉『うん、わかってくれない』〈そーかあ〉。わたくしは弾を探す仕種のままの、いわば何気ない会話だった。象徴的でもない、鋭い切り込みも、狙いもない、ささやかなふれあいの積み重ね、これが、ともに知的で繊細な母と子の関係にはないのかもしれないと思ってみた。

おやつに持参したカステラを食べながら、作文教室のことを話す。『楽しいよお。中学生もいるんだよ。同じ学年じゃ、つまんない』〈……「うらしま」の作文書いたってお母さんに聞いたけど？　今度見せてくれる？〉『うん』〈忙しそうだね。ピアノ行って、作文行って、ここにも来て大変じゃない？〉『だめ。ここは一週間に三回でも毎日でもいい』と言い、ちょっとふくれて抗議して帰っていった。

三年生（三学期）三月中旬

＊『なにもしたくない』と言い、大好きな作文教室を休んだ。過呼吸（息を吸うのが苦しい）と微熱・下痢・腹痛に苦しむ。しかし症状が軽快すると、学校の作文の宿題を七時間ほど一人机に向かって、目を輝かせて

一気に書き上げた（四〇〇字詰原稿用紙五枚〔作品９〕）。

作品９《ゆめの世界へ命の水（いずみ）をもとめて》――三年生（三学期）三月下旬　（長編のため原文を挿入しつつわたくしが要約した）

ある日、C子とV子の一番大切な、しゃべるまほうのハムスター、ペペが病気で死んでしまいました。その時、神様があらわれ、ペペを生き返らせるために命の水（いずみ）までの地図と、何でも願ったものを取り出せるリュックをくれました。そこで、ふたりは魔法のリュックを背負って命の水を求めて旅に出ました。すぐに森の洞窟に迷い込み、三〇分後、一時間後、二時間後……八時間半たっても出入り口がみつかりません。つぎの日も時間はすぎるばっかり。一時間、二時間……六時間がすぎました。つぎの夜、ふたりは同じ夢をみ、そのなかで金色の光りに包まれたペペの死体に出会い、命のいずみの金色の玉をのませてくれれば生き返ると知らされます。……洞窟の中なのに……私たちって、朝と夜がどうして、わかるの。時計もないし。あっ、時計、あるううう。……って時計、私たちしてるよ！　へんだね。ふたりはちょっと不思議に思ったが、「まっ、いいか」ですませました。

そしてふたりは、人食い花、悪魔、大毒蛇と闘い、死の水が、おしよせてくる死の川をさまよいながらも、「出口は、ぜったいあるもん」と信じて、さらに二人は、生きるか死ぬかで、ぎりぎりのめにあいながらも、知恵と勇気をだしあって「よーし、私たちの力で、ペペを生きかえらせてみよう」と誓い、洞窟から、やっとぬけだせて、命の泉に辿り着きました。

「やっと手に入った命の水だあ」「私たちも、命の水、のもう」。そして命の水をいっぱいタッパに入れてペペのそばに行き、私は命の水をペペにのませました。するとペペの目があいて、ペペは「チーチー」と泣き、もう、ペペは、ぜったいに、死んだりしないよ。（これで完結する大冒険スペクタクル長編である）

Vちゃんは C子にとって、この内界の旅の道づれになりうる唯一の仲間であり、C子の体の半分といえる存在だったのである。だからVちゃんをなくすことは、C子にとって、世界が空っぽになるほどの怖さがあったにちがいない。

三年生（三学期）三月下旬

＊この頃、家庭では次のようなことが起こっていた。三月下旬のレッスンを最後にC子はとうとうピアノに行くのを拒否した。そして『ママ、なにもやりたくない。助けて』の手紙を母親に渡している。母親は、いままで自分が立てていたピアノの練習計画を二人で立てることにし、C子が主となり自分が不足を補う方法に変えた。するとC子は『ママには後ろからそっと押してほしいの。まだひとりではできなくて、だけどママはときどきひっぱりすぎて、それで私は苦しくなっちゃうのよ。ころんじゃうのよ』と訴えた。

天気のいい日は自然のなかで過ごしていたが『どうしてかわからないけど、今日みたいにのんびり過ごした日でも、夕方になると時間・時間で、苦しいっていうか、へんな気持になるの』と言う。母親は、大木のようにでーんとしてケラケラしたお母さんになりたくてもなれない、と思い余ってC子に言うと、

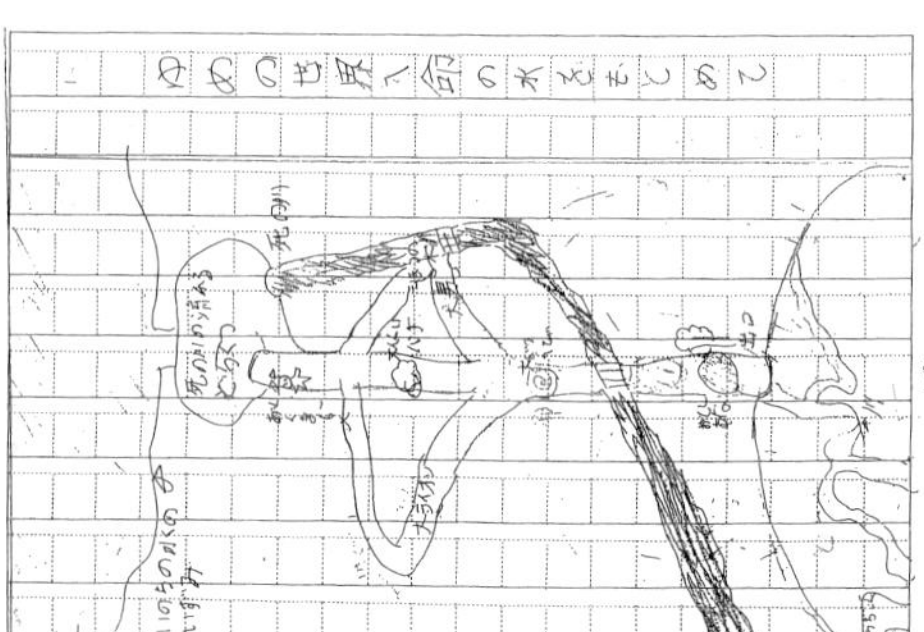

命の水（いずみ）への地図

『ママはすごくいいママだよ。いつもCのために、自分のよくないところをかえよう、かえようってしているじゃない。まえは悪魔になってたのに、ちっともならないじゃない。まえのママはちっとも休ませてくれないで、次の段階、次の段階ってひっぱっていたの、でもこのごろちがってきた』『わたしはなにも感じないお母さんじゃ、いやだ。ママみたいに、いつもいつもがんばってるお母さんがいいよ』と言う。

『Vちゃんと本当の友だちになりたいの。フルートはVちゃんのほうがぜったい上手。くやしい気持もあるけど、私はそれを、Vちゃんに教えてもらうことで乗り越えたいの。ふたりで競い合っているのはいやなの。だからVちゃんといっしょのクラブ（に入って、教えてもらう）のほうがいいの』と言った。

セッション5 —— 三年生（三学期）三月下旬

わたくしが前回、持ってきてくれるように伝えておいた、作文《玉手箱のなぞ》（作品7）を見せてくれる。わたくしはそれについてC子に二、三質問をした。〈まくがはってるって、どんな感じ？〉C子は立ち上がって自分の体のまわりにたまご型の円を描き、『赤ちゃんのときはまくもいっしょに大きくなって、ミシミシって破けて、おじいさんになるととれちゃうの』〈うん。で、Cのまくはどうなってるみたい？〉また立ち上がって円を描き、円の天井を見ているような仕種で『うん、たまごを割ったときひびが入るでしょ。あんな感じで、ふたつくらいミシミシってなってる』〈うん〉。

このときわたくしは、自分のことばの幾分かがC子を覆う殻にあたって跳ね返ってきた感じがした。そこには、踏み込んではいけない世界があった。〔やはり、C子のたまごが内側から割れるのを見守ろう。ここでは遊ぶだけにしようね。見張り番に徹しよう〕と思った。あの母堂の「アベ・マリア、アベ・マリア」の声が、わたくしのからだの一段と中心近くでこだましていた。

〈今日、調子よくないねえ〉『昨日まで頭痛くてゴロゴロしてたから。ここに来ると痛くなくなる』と言う。ハムスターの絵を描き始めるが、消して『おとなしいのより甘えん坊のほうがいい』と言いながら、元気なハムスターに描き直す。『わたしって、元気でわんぱくでパワーいっぱいのほうがいい』〈小さいときからそう？〉『うん』絵を描いているときは〔あどけなく愛らしい〕と思った。

夢三 —— セッション5の翌早朝

＊夜、お母さんくらいの大きさの吸血鬼が五、六人、ふつうの人間を三人つかまえてうちに入ってきて、つぎつぎに食べた。食べられたふたりめは女の人で、そのおなかを切っていたのが見えた。明るくなってC子は学校に行き、帰宅すると窓に大きなハエみたいな吸血鬼がいて、ママを助けようとするが気づかない。……ママはパーティ会場で吸血鬼に血を吸われてドラキュラになって、キバは隠して家に帰ってきた。そしてC子を食べようとする。ママは自分がドラキュラにされたことはわかっているけど、C子がママがドラキュラにされたことを知っている事は知らないの。最後はC子が吸血鬼のもとを殺してママを救ったの。ママはまたもとのママにもどったの。

吸血鬼の「もと」を殺すところに、C子の精神世界の強靭さが伺われ、わたくしは感嘆した。

セッション6 —— 四年生（一学期）四月上旬

新年度になりC子は四年生に進級した。

卓球。めちゃくちゃ打ちで遠くに飛ばしわたくしを走らせる。〈もう、やせ細るぅ。野球じゃないんだぞー〉と文句を言うと、C子はケラケラ笑い『いいの。ヒット！　ホームラン！！』とからだをくるっくるっと回転させながら、さらにかっ飛ばす。わたくしはブーブーふくれる。しかしわたくし自身が飛ばしたりはずしたときは『ごめんネ』『すまぬ。走らせて』と静かに言いつづけた。C子は卓球が少しずつ上手になり、ラリーが続いたので試合をすることにした。しかしC子は、自分に有利になるようルールを適宜変えながら点を積み上げ、つねにC子の圧勝で、凱旋将軍のように晴れ晴れとしている。

その後、三輪車を乗り回し、わたくしの自転車にぶつけて行く手を阻んでは大喜びで終了した。

母親は「吸血鬼の夢」を持参して、「自分が子どもによくないことをしているのではないか」と、ものすごく不安になっていた。わたくしは〈前のときからずっと、お母さんとお話するたびに、Cちゃんへの「熱い思い」が伝わってきます。子どもはその思いに「守られている」と感じるときと、「熱すぎてかなわんなぁ」と思うときと、あるんです。Cちゃんは大きくなってきて「かなわんなぁ」が多くなってきてるように思います。でもそれをちゃんと夢にみて、お母さんに伝えられるのは、すごい力なんです。その力はお母さんが育てたんですよ〉と伝えた。母親は『そうなんでしょうか』と涙ぐむ。つづいてわたくしは〈でも、お母さんも、熱いときとちょっとは醒めてるときとおありなんでしょう？……〉と問いかけた。

母親担当のカウンセラーは面接時間がかなり延長する、C子のいじめられについて担任に話しに行こうと提案したり、日程調整を苦心して母子面接の曜日を一致させたり、という状況が母親から伝えられ、また、わたくしによるカウンセリングの三度目の要請があった。

そこでスーパーヴァイザーに相談してみたところ、治療者がクライエントに入れ込む時というのは、治療者のテーマもあるから、つねに「相寄る魂」なんだ。テーマがともに引き合う関係。*母親*担当の治療者は、*母親*が理想としているカウンセラー像と違うし、それを*母親*が言えない治療者なんだろう。……おそらく、この*母*親の父親は情の深い人で、この*母*親をとても愛していた。でも、なんでも「わかった、わかった」と包みこんでくる愛情に立ち向かえる理屈はないから、*母*親は、知的な剣を振り回しながら後退りするしかなかったんだな。その治療者も情の深い人なんだろう。それを彼女がどういうふうにしのぐか、見守ったらええがな（神田橋　一九××年）という示唆を得た。

四年生（二学期）四月中旬

＊憧れのピアノの先輩（Wさん）から、C子を案じての手紙が届き、C子は大声をあげて家中を走り回って大喜び。後日、それはピアノの先生の配慮であることがわかる。

ある日、学校から帰宅するとC子は『学校やだった。みんな嫌い。まじめに自分の夢にむかって努力しているだけなのに』と母親に言った。ピアノの練習に時間をとられてテレビを観る暇もないので、子ども文化についていけない。そのことを級友たちから馬鹿にされて、仲間外れにされ、悲しい思いをしたのだった。

作品10《心のそこ》――四年生（二学期）四月中旬

この世界では、「強いのなんて、どうでもいいから、やさしくて、おもいやりがあって、がまん強ければいい。」という考えだ。けど、強くないと、こまる。内の学校で、心が、弱い人がいる。それでいけん（？）が、おこった。……内のクラスで……Xくんというワルガキがいます。……Yちゃんは、Xのことを、がまんしています。がまんをしているからいけないんだ。けど、がまんもしない。と、ダメ。けど、強くもないと、ダメ。言いたいことも言えないと、こまる。けど、こまった時は、コウラの中にはいっちゃえ！

四年生（一学期）四月中旬

わたくしが病気でキャンセル。久々の自分の時間にまどろみながら、わたくしはもう何年も前にみた、ひとつの夢と連想を想い出していた。

七、八歳くらいの女の子が、初秋のやわらかな日を浴びて森の「道」を歩いている。両側には深緑の杉の木立ちが、少女を護るかのようにはるか彼方まで続いている。その子はふと立ち止まり振り返る。するといままで来た「道」に、白い花が、天の川の星層のように数えきれないほど咲いている。気高く、愛らしく咲いている。「あの一輪は、あの瞬間のやさしさ」「むこうの一輪は、あの時の真実」……と、一輪一輪が放つ透明なメッセージを少女は無心に受けとる。そして振り向いたまま、彫刻になってしまったかと思うほど微動だにしない、永遠の瞬間。

目覚めて、連想した。人々は、幸せは道の彼方にあるという。だがそれは、いままで通って来た道にすでにあったのである。そして、C子のテーマは「時間と他者」であると直感した。

このキャンセルは結果的に、母と子に深い出会いをもたらしたようで、次回に、その場面を綴った手紙が母親により届けられた。

セッションフ —— 四年生（一学期）四月中旬

卓球のあと、ワンウェイ・ミラーの縁をゴールにしてサッカー。めちゃくちゃ打ちのなかにも少し、わたくしと遊びのルールを共有しようとする感じが出てきた。

C子は終わったあと待ち合い室でマンガを読んでいたが、わたくしが近づいても、母親が「先生よ」と言っても、読むのに夢中で、『うん』と言ったまま顔をあげない。母親は気にしていたが、わたくしは〔気遣いのない関係で、よしよし〕と思っていた。

そして母親がわたくしに届けてくれた手紙には、つぎのことがしたためられてあった。

C子と一生忘れられない話し合いができました。本当に素晴らしい感動的なでき事でした。（自分の）苦しさの原因はC子の『ピアノが嫌いになった』の一点でした。大泣きしながら「本当にごめん。ママがあなたを追い詰めてしまった」とやってしまい、九歳のC子に支えられて、そのことで尚更自分を責めて、ピアノやめないでほしいという自分のわがままも含めて、一日一日カウンセリングが待ち遠しい思いでした。話していくうちにC子も私もいろいろなことに気づいてゆきました。今日、話し合ったC子は、いくら私がぐいぐい引っぱろうとしてももう、ちっとも動かなくなった自分を私にもはっきり伝えることのできる一段と強く成長していたC子でした。

C子いわく『大手術したんだね。あんなに大好きなピアノがいやになったっていうことが大手術の痛さだと思う。大事件ていうか』『もうわたしはママが不安になってマイナスにマイナスに考えてもその心には引っぱられない気がするの。いやなことは鳥みたいに空を飛んでふわってよけるっていうか。それで気楽に生きたいし、プラスでゆける気がするの。ちょっと前までは一緒にマイナス、マイナスってなってたでしょ』。私はC子の言葉通りの変化に疑う余地もなく気づきました。C子は私から見事に大きな自立の一歩を踏み出した実感を覚えました。いま「愛して、愛してそうして育てれば必ず見事に自立していける」という言葉が浮かんでいます。C子は自分でサインを出して、C子自身が生きてゆきやすくなれるように私を変えました。C子は『○○○○（母親の氏名）がママだったからこんな風になれたんだと思う。うちの親子は最高の組み合わせだね』と言ってくれました。

先日の、井上先生の場合〈カウンセリングの効果が高いとき、なぜか（クライエントの）体調が悪くなります〉というお言葉は、そんな馬鹿なと思っていたんですが、今、とっても納得しています。△月×日にお会いするときにこの手紙をもっていきます。

数日たってまた不安な母です。時間のことで叱ってしまいそうな、この点については先生（母親の担当カウンセラー）に聞いて頂くつもりです。

P.S. 翌日、私は気がつきました。四年前のカウンセリングを通して私は夫に対してありのままの自分でいられるようになりました。そして、いま、C子の母としてもありのままの姿でいられるようになった気がします。今回はC子が変わったことで母をも変えました。深い人間関係は互い互いにしっかりと綾を織っていること、自分でも知らない心（C子の表現）同士が綾を織っていることをまた実感しています。……カウンセリングに通えることが嬉しいです。C子は『井上先生には話さないんだけれど、知らない心と知らない心でちゃんと話している気がするの。だから、井上先生のところへ行くとすごく元気がでるの』と申しました。

＊第七回目の帰り道、C子は風邪で休んでいるVちゃんのことを『お休みだといいなあ。ほかの子と遊ぶの楽しい。まえは、楽しくしようと思うだけでうまくいかなかったけど、いまは気楽で、気楽で、おもしろいの』と母親に言った。

セッション８ ── 四年生（二学期）四月下旬

昼間、母親が相談所にわたくし宛ての手紙をもってくる。手紙には、ピアノに関して自分に助言してほしいとあり、「だいじょうぶ、必ず弾くようになりますヨ」と言ってほしい!!のであります、と締めくくられていた。

ところが夕方の面接時間に来所しないので電話をすると、母親は時間を間違えていたことに気づく。〈いまからいらしても五分くらいしかお話できませんが〉と申し上げたが、タクシーを飛ばして来所。わたくしは面接室でC子の頬を両手で挟んで、内緒話のように宿題をだす。〈なあんでも、楽なほう、とってね〉『うん』、五分で終了。

母親は時間について謝られたあと「C子はもう、ピアノはだめでしょうか」と問う。わたくしは〈資質が向いていれば、ほっておいてもやりたくなるでしょう。そうでなければ、やらないでしょう。それを見極めて決める力を、あの子はもっていると思いますよ〉と言い、そのときなぜか連想した、わたくしの家の紫陽花の話をつけ加えた。

その紫陽花は、わたくしが水を遣るのを忘れたためドライフラワーのように枯れてしまい、もうだめかと思ったが、水を遣ったら、驚いたことに再びブルーの花が満開になった。そして枯れる前に比べて、花びらのブルーになんともいえない深みがでていた。ただよく見ると、どの花びらにも小さな茶色い傷ができていて、まったく昔と同じには戻れないんだと思ったが、その生命力に感動した、と、伝えた。

すると母親は「どうして井上先生はそういうことがお話しになれるのですか」と感嘆のまなざしを向けた。そこで、〈お母さんの資質は何に向いていらっしゃるようですか？　何をしていらっしゃるとき、楽しいですか？　からだの底から楽しい、気持ちいいという感じがこみあげてくるものが、資質の向いてることなんですけれど〉と言った。すると母親は「ああ」と言って、そのときはじめて母親のなかに一瞬、ビロードのような静寂の時間が流れた、とわたくしには感じられた。「やっぱり、井上先生がいい。わたくしもお願いできませんか」と憧憬のまなざしを向けられたので、〈先生（母親担当カウンセラー）は、お母さんのお父様にどことなく似ていらっしゃるのでしょうか？〉と問うと、彼女は本当に驚いて「井上先生はときどき不思議なことをおっしゃいます」と言われた。驚いた一瞬の母親の面差しに、父親とやりあった娘の、母親への甘えが、かすかによぎった感じがあった。

最後に、「お天気のいい日は、おにぎりをにぎって緑の多い自然のなかに行くのが、C子は好きですけど、夕方になると暗くなる」と言うので、〈おふたりとも頭がいいから、どうしても、人間としての自然な部分が発揮できずにいるんでしょうね。頭をお休みしてみるといいですね〉と応えた。

四年生（一学期）四月下旬

＊昨年五月頃から担任に失望し決してこころを開かなかったC子が、『友だち関係のことを先生に相談してみようかな』と言った。それはこの日、担任が「四年〇組を不満に思っている人がいて当たり前。どんなことを不満に思っているか話してほしい」と言ったためであった。

後日、担任より母親へ「Cちゃんに教えられた。自分はいつも明るく頑張っていないといけないと思っていたが、それでは疲れる子もいるんだなと。家ではクヨクヨ悩むけどそれを見せてはいけないと思ってきた。そういう思いをいちばんわかってくれるのはCちゃんだと思った」という電話があった。

四年生（一学期）五月上旬

＊『いまはピアノも、作文も、井上先生も、楽しくないの。お友だちと何人かで遊ぶのがすっごく楽しいの。近所の男の子と何人かで遊ぶのも。新しいグループの友だちと遊んだり。Vちゃんのことも気にならなくなったの』と母親に言った。翌日は、入学以来初めて楽しみにした遠足だった。そして『お友だちとのこと、今日はうまくいくの』と言って出掛け、『楽しかった』と帰宅した。

セッション9――四年生（一学期）五月上旬

卓球のめちゃくちゃ打ちのあと、試合。一度わたくしが勝つが、『ムーッ』と言いながら受け入れる。つづけてバスケットをしてヘトヘトになり、休み時間をとる。

大きなブロックに並んで腰掛けて足をブラブラさせる。そしてふたりで天井をむいて、C子がもってきた長いグミを口のなかに垂らしてムシャムシャしながら、わたくしは久々に当初の「友だち関係」を聞いてみる。『思い出したくない。ここに来ているだけで楽しい。でも、席替えはして楽しい。みんなとやっていけるようになったよ』〈ほう、どんな工夫したの？〉『あの子（Vちゃんを獲りそうな子）と話した』〈何を？〉『ないしょ』〈そっか、うん〉。

座って絵を描く。『暑い―』と言うので扇いであげるとC子は、目は半眼、口をぽかっと開けて、気持ちよさそうにして、しばらく赤ちゃんになる。〔息が安らかだなあ、よかった〕とわたくしも思いながら、〔甘えというのは、甘えてるという感覚すらないときに、甘えになるんだなあ〕とぼんやり感じていた。しばらくすると『きょう遠足だったんだ』と言いながら、シガレット（ラムネ）の袋を一生懸命あけて『先生にあげたい。おいしいくて』と渡してくれる。ふたりでマフィアのようにかっこよく、ラムネ煙草をすう。そのあとC子はハムスターのぬり絵をつくり、わたくしの子どもに、とプレゼントしてくれる。

＊セッション9のあと帰宅すると、『ピアノ、やだな』と顔が曇る。母親は「楽なほうでいいんでしょ。ママは、あなたの問題だからあなたが決めるのだと思う。どうしてもいやなら、そのまま（ピアノの）先生に伝えればいいじゃない」と言った。母親は不思議と、本心からC子に任せられた。「井上先生が〈本人が決めるでしょう〉とおっしゃったからです。その夜、C子が『胸が苦しい』と言ったが、自分はオロオロしなかった」と記録されていた。

＊五月の連休、家族旅行に行くがC子は暗く、頭痛・疲労感・吐き気を訴える。その夜『あした、行きたくない。本当は行きたくなかった。そのほうが楽なのに。井上先生の宿題なのに、できない』と言う。翌日帰宅して『本当は行きたくなかった』「ママが行きたそうにしてたから？」『ウン。だってママが喜んでいて、大好きだから。……ママがいけなかったんじゃないの。わたしが自分でママのロボットになってたの。でもロボットっていうのとは、ちょっとちがうよ』『夏の旅行も行きたくない』とC子ははっきりと意思表示をした。父親は感情的になるほどがっかりしたが、母親は旅行中、スタンプラリーや鯉の餌やりを喜ぶC子を見て、C子がやっと自分らしさを取り戻したと思い、とても安堵した。これまで母親の望むように自分をがんばって合わせて生きてきたんだな、とわかった。母親は夫に「……結局、私とあなたは、娘に捨てられたのよ。こうしてどんどん捨てられて、二人の生活になるのよ」と言った。

＊連休明け前日、『早く明日にならないかな。学校に行きたくて、行きたくて』と言い、翌日、下校後、Vちゃんの都合がわるく遊べなくなるが、C子は一人で近くの児童館に行き、同じクラスだがいままで交流のなかった子と遊び、帰宅して『楽しかった』と言った。Vちゃんと遊べないときに児童館に行くなど、まったく初めてのことである。

その翌日、遊んで帰宅後、マンガを読みふける。『なにか違うのよね。なにかやりたいの。でも、なにをしたいのかわからないの。タマゴッチかな』。

次の日も、『なにかしたいのよ。でも、なにしたいのかな。なんか、こう、きちんとっていうか、なにかしたいの』。

その夜、C子は母親に話した。『（担任の）先生のこと、大好きになった。「旅行のお土産、職員室の机の上に飾っているのよ」って、今日おっしゃったの。すごくうれしかった。先生、Vちゃんのこと何度も授業中にさすのは変わらないの。でも、まえだったら「ひいきしてる！」ってムカッときたけど、いまは違う。「先生の位置からはVちゃん、よく見えるのかな」って。っていうか、「ま、いいや」って思うの。それに前は、Vちゃんがほかの子と遊ぶとすっごく嫌だった。気になって気になって。「とられる」って思ったけど、いまはちっとも思わないの。いまは、ほかの子といっしょに遊んでも、すごく楽しい』。

セッション10 ―― 四年生（一学期）五月上旬

プレイルームがとれず、狭い面接室に入る。

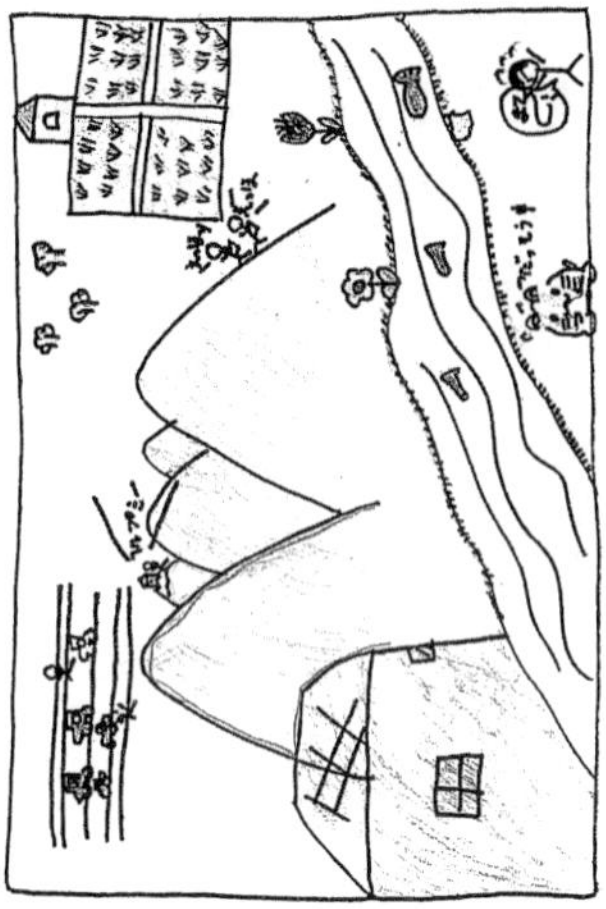

風景構成法

〈こういうときに絵かいてもらおうかな〉『うん！』。

風景構成法を実施。終始、楽しそうに描く。ただし、川の両側の小石を描くときは真剣で、描き終わると、溜め息をついた。

季節は春で時間は昼間。左上の道路は五線譜で、車が音符か？ その近くで「ヘルプ・ミー」と叫んでいる小学校六年生の男の子。富士山に登ったが怖くて降りられないのだという。右の山を「えっほ」と登山しているのは担任の先生とその夫。右下ではハムスターが脱走中で、九歳の男の子が追いかけてきた。

帰り際、『ボーッとしてんの。眠い』と言って、しばらく机にうつぶせになる。

四年生（二学期）五月中旬

＊夕方、ピアノに向かい、弾く。そのあとC子はこう言った。『ママがすごく真剣になりすぎて、かわせなくなって、そのこと思い出すだけで、ピアノ見るのもいやになった。』『全力で走っているときに急に立ち止まると、ハーハーすっごく苦しいじゃん。なんで立ち止まっちゃったのかな。ずーっと走りつづけていたかった。そしたら、そのままゴールまで行けたのに。「つまずいたら、もしかしてピアノやめるのかな」って、わからなくなっていた。……でも、いまは絶対やめない。五才からずーっとやってきたのに、やめちゃったら、これまでの努力が水の泡じゃない。水の泡をしゃぼん玉にして空高く飛ばしたいの。いまね、泡がこわれかけたの。それをていねいに、ていねいにボンドで直しているの。しゃぼん玉は、ほんものピアニスト。二十年とか三十年とかかかるけどね』。そして作品11の詩を書きあげた。

作品11《水のあわからしゃぼんだよ》――四年生（二学期）五月中旬

ゆめは　みんな　水のあわ
それを　自分で育てるの
だけど　と中で　しっぱいする人も　いるんだよ
水のあわを　育てると　りっぱなしゃぼん玉になるんだよ
一ばんさいしょに　大空にまい上がらせるのは　だあれ？
あー　しゃぼん玉が　空を泳いでる。
だれの　しゃぼん玉かな？
きみの？　きみの？

C子による註――☆水の泡とは、やったことがだいなしになる水の泡ではありません

＊そして見るのもいやだったピアノが、『大嫌い』から『嫌い』のあいだに変わった。

やっと「自分で育て」始められたようだ。わたくしは、しゃぼん玉に乗ってC子も空に舞い上がったようなイメージをもった。

夢 四 ―― 作品11を書いた夜

＊暗い暗い洞窟のなかにいたの。そっと出ていかないと、途中にこわいけものとかいるかもしれないでしょ。だからそっと、そっと動くの。とっても気をつけながら。洞窟の外はすっごくきれいなお花畑なの。明るくていろいろなお花がたーくさん咲いていて、そこにはピアノの先生やWちゃん（C子がその音色に憧れてピアノを始めるきっかけになった、第六回目のあと手紙をくれた中学生のお姉さん）がいるの。待っていてくれるの。ママはお花畑じゃなくて洞窟のなか、わたしといっしょにいてくれるの。パパは洞窟とお花畑のあいだ。暗い洞窟はわたしたち二人にまかせて、明るくなった頃からいてくれるっていう感じ。外に出たらパパもいっしょにいてくれるの。

暗くて怖い洞窟のなかでいっしょにいてくれるお母さんが描かれ、母親のポジティヴな部分に光があてられるようになってきた。

セッション11 ―― 四年生（一学期）五月下旬

卓球、練習めちゃくちゃ打ち。二試合ともC子の勝ち。ひどく暑いのでわたくしがロングのタイトスカートを両手でたくし上げながらピンポン球を拾いに走ると、『足、太おい。でぶぅ』〈うそー。百万ドルの脚線美って言われてんだぞー〉『腿が太いんだよー』〈ぐっ、バレたか。ねえ、腕も太い？〉『ううん、そうでもない』〈よーし〉『あぁ、パンツめーた』と床に突っぷして、転げ回って大笑い。もう笑いがぜんぜん止まらない。C子は卓球台を挟んで左右からアコーディオンカーテンを閉める。そして球を打つ、カーテンの裏に隠れる、そっと覗く、をいたずらっぽく何度も、何度も、楽しそうに繰り返した。

わたくしはこれを見て、そろそろ「うさぎ穴の見張り番」の役目が終わりに近づいたことを感じとり、分離の準備を始めることにした。

セッション12 ―― 四年生（一学期）五月下旬

C子は卓球の腕を上げている。友だちと児童館に行って練習したという。当初の訴え「友だち関係」の最近の様子を尋ねると『Vちゃんのことはちょっと待ってて。あの子（Vちゃんを獲りそうだった子）とは話し合って、嫌いなところもあるけど好きなところもある。だいたいうまくいってるけど、ちょっと下手なところもある』と言う。

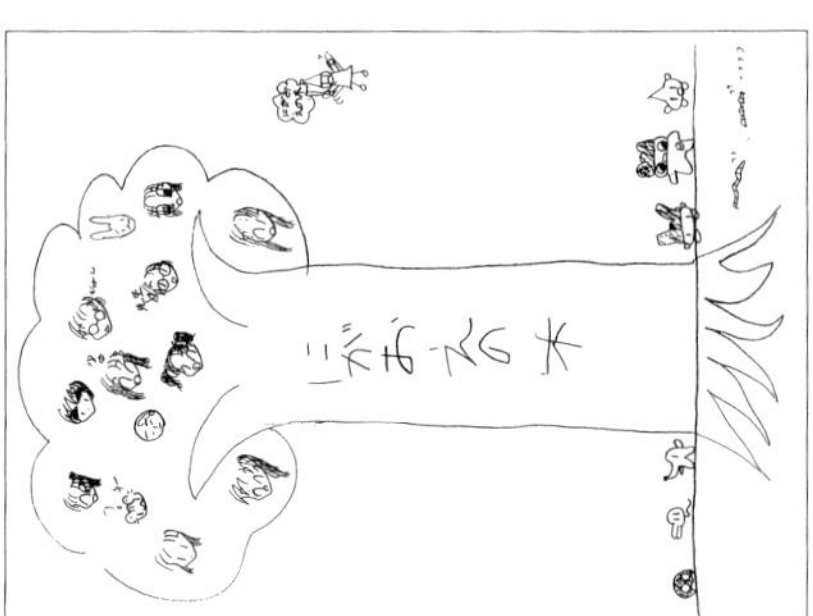

樹木画㉒

そこでわたくしは〈卓球と同じだね。卓球うまくなるのといっしょに、友だちづきあい、上手くなったなあー〉……〈ひとりでやってけるよ。キラキラしてるもん〉と、カウンセリングの中断を提案した。

C子は『またすぐ来るよ。問題探してすぐ来るよ』と言う。そして（トントンと卓球台にラケットを当てて）『裁判を行います』『井上信子の死刑を行います』。

試合は一五－三でC子の勝ち。

樹木画を描いてもらう。一回目のリンゴの実が、大切な人たちの似顔絵になった。楽しいところと少し無理しているところがありそうな感じがした。

この日遊んだのは大プレイルームだったが、そこはC子の面接のあと、毎週お人数の会議が予定されていた。その人たちに向けてC子とわたくしは、いたずらを試みた。部屋に入ったすぐ目の前に小さな机を、その上に本物そっくりの夏みかんを置き「どうぞお召し上がり下さい」と書いた紙。みかんを持ち上げると「うそぴょ〜ん」と書いた字が出てくるという仕掛けである。

ふたりでなに食わぬ顔をして、待っている人たちの前を通り過ぎ、角をまがったところで思い切り吹き出したあと、わたくしはC子に〈いつでも戻ってきていい。でも、できるところまで自分でやってごらん。もうCには、それだけの力はあるよ〉と伝え、今回のカウンセリングを中断にした。

カウンセリング中断後

四年生（二学期）六月中旬

＊下痢と発熱があったが、回復すると『暇だな。そうだ、作文に行ってくる』と出掛けて、作文をつぎつぎに書いた。そのなかから四つを選び、作品12－15として後述する。

四年生（二学期）七月初旬

母親が面接を希望された。

母親はわたくしとのカウンセリングでC子がここに来るたびに確実にステップアップしていくのがわかった、という。そして母親は、今回のC子のカウンセリングで印象に残っていることがふたつあった、ひとつは「井上先生になにも話さないの？」とC子に尋ねたとき『井上さんは、なにも言わなくても、全部わかってくれてるの』と言ったこと、いまひとつはわたくしが話した「紫陽花の花」のエピソードであるという。

具体的には、C子のピアノの音色がすべて変わった。体重を一本一本の指にかけて、乗せて落とすことができるようになって、音が澄んできた。「どうしてそんなことが井上先生にはわかったのでしょうか（紫陽花の話がこの現象を予見していたという意味）」と問う。ピアノはさせたかったけれど、日本の教育状況から外れる勇気がなかったので、時間の管理をしすぎた。自分もそのなかで頑張ってきたことに気がついた。いまは自然にふれたり友だちとの遊ぶ時間も気をつけて親がつくらないとだめな時代なのに、自分が教育的だったかもしれない。虐待は誰にでも起こる可能性がある。自分はあの子ばかり見ているからいけない。

生まれたときから母乳にこだわって、離乳にこだわって、形が違ってもいつも何かにこだわってきた。ドラマチックなのが好きなのかなあ。兄弟は世間の常識から外れていて（二人とも芸術家）まともなのは私だけなのに、いつもクヨクヨしているのが不思議だと言われてきた。長いあいだ、主人の要求している姿になろうとしていて、井上先生に会って、それを脱ぐのが大変だった。でも、おばさんになってきて、ずうずうしく、いい加減になった。いま、お料理を教えに行っている。こんな自分にもありがとうと言ってくださるからうれしいし、好きなことだから楽しい。

〈いよいよ資質の開花ですね、お母さんも〉「ああ、料理を勉強しにフランスに行っていたことがあるんです。また行きたいなと思って」〈わあ、すてき。Cちゃんもそういうママが好きでしょ〉「ええ、きっと、そうですね」と言って笑顔になる。

今日、学校にC子を迎えに行ったら、ほかの友だちが何人も「Cちゃん」って声をかけてくれた。前は誰も声をかけてくれなかった。

「私がC子にしたことは、よかったんでしょうか……」

わたくしは、〈お母さんは、Cちゃんの小さいときから、自然や、芸術や、人の環境を整えて、結果的に「ほんもの」だけにふれさせたと思うんです。どこでしたかしら、外国で海を見ていたとき、音楽が聴こえてきて、そのあとCちゃんの音楽の聴きかたが変わってきたとおっしゃっていたでしょう。そういうことがあの子のなかに「真・善・美」の究極の価値に対する感性を培ったんだとわたしは感じています。でもそれは、ピアノだけの問題じゃないでしょう。あの子はこれからの人生、ほんものだけを嗅ぎ分けて、お母さんのように、ね、こころ豊かに育ち、自分だけの花を咲かせると思いますよ。たとえ枯れることがあっても、いっそう美しくよみがえる花をね。子どもが自分で自分を支え、抱き締める力を育むこと。それが、親が子どもに残せる最大の精神的な財産ではないですか？〉と伝えた。

しかし、ずっと涙を潤ませている母親を見て、わたくしは〔いまはまだ、肩が、か細いな〕と感じていた。

作品12《がまんとは？》―― 四年生（二学期）七月中旬

がまんで、人間は、しばられていると思う。そのがまんからのがれるためには、何かに集中することだと思う。何か、ほかの、自分にとってのとってもしあわせな世界に入ると、いいと思う。たとえば、自分のおきにいりの、本をよんで、その、世界に、はいって、その、がまんを、わすれられる。あと、人間の人生「がまん」で、かたまっているのではないでしょうか。

四年生（二学期）七月下旬

母親からお礼と近況報告の電話があった。

C子は『学校のCをいちばんよく見ていてくれるのは先生。夏休み、先生にお手紙書こうかな。人って長くつきあっていくといい所も見えてくる。よくわかってくる。二年生のときの先生も、もう一年あればよかったのになあ』と言い、対教師関係も良好である。またその後『Vちゃんとはベタベタの関係じゃなくて、普通のお友だちになれそう。特定の〇ちゃんを作らないほうがよいと思う』と、友人関係が広がり、楽しく上手に時間をつくって遊んでいる。さらに、母親がC子に対してどんな出方をしても、C子は自分で選択したり、母親をはね飛ばしたりするようになった。ピアノもぐんぐん伸びて楽しそう、とのこと。

そして、〈ピアノの〇〇先生は教育者としてもなかなかの方のようだ〉とわたくしが言ったことに話題が及んだ。そこで、〈実はわたしはスーパーヴァイザーから、こういう優れた子には、その子を理解できる優れた大人を、そのそばに適切に配置してあげるように〔神田橋 一九××年〕と言われていて、ピアノの先生のC子の導き方を聞いて「優れた大人」だと判断したので、そうお伝えした〉と説明した。すると母親は驚いて「作文の先生も、二十歳までに本物のおとな三人に会わせてあげてほしい、と、同じことをおっしゃっていたんです。それをC子に伝えたら、『わたし、もう三人に会っちゃってるもんね。ピアノの〇〇先生、作文の△△先生と、井上先生だもんねえ』と言っていたんです」と話してくれた。

この頃、C子はつぎのような作文を綴っていた。

作品13《命の火》── 四年生（夏休み）七月下旬

「火」とは、命である。その「命の火」を、ともすマッチ。人間は、かなしい時、つらい時、くるしい時に、マッチをけずりとってしまう。「マッチをする」ということは、自分をけずりとることである。おおげさに言うと、「じさつ」を、するのと、同じことを、しているのだと、思う。ただ、火が、なくなっていって（自分をけずりとっていって）心の中で、じさつする人と、人から、見えるような、ところでする人と二種類（？）の人が、いるからだ。「マッチうりの少女」が、もし、自分の、命のマッチを、けずりさえしなければ……。きっと、しんでは、いないと思う。……そして、（少女は）自分から、しんでいったのです。

作品14《自由》── 四年生（夏休み）七月下旬

自由とは、えらぶこと。……人の人生は「えらぶ」ということがかたまってきたもの。……もしも、「えらぶ」ということが、このように、ないのだったら、人間（動物）は、何をしているのだろう。……「どこであそぶか」「いつあそぶか」「何時に、あそぶか」。そういうことを、えらばなければならない。友だち、きょうだい、親……は、自分にあった人がなっていくのではないでしょうか。また、ぎゃくに、友だち、きょうだい、おやから見れば、自分に、あっている人がなる。つまり、パズルのような物だ。たとえば、○ちゃんの、友だちには、私が、あう。私には、○ちゃんがあう。と、いうように、自分に、あうような人と、くめる。自由とは、えらぶ！　えらぶとは、自由！

作品15《「社会」という箱》── 四年生（夏休み）八月上旬

私たちは、「社会」という箱にしばられている。……人は、みえない、箱に入っているのです。世界中、さがしたって、一人も、箱に、入っていない人は、いない。けれど、いくら見たくても、その箱は、だれ一一にも、みえない。人は、みんな、その、箱の中の自由で、まんぞくしてしまっている。それは、どうしてかというと、その、箱の中の、自由しか、しらないからで、ある。もし、箱の、「外の、自由」という、物を、しっていたら、きっと、「出たい」と、思うであろう。だって、箱の外に出れば、自分の、やりたいほうだい。人は、みんな、しばられている。「自由」というのは、「えらぶこと」。けれどえらぶこと以外の、自由とは、ないのでしょうか。……けれど、外に、出ても、自由に、なれるのでしょうか。

四年生（夏休み）八月上旬

＊夜、プールからの帰り道。『詩が浮かんできちゃった。ちょっと長いの』と言い、家に着くと原稿用紙に向かい一気に書いた（作品16）。

作品16《風の旅》── 四年生（夏休み）八月上旬

風が野原に　やってきた　小鳥や、お花の　おしゃべりはこびに……

こんどの用は　何かしら？　「お花のたねをはこびにきた」と風はいう

風が、ピューッと　一ふきすれば　小さいたねが　飛びまわる

そして時が　たつにつれ　芽が出て、ふくらんで

そして、最後に　花がさく

風はどこを　旅しているの？

いい物あれば　持ってきて

たねがあれば　家まで　はこんできて

おしゃべりきいたら　私にきかせて
風はいろいろ　旅してる
風と友だち　なりたいな　自然と友だち　なりたいな

C子による解説 ―― 風はいろんな物をはこんでくれる。こうつん、きんうん、わるいうん。風が強くふくほど時間は、すぎていく。ただ、人間は、『とけい』という物で、しばられているので、わからない。きっと、動物なら、わかるだろう。とけいで、しばられて、いないのだから。風はにおいをはこび、……そして、しあわせを運ぶ。世の中にある物は、全部、風が、はこんだのだ。風は、えらいと思う。

その後のC子の変化は、母親がつぎのように電話で知らせてくれた。

四年生の夏休み明け頃、C子は、嫌いだったファミリー・レストランへ自分から『行ってみたい。嫌いだったものも食べられそうな気がするの。お友だちも同じ』と言い、偏食がかなりの程度改善された。そして二学期頃、きっかけは思いだせないけれど、Vちゃんと仲よしになった。

その翌年の母親からの年賀状には「C子はつきぬけたように明るくなり、家族は心から笑いあえるようになりました」とあった。そして母親は夫に対して自分の要求を通すほどに強くなり、「なんか気が楽な感じになってきて、C子の記録もとらなくなった」。そんなある日、夫は彼女に「僕のこともよろしくお願いします」と伝え、和やかな愛情宣言があった。

二年後、Cちゃんの成長過程を将来、論文に作成し公表することをお願いしたところ、ご快諾を頂き、署名を得るためにお会いした。そのとき母親はつぎのような話をされた。

「自分は時間の管理をしなくなり、いい加減になってしまい、夫に何でも言ってしまっている。C子が十歳のとき、自分の世代の価値観を伝え切ったと感じた。いま、料理学校で教えていて、ひとりひとりに生まれてきた役割があるんだな、と思うようになった。見習いの先生が悩んでいることも、それ自体が、先生になったときの指導に生きると思う。」

「C子は『悩みがないと作文かけないのよねえ』と言って、作文教室は中断している。そして自分から受験を希望して塾へ行くことにした。『勉強っておもしろいね。大好き！　知らないことがわかるって、ワクワクする』と、勉強にも全力投球している。さらに、塾で素晴らしい先生との出会いがあり、中学選びは『社会科で質の高い授業ができる先生のいる学校がいい。それに日本書記や古事記を読んでみたいの。だから、昔のことばをきちんと教えてくれる先生のいる学校がいい』。それから、入試問題を自分で吟味して『論述問題を出す学校は、入ってからも考えることを大事にすると思うから、論述式の学校を受ける』ことに決め、他校を薦める父親を、C子と自分で説得した」。

「勉強だけでなく、スポーツ大会にも熱を押して出場し、個人優勝を果たした。ピアノは中学に入ったら再開する」。

「一方Vちゃんも自分の道でもう世界を目標とする位置について、ふたりは、励ましあい、結果を一番に知らせあう親友になっている。しかしC子には、友だちにNOと言って対等に自己主張し喧嘩をする力はまだ育っていない」。

C子はわたくしに会えなかったのでファックスをくれた。そこには『Vちゃん以外では唯ひとり、ふつうの自分でいられる人がいるけど、ほかの子には、仮面をかぶって演技している感じです』とあった。

いい意味で自分を壊す他者といかに出会って行くか、がC子のつぎのテーマとなることは、樹木画②に示唆されていた。だが、作品10にも「けど、強くもないと、ダメ。言いたいことも言えないと、こまる」とあるように、C子はすでに、いまの他者関係を突破する潜在力と、他者関係がそれ自体素敵なのだという感性を持っているとわたくしは感じた。

翌春、C子は希望の中学への合格を果たした。入試の面接で自分の長所を問われたのに対してC子は『いろんなお友だちと仲よくできるようになったことです』と答えている。そして入学後は、急いで友だちをつくることはせず慎重に時機を待ち、友だちの悪口に同調しない「和して同ぜず」の仲間を選ぶことを決めた。こうして、納得のゆく楽しい学校生活を送っている。

また、C子の「言葉の資質」は以前にも増して花開き、それを高い感度で感受してくれる教師との出会いをも引き寄せている。

そして母親は、C子が『いまの自分が大好き。アイ・ラブ・ミーなの』と言うのを聞いて（中学校一年生の五月）、こころから感動し安堵したことを知らせてくれた。

素（す）　○○C子

八重桜【中一の一学期】

風が五月を運んで来た
満開だった桜の木も
若葉がたくさん茂ってきた
原っぱも緑がいっそう濃くなった
どこを見ても
若い緑がいっぱい
庭にある八重桜の木
周りはみんな緑なのに
まだ花が咲いていた
その花が私に語っている
「まだ春は終わっていませんよ」
風が五月を運んでる
周りはみんな五月色
でも八重桜の周りだけ
違う風が吹いていた

そら【中一の一学期】

壁に絵の具を流した
虹色の絵の具を
その上に白い絵の具で雲を画く
虹色の壁に白い雲
壁がずんずん溢れてく
喜びのように溢れてく
てっぺんが見えなくなってもまだ溢れてく
壁はとうとうあふれすぎて
地球の周りをとり囲んだ
そして壁は「そら」と呼ばれるようになった

私は中学生になった。雨上がりの、草をぬらす露のように、きらきらと輝く楽しい学校生活を送っていた。不気味なほど平和だった。

私には仲の良い五人の友だちがいた。昼休みには、校庭でお花見をしながらお弁当を食べたり、走り回って遊んでいた。このグループが私に合っているんだと信じて疑わなかった。

しかし、二学期に入ると、少しずつ五人の目が冷たくなっていった。私はその変化に気がつかなかった訳ではないが、その頃の私は友だちの何気ない言動に「嫌われているのかな」とすぐに不安になっていたので、「私の心配のし過ぎ」と思うように努力した。

しかし、その努力は虚しく、ある日五人が私の悪口を言っているのを聞いてしまった。それ以降、私の前で聞こえよがしに悪口をいうようになった。決して目を合わせようとはしなかったが。交換日記からも外され、遊びに行くことも私には知らされなかった。私は新しい友だちを作ることが苦手で、このグループは、入学したての頃一ヵ月もかかってやっと作った居場所だった。そのグループに裏切られたためとてもショックで、他のグループに移る元気もなかった。

そしてとうとう、ある日の昼休み、五人はお弁当を片手にどこかへ逃げてしまった。私一人を教室に残して。私は完全にグループから外されたのだ。

そんな絶望のどん底にいた私を支えてくれたのは、家族と、一人の先生だった。

父は何度も『毅然としていなさい。お前は何も悪くない』と言ってくれただけではなく、連日、作戦を一緒に考えてくれた。母は一緒に泣いたり怒ったりしてくれた。学校でも家でも居場所のない子の話をよく聞くが、私は幸せだと思った。それに私は、入学した頃からあこがれていた先生に助けてもらったのだった。

その先生は私の学年の他のクラスの担任と、学年全員の現国を担当していらした。先生としても人としてもすばらしい女性で、生徒にも人気があった。遠藤周作著の『ヴェロニカ』を教材にした授業では、「集団は正義をふりかざしても生けにえを欲しがり、群集心理に陥りやすい」と教えて下さった。丁度私が、五人の「集団」に「生けにえ」にされている時期だった。先生はきっとそのことも考えて、そのような授業をして下さったのだろう。私が学校に行くのが辛くて休んだ時にも、私が病気ではないことを知りながら、度々お電話を下さり、『何もしない一日は大切です』とおっしゃって下さった。

そして私は日記を書き、それを先生に提出するようになった。その日記には、「私が下を向かずに空を向いて歩いていけるように」と願いをこめて、「空日記」という名をつけた。なぜこの日記をつけることになったのかはよく覚えていないが、先生はその日のうちにコメントをいっぱい書いて下さり、いつの間にか、それは先生と私の交換日記になっていた。『私が五人に何か悪いことをしてしまったのでしょうか』とたずねると、『あなたは悪くありません。本人の目を見ないで悪口を言っていることがその証拠です。ただの嫉妬です』ときっぱり答えて下さった。「私は悪くない」これは、私の心の大きな支えとなった。

私の辛い日々が終わるきっかけを作って下さったのも、その先生だった。三学期のある日、母が私の様子や私から聞いたいじめの具体的な内容をレポート用紙十数枚にまとめ、提出すると、私の担任の先生と共に、想像以上にひどいいじめであったことを真剣に受けとめて下さった。数日後、先生は、自分達のしている事がどんな事なのか気付かせようとして下さったのだった。その五人との良い関係を取り戻すには、その後時間がかかることになったが、私に対する嫌がらせはなくなり、そのうちの一人は、その日のうちに『悪かった』と泣いて電話をして来た。

私は群集心理の恐さを知った。心の奥底で悪い事をしていると知っているのだが、その気持ちには気がつかず、自分のしている事がどんな事なのかわからなくなってしまう。

「みんなが持っているから」と言って携帯電話やブランド品を買うように、私の周りでは「みんなと一緒が良い」という意識が強くなってきている。全く同じでは嫌だから、少しの違いがあってそれでいて同じ様な物を欲しがる。ブランドのレア物が人気のように。

そしてみんなとつながり合える最も都合の良いもの、それは悪口である。

人には必ず短所があるのだから、悪口を言うことはとても簡単である。悪口を聞く方も、他の人の短所を見つけると安心するため喜んで聞き、その悪口を聞いた人みんなの共通の話題にもなる。悪口は居場所を作る唯一の道具であり、また「仲間がいる」という強みがあるため、その道具をなかなか手放そうとはしない。私はこの経験を通して、「居場所作りのための悪口は言うまい」と決心した。

星と人 【中二の一学期――谷川俊太郎「二十億光年の孤独」についての鑑賞文の一部】

人はいつも仲間といる
人はいつも仲間を欲しがる
人があつまり仲間となって
仲間があつまり集団となる
人は一人じゃ不安だから
いつも仲間と一緒にいる
こんなに近くに仲間がいる
でも本当はみんな一人ぼっち

しかし私は、「いじめの原因が嫉妬である」ということにいまひとつ納得できなかった。そしてその納得のいく理由が見つかったのは、中二になってからだった。

静かな雨の夜に 谷川俊太郎作詞［カワイ出版 二〇〇〇年］

いつまでもこうして座って居たい
新しい驚きと悲しみが静かにしずんでゆくのを聞きながら
神を信じないで神のにおいに甘えながら

はるかな国の街路樹の葉を拾ったりしながら
過去と未来の幻燈を浴びながら
青い海の上の柔かなソファを信じながら
そして　なによりも
限りなく自分を愛しながら
いつまでもこうしてひっそり座って居たい

時　間【中二の一学期】

時計は歌うチクタクと
時計は歌う規則的に
小さな声で時計は歌う
風は歌う野原をかけて
季節の訪れを告げながら
季節の終わりを告げながら
星は歌う輝きながら
壮大な音楽を奏でながら
荘厳な音楽に合わせて
私の中で歌ってる
心の中で「時間」となって
こんなに近くで時間が聴こえる
こんなに壮大な音楽が聴こえる
でも誰も耳を傾けない
みんなは「時計」に耳を澄ます
こんなに小さな歌声に
こんなに規則的な歌声に
みんなみんな探してる
自分の時間
本物の時間
本物の時間は「私」の中に
きれいなきれいな心の中に
静かに静かに歌ってる

この詩は「静かな雨の夜に」の鑑賞文である。『モモ』を読んでつかんだ「時間」のイメージと、毎夏行っている私の大好きな南の島のイメージが一つになってできた。

私は少しずつ元気を取り戻して新しい春を迎えたのだが、中二になっても「順調」と言えるような学校生活は送れなかった。吹雪は止んだものの、雪はまだとけてはいなかったのだ。

中二の後半、色々と事情があって、ある一人の子と一緒にいる以外には居場所がなくなってしまった。初めの頃はその子の事を「優しくて気も利くし良い子だなぁ」と思っていたが、徐々にその「優しさ」が窮屈になっていった。なぜなら、その優しさは「本物」ではなかったからである。その子はいつもおどおどしていて、他人の顔色を伺ってばかりだった。美人でスタイルもいいのに、その自信のなさがその子を台無しにしていた。

私は一時期、顔を見るのも嫌なほどその子を嫌いになったことがあった。もしその子のことを遠くから見ていれば、「自信がなくてかわいそう」と思うだけで嫌いになどならなかっただろう。しかし、私は近づき過ぎたのだ。頭でそう分かっていても、感情は抑えられなかった。その子は必死なだけで全く悪くないのだから、私にはどうすることもできなかった。

そして私は、はたと気がついた。その子は一年前の私とそっくりであるということに。「他の人の目に私はどう映っているのだろう」といつも心配し、全く自信がなかった。心の中でいつも誰かと比べ、その子の様になろうと努めていた。分厚い仮面をかぶり、その脱ぎ方が分からなくなっていた。私は納得した。私が中二になって出会ったその子を「嫌だ」と思った様に、中一で出会った五人も私のことを「嫌だ」と思ったのだろう。これが、私がいじめられたもう一つの理由だと思う。中二で出会ったその子のことをとても嫌いになってしまったのは、それが自分の姿であるということを認めたくなかったからかもしれない。

私はその頃、小学生の時にその出会いによって仮面をつけるきっかけとなった、Vちゃんとの再会を果たした。なぜ会う事になったのかは覚えてないが、小学四年生の時以来深い関係を持つことのなかった彼女との再会は、少々ぎくしゃくしたものだった。しかし、それから会う機会がだんだんと多くなり、気がついた時には小学生の頃のような親友に戻っていた。いや、「戻った」のではなくてそこから二歩も三歩も進んだ「大親友」になったのだ。何しろ小学生の頃の辛い思い出を二人で乗り越えたのだから。文通もしたし、おそろいの携帯電話を買ってからは毎朝「モーニングメール」を送り合った。学校で毎日仮面をかぶるのに疲れていた私にとって、Vちゃんはなくてはならない存在だった――彼女の前でなら、自然と仮面が脱げたのだ。私はVちゃんに支えられてなんとか歩いていった。

人との関係は出会う時期によって変わるのだとわかった。ちょうどこの時期にVちゃんと出会えたことに、私は運命を感じた。

運命――私はこの言葉に疑問を感じたことがあった。小六の時、中学受験で落ちるのではないか、と心配している友だちを元気づけようと思い、私はこう言った。『もし第一志望が自分の入るべき学校ならそこに受かるだろうし、そういう運命じゃないんなら落ちるんだよ』。これは受験の時に私を支えてくれた考えである。しかし友だちはこう言った。『じゃあ勉強してもしなくても同じ結果っていうこと?』私はその質問に答えられなかった。なんとなくそれは違う、と分かっていても説明の仕方が分からなかった。しかし、その答えは『はてしない物語』の中に隠されていた。

はてしなく続く物語 【中二の夏休みの読書感想文】

『はてしない物語』は生きることそのものである。そして永遠に続く物語である。

人は自分の知らない自分の深いところで望みを生みだし、それに向かって進んでいく。そして、「望み」という名の門をくぐり、また新たな望みの門が見えてくる。その門は一つめの門をくぐって初めて見ることができ、その時初めて新たな望みが生まれていたことを知るのだと思う。望みは知らないうちに大きくなってゆくものだから。そしてその望みをかなえるため、人はずっと変わり続ける。しかしそれは変化でも退化でもなく成長である。人は後もどりはできない。

小さくて太っちょの弱虫な少年バスチアンはファンタージェン国を救ったことにより「救い主」と呼ばれ、たたえられた。そして、望みを統べたもう金の瞳の君にもらった宝のメダル「アウリン」によって望みがすべて実現した。アウリンには「汝の欲することをなせ」と記してあった。バスチアンは、「これはぼくがしたいことをなんでもしていいっていうことなんだろう?」とたずねた。しかし答えは、「ちがいます。それはあなたの真の意志を持てということです。」というものだった。望みの門をいくつもくぐり、真の意志にたどりつくことほど難しいことはないと思う。

人はその真の意志を見つけるために生きている。そしてそのために自分では気がつかずに望みの門をつくっている。今まで歩んできた道、そしてそれから歩んでいく道は自分でつくりだすものなのだ。そして、そうなると決まってもいるのだ。私は受験のときにそう思った。二月一日がどんどん近づいている時だった。今まで一生懸命勉強したけれど、もし落ちたら、それは私がその学校に合わなかったんだ。そしてもし受かったら、私にはその学校が必要で、きっと、その学校も私が必要なんだ。そう考えた。どの学校に行くのかは私が生まれる前から決まっていたのだと思う。でも、だからといって勉強しないで受かることはなかっただろう。勉強しなければ受からなかったのだ。私の生き方は初めから決まっていて、それでいて私が自分でつくり上げていくのだ。そう思った。

「生きる」とは自分でつくりだした物語であり、もともと書かれていた物語である。

「バスチアンはたずねた。

『何もかも本当に不思議なんだ。何かこうなるといいなと思うだろう。するとたちまちその望みをぴったりみたしてくれることが起こるんだ。でも僕が想像できることなんかよりずっとすごくて、しかも本物なんだ。それでいて、みんなぼくが望んで初めて出てくるんだ。ぼくが望んだからそうなるんだろうか?それとも、何もかも初めからあってぼくはただそれをいいあてたってことなんだろうか?』

『その両方です。』これが答えだった。」

〔ミヒャエル・エンデ『はてしない物語』岩波書店 一九八二年〕

中三になって初めて、合う友だちが一人できた。一緒にいても、どう思われているかなど気にしなかった。誠に不思議なことであるが、その子は、中一の頃私をいじめていた五人のうちの一人だった。私は春を迎え、冬眠から覚めた熊のように伸びをした。ふと、まどみちおさんの「くまさん」を思い出した。

くまさん　［まどみちお『くまさん』童話屋 一九八九年］

春がきてめがさめて
くまさんぼんやり考える
さいているのはたんぽぽだが
ええとぼくはだれだっけ
だれだっけ
春がきてめがさめて
くまさんぼんやり川をみた
水にうつったいいかおみて
そうだぼくはくまだった
よかったな

私はやっと、自分が誰だか思い出した。

クラスでは楽しく過ごせるようになったのだが、私の入っている陸上部の部員とは全く合わず、居場所がなかった。私は走ることが大好きだったので、友だち関係が上手くいかなくても、陸上部はやめたくなかった。しかも中一の頃八人もいた同学年の部員は、私を含めて三人にまで減っていた。他の二人はもともと仲が良かったため、ますます居辛くなった。しかも私は先輩後輩との関係も苦手であった。

しかし、中三の秋に行われた駅伝大会で、私は変わった。

駅伝メンバーがそろったのは駅伝の一週間前だったが、これほど充実した部活は初めてだった。それまでは先輩にただくっついていくだけだったが、この時初めて私が後輩を引っ張る役目となり、先輩になって二年目に、やっと自分が先輩であることを自覚した。そして、「駅伝」という目標があったお蔭で後輩達との結びつきが強くなった。走っているのと日常生活とは違う時間が過ごせる、という楽しみしか知らなかった私が、一つの目的に向かってみんなで走るという楽しみも見つけられたのだ。私は駅伝を通して「走る」ことだけでなく「部活」も楽しいと思えるようになった。

高一になった今も、私は陸上に燃えている。勉強も楽しい。そしてピアノは、細々ではあるが続けている。

最近気がついたのだが、私は特にピアノが好きな訳ではない。私が大好きなのは、ピアノではなく先生なのだ。私の周りには音楽に興味を持つにはこと欠かない環境が整えられている——母は音楽が大好きなのでいつも家にはクラシックが流れているし、大親友はバイオリンを勉強するためにドイツに留学中である。それにも関わらず、実は今、私は音楽に興味がない。しかし、いつか音楽のすばらしさに気がつく時が来るだろう。

そして、ピアノを習っていることにも、今以上に感謝するだろう。

今現在、友だち関係も順調である。同学年の部員のうち一人とは、あるでき事をきっかけに仲良くなれた。しかしもう一人とは合わないままだし、クラスにも合わない子はいる。前ならびくびくしてご機嫌取りをしてしまっただろうが、今は「合わないのなら仕方がない。近づかないようにしよう」と思えるようになった。私は、自信がついて強くなった。

辛いことや苦しいことは経験した方が得だと思った。辛い経験からは学ぶことがいっぱいあり、それを乗り越えれば、もっと楽しめる。私は中一の時の辛い経験によって、仮面をかぶっていることに気がついたのだ。

「夜明けが来ない夜はない」そう信じて、私はこれからも走り続けて行きたい――もともと私のために作られていた、それでいて私が切り拓いていかなければならない道の上を。

C子さんへ

あなたが小学校四年生の一学期にカウンセリングを終える時、つぎのあなたのテーマは「自分をいい意味で壊す他者へ向かって枝を伸ばしていくこと」〔『対話の技』一一八頁〕でした。そして、枝を伸ばすには大地に張った根が必要でした。そのことをあなたの〝いのち〟は、あの時すでに書き表していたのです。あなたの最後の詩「風の旅」〔同書一〇五頁／本書一四二頁〕にわたくしはそれを認め、さらに、その大事業をもうカウンセラーなしで遂行できることもすべて『対話の技』に書いて〔一一八頁〕、あなたに贈りました。つらい時、取り出して読んでくれれば、いま自分が直面していることの意味がわかる。そうすれば、落ち着いてでき事に対処し、人生を深く生きることにつながるかもしれないと思ったからです。

そして「大地に根を張る」ために、わたくしはお母様に「からだをつくること」をお願いしました。ささいなことで揺れやすい思春期の仲間集団、とくに有名校では嫉妬も競争も並大抵ではありません。そんななかであなたは、自分を壊す他者と出会い、仮面の演技〔同書一〇七頁／本書一四三頁〕から離脱するという難題を生きることになるだろうと予測できたのです。あなたがあなた自身になるために。ただでさえ、その華奢な「からだ」であなたの明敏な知性と感性を支えきれるか心配なのに、そんな状況が予想されたのですから、気がかりでした。それで、「腰をつくる」ことが肝要と思いました。周囲を見回してみて下さい。あなたが尊敬を寄せてきた大人たちは、腹の据わった堂々とした雰囲気ではありませんか。決断するのは腰。精神の踏ん張りも、頑張りも、負けん気も、すべて「からだ」の要である腰が支えている、と昔から考えられてきたのです。それと、思春期は骨盤の整いが「少女から女へ」の美しい季節の橋わたしをするようなので、それらを意識して「からだ」をつくってほしいと考えたわけです〔野口 一九九三年〕。

そして「お母様もご一緒に」と申し上げたのは、あなたが思春期の時、お母様は更年期に差しかかるからです。更年期は、「女から人へ」移りゆく季節で、思春期とともに、女性の「からだ」は大きな変容をきたし、不安定になりやすいのです。つまり、「からだ」の生理に左右されて統制力を失いがちな時期です。あなたが「枝を伸ばす」「仮面をはぐ」という大きなテーマを突破するのを、最も身近で支えて下さるお母様が更年期で不安定であれば、ふたりで悲観的になるばかりです。そこで、お母様も来るべき「からだ」の変化に備え、踏ん張りのきく「からだ」になって頂くことを願ったのでした。

有り難かったのは、ひとこと「これからはからだを……」と申し上げると、わたくしの思いをまっすぐに受け取って、ヨガにご一緒して下さったことです。さらにあなたは、陸上部で長距離走に燃えたのですね。今回のできごとに対する、おふたりの踏ん張り具合の見事さの背景に、「からだ」の変容があると考えています。揺れやすかったあなたが、揺れるけれども中心がぶれない、回復が早い、それでも粘る、などの力を得ていることに感心しました。揺れるのが悪いのではありません。揺れないのは、鈍感なのですから。そして、お母様もつらさをこらえて、昔とった杵柄の観察記録の才能を発揮して〔同書六七頁／本書一二三頁〕、先生の理解を得るのに一役買われ、かつ、あなたの最大の共感者でいて下さいました。

さらにはお父様、かつてあなたの夢に登場したお父様は、「夢四――パパは洞窟とお花畑のあいだ、暗い洞窟はわたしたち二人にまかせて、明るくなった頃からいてくれるっていう感じ。外にでたらパパもいっしょにいてくれるの」〔同書九八頁／本書一三九頁〕でした。でも今回は、「おまえは悪くない。毅然としていなさい」とおっしゃり、毎日作戦を考えて、暗い洞窟の中から一緒にいて下さったのですね。よかったぁ。お父様のご家族を思うお気持は以前から変わっていらっしゃらないように思います。ただ前は、どう表現したらいいかおわかりにならなかったのではないかしら。でも、あなたのカウンセリングが終了した翌年頃でしたか、お父様がお母様に「（ぼくも）よろしくお願いします」と和やかな愛情表現をされて〔同書一〇六頁／本書一四三頁〕、何かふっと楽になられたような感じがして、お父様も変容していらっしゃるのですね。素敵なことですね。

さらにすばらしい先生。教師の卵を育てているわたくしには、なんとこころ強い励ましであったことか。こんな先生になってくれるよう、明日からまた、学生をしごきますね。教えてくれて、ありがとう。

やはり親友になりましたか、Vちゃん。人は、自分にふさわしい人に出会っていくものです。「波長があう」「気があう」ということが出会いの決め手なのだと、このごろつくづく思います。

もう、大丈夫ですね。これから、どんなことがあってもご家族で力をあわせて乗り越えて行って下さることでしょう。そのことが、あなたの成長とともに嬉しいことでした。

カウンセリングは特殊な状況、バーチャルな世界ですから、かつても申し上げたように、できる限り受けない方がいい、というのがわたくしの考えです。一日も早くカウンセラーがいらなくなるように、クライエントが実人生での自力解決力をつけるのをお手伝いするのが、カウンセラーの本来の仕事です。

長距離走、懐かしいです。わたくしも中学校の頃、これだけは好きで、早朝、公園を走って駅伝大会に備えたものです。そして走りながら「これは人生そのものだ」と思ったことを懐かしく思い出します。最初から先頭集団にいないと、優勝は難しいのです。社会生活でも、出だしの条件が悪いために、実力があるのに社会的に高い地位が獲得できない人々がいるのだという、目に見えない日本社会の階級構造に気づいた時期でもありました。追われる者のつらさもはっきりと認識しました。それからは二位か三位につけていて、最後に一瞬にして抜くという勝負師の才能を磨いたり、走る実力に余裕がないと風景を楽しめない、ただ走るだけで終わるのか、など、それらはそのまま、人生をいかに生きるかを考えるヒントになっていきました。結局、中学三年生の秋の駅伝大会の頃には、クラスでわたくしひとりが、総合優勝を狙うために走力のある者をいくつかのグループに分ける戦略に反対し、一グループに実力者を結集して新記録を出すことだと、演説していました。社会的勝利や成功などどうでもいい、永遠につながることを見つめている自分を、すでにあの頃に見つけることができます。
人は変わるようで、変わらないものなのかもしれませんね。

このお原稿を受け取るとき久々にあなたとお話をしたあと、お母様から伺いました。あなたがわたくしのことを『いままでは井上さんのこと、お友だちだと思っていたけれど、よく本も読んでいるし、言うことが的確だから、はじめて先生だと思った。大学の先生（という職業）もいいな』と言ったと。友だちの立場を失うのは寂しいけれど、将来の役に立つかもしれないので、人生の先輩として、今回もひとつだけお願いをしておきますね。

知的だということは、ものごとを多面的に見ることができることも意味します。でもそれは、決断を鈍らせることにもつながります。重層的にものが見え、かつ、早く正しい決断（進む決断だけでなく、中断・後退の決断も）をするためには、直観を鈍らせないことです。そのためには引き続き「腰」をつくること、知識で「知恵」を壊さないことです。それには、指導者や生きる方向など重要なことを選ぶときは考えないで、心の声にしたがうことが肝心です。あなたならもう、自らの「いのちのせせらぎ」の音を聴けるかもしれませんね。〝いのち〟は「なんとなく」の感じを通して、その行方を指し示すことが多いようです。「なんとなく、こっち」「なんとなく、いいような」……なんとなくを大切に、ひとつひとつを選んでいって下さい。これが今回のお願いです。

西田幾多郎氏は、若き日、尊敬する先生に数学を勧められ、それは理にかなっていたけれど「何となく」その気にならず、「遂に哲学に定めてしまった」［上田 一九九六年］そうです。そして氏は、日本が世界に誇る大哲学者です。

最後に、あなたにこころからお礼を言いたいことがあります。

おぼえているかしら？　あなたが小学校三年生の時、相談所に来てくれた一回目の帰り際に、長い廊下の向こうから、あなたは両手を広げて小鳥のようにわたくしの腕に飛び込んで来てくれた［同書七八頁／本書一二九頁］ことを。その時の「からだ」の感触を、あなたなら思い出せるかもしれませんね。眼をつぶって……。何か気づいたかしら？　そう、わたくしはあの時、あなたを「腕」の中に抱きとめて、「胸」の中に抱き締めなかったのです。お母様が、遠くでいまだに人生に意味を見出せずにいる人のまなざしで微笑んでおいででした。あなたはあまりに愛しい、小さな宝ものでした。でもいつかお母様に返さなければならない宝ものである以上、いまお母様とあなたの関係がどんな状況であっても、わたくしはお母様より、一生のうちのたった一瞬でも、親密な関係になってはいけないと、止まったのです。

それは、わたくしの「からだ」や「こころ」ではなく〝いのち〟が命じたことのようでした。そして、他者関係において無邪気に侵入的、時に無邪気に残酷でさえあったわたくしが、あなたから「大切だからこそ、そっとしておく」というかかわりの仕方を教えられたのです。

そして、そのあり様がいま、わたくしの心理臨床や教育実践の中核のひとつになっています〔本書第七章〕。そして、このことがあったから、師、神田橋の愛と哀しみの深さもわかるようになったのです。

あなたとの出会いはまたかけがえのないものでした。ありがとうございました、C子さん。

また。

引用文献

野口晴哉〔一九九三年〕『女である時期』全生社

上田閑照編〔一九九六年〕『西田幾多郎随筆集』岩波書店

「母」として生きることで「私」に出会う

C子　母

途中、何度も胸が熱くなりながら、娘の原稿を読み終え、深い安堵の溜息がこぼれます。娘は没頭してこの原稿に取り組んでいました。

書き始める前には、すでに乗り越えたと思っていたけれど、その体験を思い出して言葉にすることは辛くて、本当はまだ乗り越えられていなかったことに気がついたの。でもね、書き終えてはじめて本当に乗り越えられたと思った。

この時、心なしか娘の顔が引き締まり輝いているように感じたことを思い出します。

私が母親になったのはちょうどバブルの頃で、かつてはごく当たり前だった価値観が大きく変わり始めていました。不必要な物は買わない方針を貫くにも努力のいることでした。娘が四歳の頃、テレビのキャラクターカード集めが流行り、何ヵ月も我慢してやっと買ってもらった数少ないカードを宝物のように大切にしていました。初めてお友だちのお誕生生会に招かれた時、娘はその中から特別の一枚を、考えに考えた末、プレゼントしました。ところが帰宅すると『もう絶対、お誕生会には行かない。だって私の大事なカードあげたって、ちっとも喜んでなんかくれない。みんなぬいぐるみとか、私なんかサンタさんにしかもらったことないようなすごいプレゼントあげるんだもの』と言いました。我が家では「欲しいだけの物」は、金額にかかわらず、一年の特別な日以外には買わなかったため、その一枚のカードは娘にとってかけがえのないものだったのです。

テレビ番組の選択、食生活、早寝の習慣などなど、一世代前の私にとってはごく当たり前のことを貫こうとすると、周りとあまりにも違うために、娘は浮いてしまう。私はそんな娘の姿を見て、些細なことにこだわる自分がいけないのかと迷いつつも迎合できず、全く自信を失っていきました。そしてナイーブで傷つきやすい娘を肝っ玉母さんのように明るくしなやかに受け止められない自分を責め、娘に謝りました。その時、九歳の娘はこう言いました。

お母さんは、自分のなりたいお母さんになろうとして、でもなれないから苦しいんでしょ。私はお母さんの子どもで本当によかった。だって、そういうお母さんだから、私がなりたいのになれない辛い気持をわかってくれるんだもの。

この言葉によって、私は初めて自分をありのまま受け入れることができたのです。

次第に、私のこだわりは時代の価値観との戦いであり、自分を責めることはないと思えるように変わっていきました。前の時代の価値観を伝える最も身近な大人は親であり、私は精一杯伝えたと感じました。そして「いまの時代の子どもの世界でいかに折り合っていくかは、あなたの課題。頑張れ」と、中学校へ送り出しました。

現実は厳しいものでしたが、娘は見事に乗り越えてくれました。その間の母親の役割は、自分の課題と格闘する娘をひたすら支えることでした。『学校がいやだ』と毎日言う娘。部活の合宿では、厳しい練習内容をすべてこなしつつも『支え合う仲間をひとりも作れなかった』と、力の抜けた目から大粒の涙を流す娘。『悪口を言った方がどれほど楽か』と言う娘。時には『ぴーんと張り詰めて頑張っているから疲れたの。元気になれた。学校を休ませてくれてありがとう』『お母さんは、手を握っていてくれるだけでいいの。解説や分析は自分で充分できているの。どうすればよいかもね。ここが上手にいかないけれど』と言う娘。

しかし、高校生になってからは「C子ちゃんの素直で純粋な部分は、その強い走りにもすごく影響している。C子ちゃんがいてくれたお陰で頑張れた」と伝えて下さる上級生がいたり、人間関係に傷つく友だちを支える役割を担うなど、しなやかに逞しくなりました。『「変わっている子」と言われるのは嬉しい』『お母さんが私にしてくれたように、私も時代に流されない母親になりたい。その時はいろいろ教えてね』と、母親としての姿勢をも肯定してくれました。こうして親子関係も幾度目かの卒業を迎え、対等な関係を築く時期に入ってきました。

私は若い頃、幼児の音楽教育に携わっていた時期がありました。いまふたたびその方面の仕事への情熱があふれ、お料理と同じくらい生活のなかで大切なものになっています。

五歳の子どもたちに「言葉ではないけれど音楽もお話しを聞かせてくれるのよ」と言ってから、その日はホルストの曲を選びCDをかけました。子どもたちは目を輝かせて聴いています。「あっ、怪物だ」「ピーターパンだよ」「海賊船が揺れてい る」「ハリーポッターが空飛ぶところだ」「ティンカーベルよ」と呟く声。一人二人と踊るように動き出し、十数名全員がそれぞれ思い思いに動きだす。音楽が一人一人のイメージをふくらませ、また直接身体に働きかけ、動き、踊るうちに目の輝きはさらに増し、全身が躍動する。躍動する子どもたちの姿に感動し、私自身の何かが引き出され、動きだします。動くこと、歌うことで感性はさらに素直に豊かにふくらみ、子どもたちとまるで心の即興演奏をしているかの様です。こうして私は、感性が敏感で豊かな幼児期の子どもたちと響きあううちに、特定のメソッドからは離れていきました。「何かができるようになったり、わかるようになることではなく、音の美しさ、音楽の楽しさ、素晴らしさを全身で感じ、味わう時間をいかに創りだすか」がいまの私の課題です。

今回、この原稿を書くにあたり、二十年以上も埃をかぶっていた一冊の本を読み直して驚いています。それは、今、私が探し求めている方向性をはっきりと言葉で示してくれている様に思えるからです。「身体が感情を直接表現する楽器となるような音楽の教育を夢に描きはじめる」「音楽芸術の根底にあるものは一つは人間の感動であり（中略）音の振動と心の動きの揺れとは結合し調和するはずだ」〔『エミール・ジャック＝ダルクローズ』フランク・マルタンほか著 板野平訳 全音楽譜出版社 一九七七年〕――これが私の求め続けて行くことです。

今、こうして自分の感性を信じ、幼児に向き合えるのは、娘と対峙し私自身に出会った道程があったからです。この間に私にとっての音楽は単なる「楽しみ」を超え、音楽と動きと心が一つになって、時に堅く閉ざした身体と心に働きかけ、呼吸が深まり、青空の広がる感覚を何度も体感しました。娘のカウンセリングを終える時、井上先生がおっしゃった〈こころとからだの密接な関係〉にも気づきました。そして南の島で日没の大ドラマに浸っている時に、「自然と神と芸術」という言葉が突然、浮かんできたのです。

「感じること」こそ、誰にも侵されることのない、その人だけのものであることを確信できるように変わったのです。『だって、そう感じちゃうんだもの。どうしてそれじゃいけないの』と七歳の娘の言った言葉に、やっと辿り着いたのです。C子が私のもとに生まれてきてくれたこと、そして私と娘が幸せでいられるように全力で守り、支えてくれる夫に心から感謝しています。

C子さんのお母様へ

C子さんのカウンセリングを終えてから、お母様とは偶然に四度も、コンサートホールでお会いしました。これも何かのご縁なのでしょう。

お会いする度に、お母様の呼吸がゆったり深くなられ、全体がやわらぎ、内側から輝いてこられたので、〝いのち〟が充実されたのだ、と嬉しく思っておりました。

そしてまた小さなお子さんたちと音楽を楽しむ時間ができたことを、情熱的に語り、その喜びがからだじゅうに染みわたっていらしたので、〔これは「ほんもの」だ〕と感じておりました。

でもお母様は、ご自分が「感覚的」な人間で、ことばをもたず、「論理的」でないと（研究者からそう批判されもして）、ご自分の音楽教育に自信をもてずにいらっしゃいました。

わたくしはお母様の知性をどう説明すればいいのか、思い巡らして、ふと、オパーリン［一九六九年］のコアセルヴェートを連想しました。

それはいまから三十五億年前の原初の海の波打ち際に誕生した、ひとつのまとまりをもつ「液滴」のことです。それはまず海の中で自分自身の界面としての膜をつくり、つぎに膜とその内側の体液とで、まとまりを破壊する情報を感じとって遠ざかり、必要とする情報を感じとって取込んで一体化しました。そのまるごとの全体でなされる処理は、きわめて驚くべき融通性・可変性・汎用性・多元性・統合性の能力による適切なものでした。やがて、それは、膜での情報処理を飛躍的に高度化させる必要から、体液が感覚受容器（目・耳・鼻・舌・皮膚）をつくり、神経・内臓・脳と順次つくって、現在の人間にまで進化し続けたのです。この感覚受容器のすべてが皮膚粘膜系のもので、皮膚は脳の原初形態、外側の脳と言えるのです［野口 一九九六年——要約筆者］。これは「体液主体説」［同上］というユニークな発想ですが、わたくしは直観的にこれはなかなかのものと思っています。

つまり、生き物としては、考えるより感覚や勘で動く方が先で自然な状態なのですが、細胞の分化、特殊化が進み、これが統合的に働かなくなり鈍くなったので、適応の一型として、大脳で考えて決める、大脳で考えて動く、という素質を発展させたのではないかと思ってみるのです。そして、その素質と、一般性や普遍性を見つけたい欲望とが結びついた生き物が、ことばと論理を発展させ、それらを共有する一群の生き物が研究者と呼ばれて「学問」なるものを構築した。それは資質の開花であるので前頭連合野のエネルギー消費が快感である、という特質をもつ。そういう仮説を、わたくし自身は持っているのです。

したがって、感覚人間か論理人間かは、優劣の問題ではなく、生物の適応の問題と考えます。お母様が、感覚のエネルギー消費が心地よいならそのことが大切です。それはお母様が全身の気孔を通して流れ込む膨大な量の情報処理を、瞬時に行う敏感さを維持しているということと考えますが、これはお母様の新たな自己発見の納得を強めるでしょうか。

でも、とうとう、お母様はご自分の内側から沸き上ってくる感覚をみつめ、その感覚を信じられるようになられたのですね。

わたくしは、お母様のその生き方の変容には「ヨガ」がかかわっていると感じます。C子さんのカウンセリングを終える時、わたくしはひとつだけお願いをしました、〈これからはからだをつくることに重きをおいて下さい。お母様もご一緒に〉と。お母様はそれを聞き入れて、すぐに、昔されていたヨガを再開して下さいました。

それを伺った時、わたくしはどんなに嬉しかったか。お母様のからだに関しては「緊張」と「硬さ」が気がかりでした。これは、興奮を促す交感神経の働きが強く、沈静をもたらす副交感神経の働きが弱いためと思っておりましたので、その調和を図るのに、ヨガのポーズと呼吸法はとてもいい方法に思えたのです。緊張がほどければ硬さも緩和されます。

お母さまはバブルの頃、母親になられ、社会の風潮に迎合せずご自分の価値観を貫かれたのでした。しかし、それは容易なことではなく、それこそ何度も「息づまりながら」、迷い迷いの十数年の子育てでいらっしゃいました。でもいまや、ご自分の「息（呼吸）」を見つけられ、楽になられて、生きがいをまたひとつ見いだされ、「息苦しい」現代日本社会からの解放の糸口を、からだでつかみとられたのですね。

お母様は、これから志す道としてダルクローズ（エミール・ジャック＝ダルクローズ）をあげておられましたが、「生のリズム」に社会性を見いだし、それを取り戻すことであらゆる束縛からの「人間解放」の思想を発展させたのも、音楽技術の特性のひとつを「呼吸する術 art」と言ったのもほかならぬダルクローズその人でした［河口 二〇〇三年］。

「まさしく、生きているということは『息をしている』ことであり、生きものは『息するもの』であり、命は『息の内』であり、生き方は『息方』なので」［野口 一九九六年］すね。ヨガの究極の目的は、瞑想による「宇宙」との一体感でしょう。そのために、呼吸法とポーズで「力がぬける」瞑想的なからだをつくるのですね。そして、ひとりひとりが内界に目を向けて、自分の「自然」を探すのではありませんか。南の島の日没の大ドラマという「大自然」に抱かれている時、お母様は「大いなる存在」に心を占領されました。それは至高体験、神秘体験と言っていいのではないでしょうか。それは、宇宙に到達する道のりを歩み出されたということの表れに思われます。

そういえば、ダルクローズは「リズムを宇宙の運動に感知した」作曲家で、この直観はそれ以前のリズム感にコペルニクス的転換をもたらしたのでした［河口 二〇〇三年］。偉大な発見の多くは、直観によりもたらされるのです。外側の脳もなかなかでしょ！

それにお母様、お気づきになりませんか。お母様はもはや、ダルクローズの思想について about it 学ぶ以前に、思想そのもの itself を生き始めているではありませんか。豊かな body feeling を味わいながら、それがやがて思想のことばと結びついたとき、それは全身で理解されるものとなり、知識をこえた知恵となって、お母様に「道」を示すものとなるとわたくしは考えます。お母様の知性とはそういう質のものだと、わたくしはずっと考えてきました。考える前に外側の脳で「本質直観」する知性です。

でも、こうみてくると、みんなつながっているのですね。不思議なものです。きっと、大切なことはそう多くないのでしょう。

わたくしは以前から、ひとつの問いを持ち続けています。「謳う」ためには何が必要なのか？ ひとりひとりの内なる「小宇宙」の〝いのち〟の波（リズム）と「大宇宙」の〝いのち〟の波（リズム）が共鳴すると可能なのでしょうか。ほかに何か秘密がありそうでしょうか。

また、コンサートでお会いしたら、語り合いましょう。でも、今度は、お話が弾んで、第二部に遅れないように気をつけましょうね。

あっと、それから、C子さんを守るのに大活躍して下さったお父様。男の方はご家族を支え、社会的責任を果たし、ご多忙で、なかなか精神世界に目が向けられないものです。お母様だけ宇宙に行ってしまって、お父様が置いてけぼりにならぬよう、よろしくお願いしますね。これが今回のわたくしからのお願いです。

では、また。

追伸

ベートーヴェンが一八〇四年に恋人ヨゼフィーネに送った手紙の一節に、こんな言葉を見つけました。

「音楽は言葉より自分には自由になりそうに思う」［小松 一九八二年］

引用文献

河口道朗［二〇〇三年］「ダルクローズ・リトミックの源泉と構成」ダルクローズ学会記念講演『ダルクローズ音楽教育研究』28／43-44
小松雄一郎編訳［一九八二年］『新編 ベートーヴェンの手紙』（上）岩波書店
野口三千三［一九九六年］『原初生命体としての人間――野口体操の理論』岩波書店（同時代ライブラリー）
A・I・オパーリン［一九五六年］『生命の起源と生化学』江上不二夫編 岩波書店 一九五六年

参考文献

河口道朗監修［二〇〇三年］『リズム・音楽・教育』エミール・ジャック＝ダルクローズ著 河口眞朱美訳 開成出版

付記

『ベートーヴェンの恋文』の文献についてご教示下さった河口道朗先生（日本女子大学教授）。先生が青き魂にのせてその恋文を読み聞かせて下さった時、わたくしははじめて「知を愛する」ことの美しさにふれました。記して感謝いたします。

対話

その四——C子さんとお母様へ

おふたりのすばらしい文章を読ませていただきました。感激が大きすぎ、何かコメントするのは失礼だと思います。そこで、ボクの心理学理論のようなものを聴いてもらい「対話」にしようと思いつきました。

人は社会のなかで生きてゆきます。社会と調和して生きてゆくには、自分の意向のままに振舞うわけにはいきません。自分の気持ちを抑えて妥協することが必要になります。そのようにして生きてゆくので、人はみな、自分の振舞いと気持ちとの間にズレをかかえています。ズレの少ない環境、ことにズレの少ない相手に出会えると、命は生き生きと伸びやかになります。しかし、それが永く続くことは少ないのです。自分も変化し相手も変化しますから、必ずズレは大きくなります。ズレが大きくなると、苦しみが大きくなります。

そのとき最も自然な解決法は、ズレの少ない新しい環境をさがしてそこへ移ることです。ですがそれは、環境の一員となっている自分が環境に影響を与える振舞いですから、環境からの妨げが発動します。さらにまた、自分の気持ちのなかに相手を大切にしたい部分があって、新しい環境に移ることを制止します。自分の気持ちと気持ちのあいだにズレができるのですから、心がひきさかれるような苦しみとなります。このような苦しい状態の根本的な解決として、多くの人は「感じなくなる」、別の言い方では「自己麻酔」という方法を使います。ズレに気づかなくすることで平和になる解決法です。

すぐにわかるように、それは命にとって不自然な解決法ですから、命にとっても有害です。健康な苦しみを避けることで心身を傷めるのです。

それに、C子さんやお母様に共通して流れている「感じる」能力が豊かな資質にとっては、その豊かな世界を抹殺することは不可能であり、そのようなことを志向すると、心身の傷害は極度のものとなります。

感性の豊かな人にとって、苦しむことは、避け得ない、避けてはならない生き方なのです。「だってそう感じちゃうんだもの。どうしてそれじゃいけないの」という七歳児を守り続けることが正しい道なのです。

では、それを守り続けるにはどうしたらよいのか、その苦しみの結果どこに到達するのかは、つぎの章のG君とお母様への対話のなかで聴いてもらうことにします。そちらを読んで下さいね。

以上お話ししたことは、ほとんどすでにC子ちゃんやお母さんがわかっていらっしゃることであり、解決法についても実行なさっていることです。ボクのこの対話を読んであともう一度、おふたりの文章を読まれると、読者の誰もがわかって下さることでしょう。

第五章　魂の出立

はじめに

「栄光のオランダ・フランドル絵画展」（於 東京都美術館 二〇〇四年四～七月）におけるレンブラントの『使徒パウロ』は、老いて赤みがかった顔貌を正面に向け、書きかけの手紙の上に左肘をついた姿で描かれていた。パウロは生涯に多くの書簡を残したが、『ガラテヤ人への手紙』の中の「互いに重荷を担い合いなさい」（六・二）ということばに、若き日のわたくしは感銘を受けたことがあった。なぜなら、信仰をもつことは、重荷を軽くすることではなく、その重荷に意味があることを教えてくれるのだということを、そのことばによって気づかされたからである（そういえば精神分析療法も、苦悩を軽くするのではなく、歪んで体験されるそれを正常な苦悩にするものである）。しかしわれわれは、そのことに気づいたらつぎに、その重荷に打ち負かされるのか、乗り越えるのかを決断しなければならない。パウロは輝ける霊的な世界が見えてしまった人であった。そして、選ばれたあとには、苦しみの連続が待っていた。『使徒パウロ』の背後の壁には剣が立て掛けられていた。彼は剣で斬首されたからであろう。選ばれることの意味深さを思う。

それでは、Gくんの今を語ってもらう前に、まずは彼の辿った道程を短く振り返っておきたい［『対話の技』より］。

G君（中学校三年生）――校内暴力

Gくんは学校で友だちに血を流すほどの怪我をさせたが、その出来事を『べつに、たいしたことないっす』と言って反省が見られないことに周囲の大人たちが驚き、母親が彼を説得して来談させた。会ってみると、Gくんには、手をかけて育てられた子に特徴的な、憎めない愛らしさがあり、また痛々しいほど敏感な感性の持ち主だった。事件を受け止めた例のセリフは「いまのところなぜあんなことをしたのかわからない、回答がない」という意味であり、わからないと不安になるから、事件に目を向けないようにするための仮面だと考えられる。

そこで、手をかけられた子の場合は仮面と別な複数の顔がある（神田橋一九××年）というコメントを手掛かりに、このテーマを読み解いてみる。

Gくんはエリートの家庭に育った。母親が語るところによれば、父親は「Gに、自分にない創造的な能力、こころの豊かさを見いだして、愛情を注ぎ、単なるエリートを越えた存在に成長するよう大いなる期待を抱いて育て」、Gくんは「それを一心に受け止めてきた」。他方母親は、高い言語能力をもち、かつ、人間を越えた存在を生活の中心におく精神性の高い人という印象で、これらより、Gくんには幼い頃から質的に多様な体験の蓄積があると推測された。

しかしながら、多様であるということは、ひとつにまとまらないということでもある。多様な資質を身につけた人はとかく、さまざまな方向へ試行錯誤しながら資質が膨らんでいき、そのうちのあるものが頓挫すると、内的イメージの世界のなかで多様な道が拓かれていた原点に戻り、いままで使われていなかったものがつぎの資質として使えるように立ち上がってくる、といった精神作用を繰り返すものである。したがって、単に表と裏の顔、実像と虚像などの単純な図式で捉えることはできない。これが「仮面と別の複数の顔をもつ」ことの意味である。

しかも、自己の内的世界の探索が「どこが自分の進む道か」という外界探索のかたちをとって現れ、それが成就するとその部分が内側から膨れてきて本人のこころの大きな部分になる思春期においては、内側からの促しによってこの試行錯誤が激しくなり、豊かな体験を獲得していればいるほど外的世界を彷徨い、その結果、混沌とした内的世界で苦悶せざるをえない。これがGくんの辿った道ではないかと思われる。

面接過程の一部を振り返ってみよう。

会った当初、彼は「目標も夢もなくて中途半端」で「自分はだめだ」と思い込んでいた。しかし唯一、音楽が好きであった。母親は音楽の趣味をもち、彼は生まれる前から母親のピアノや楽し気な歌声を聴いていた。そして彼はある歌のグループにのめりこみ、自分もそのグループと同じ楽器を演奏し、徹底してその持ち歌をマスターしたいと願い、父親がその思いを受けとめてタイミングよく楽器を与えた。

もちろんその間も親や教師への反抗にはかなりのものがあり、彼は学校やクラスメイトや両親をさんざん振り回した。しかし同時に彼は毎日楽器の練習に取り組みめざましい成果をあげ、さらには演奏だけでなく次々に作詞作曲も続け、出来上がるとわたくしにもファックスで見せてくれた。その一枚目には「この六曲は、自分の才能を使って表現しました」と書かれ、そこには資質の開花に伴う自己肯定感があった。わたくしはそれに対して〈あなたの作品には、現代の若者たちが閉じ込められている空間を切り裂くような創造性があります。だから、あなたがフェンシングをしたらかっこいいだろうなと思いました〉と返信した。

Gくんは初歩十二ヵ月・初語十六ヵ月だが、二語文が口をついて出るまでひどく激しく母親に噛みつき、話せるようになると途端にその行動が消えたので、母親は「ことばが出ないもどかしさゆえの噛みつきと思った」とのことであった。彼の校内での暴力行為には、最近社会問題となっている十七歳の事件にみられる「存在証明への渇望」という哀しさがなく、閉塞状況を一撃で突破せんとする鋭利な攻撃性があり、後日また彼がファックスしてくれた詩には、鮮烈な思索が感じとれた。こうしたことは、「ことばを獲得すること」の精神内界での意義について、なんらかの示唆を与えるものかもしれない。

つぎの詩はGくんの資質が花開いた作品の一部である。

Blue Sky　（作詞　う○○い○）

目が覚めるような Blue Sky　僕をすいこみ溶かしていく
しだいにまわりはぼやけ　気づけばあたり一面 Blue Sky
すきとおった風　やわらかな日差し　どこまでもつづく青
たしかな物はそれだけ ……　ただそれだけ ……
この大きな空にくらべれば　この小さな僕の存在なんて
みじめなものだよね
心あらわれる Blue Sky　深く深くおちてゆく
そこで僕が見た物は自由という名の Blue Sky ……
すずしげな風　ここち良い日差し　どこまでもつづく青
感じる物は　それだけ　ただそれだけ
この大きな空はたったひとつ　この小さな僕もたったひとつ
同じひとつの命
目の覚めるような Blue Sky　僕に確かな勇気をくれた
だれよりも何よりも大きな勇気をくれた ……
忘れないように　こわれないように　胸に強くきざみこむ
目の覚めるような Blue Sky　やっと目がひらきかける
しだいにまわりがはっきりと ……　気づけばいつもの Blue Sky
…… La　La　La

Lonely Night (作詞 う○○し○)

黒く暗く闇が街を包む　眠れず　ただ一人夜空の下で
届くハズもない思いを叫んでいて　願うように叫んでいて ……
Feel Lonely Still Loneliness　今夜僕は荒れ狂う
君の笑顔　君の声　頭の中だけで　ひびいている ……
こわれそうな体を　やさしく　包んでほしくて
かなうハズもない思いを　叫んでいて　祈るように叫んでいて ……
Feel Lonely Still Loneliness　深夜僕は荒れ狂う
君の影を必死にさまよい追いつづける ……
wow　wow　wow ……
会いたくて　会えなくて　夜僕は荒れ狂う
この世で　君以上のやすらぎなど無いから　wow　wow　wow
Feel Lonely Still Loneliness　今夜僕は荒れ狂う
この歌声が闇をきりさき光を手にするまでは ……
wow　wow　wow　wow ……

Gくんは自力で親を説得して、自分のこの資質を伸ばす進路を選択した。そしてほどなく、彼の資質の暴発を嗅ぎとる人との出会いをひきよせた。

魂だけでは見られない夢

○○G

振り返ってみると、時にかなって美しいほどにその流れを見ることができる。

それまでいろいろあって、原稿締め切りといわれていたその日の夕方まで、「もう、べつに出版されなくてもいいか」と思うしかなくなってしまっていた。それで何をしていたかというと、本［ウォッチマン・ニー『キリスト者の標準』いのちのことば社］を読んでいた。読書に一区切りついた時、いつものようにぼーっとしていた。気付けば、「もう悲しむ必要はない」という知恵が与えられていたので、そのことを証しとして書き留めようと思った。そうしたら母が帰ってきて、原稿を書かざるをえない情況を知らされた。あたかも待っていたかのようにすぐに書くことを引き受けた。

　気付けば書く作業にとりかかる前に、主にある平安が与えられていた。今までにも聖霊による憐れみを受けたことはあったけれど、聖霊の微笑みに満ちた働きを受けて主にある平安を光栄と実感したのはこの時が初めてである。酒に酔いしれるような驚きで、ただただ微笑み返したいばかり。この実感は言葉で表そうとしても表せない。言葉にできないということをこんなにもはっきりと実感したことは今までなかった。そして……背中を押される事を待ち望んでいた。応援団の如く御心が届いた。もどかしい中にも作業を進めた。翌日、午後から夜中にかけて書くことがとてつもなく苦しく嫌になってしまったが、締め切りを延ばしてもらい、さらに翌日、なんだかんだで昼過ぎにはしっとりと書き上げた。

魂の世界では叫びが凄くないと価値がない。存在がごまかされてしまう。存在意義を証明するために自分の魂を見せつける、それをするのに和太鼓は有効だった。魂の叫びをどこまで上げられるのか？と打ち込めるものだったからだ。

　しかし、人の存在は魂ではない。霊である。存在意義を欲する魂に拠るのでは存在そのものは解らない。自分の栄光をあらわそうとする（自分の魂を見せつける）必要はなくなったので俺の魂は砕かれた。ただ、ひとつ言えるのは、俺ははじめから限りなく求めていた。そしてそれすら導かれていた。聖霊の働き（ロマン）を受けて。すべて、導きです。

〔魂――Doでもって己を肥大化することにより、Beを成し得ようとする精神現象の塊〕

昨年の秋、「風鈴華蘭と鳴る予感」がして、冬にこんな夢を見た。

夢　その一

どこにでもあるような道路に俺はいた。それまで自分が何をしていたのかは覚えていないが、とにかくへとへとに疲れていた。その道路は映画のワンシーンでみたことのあるような風景で、ちょっと古びた家があり、そのそばに自動販売機と、切り株のようなベンチがあった。俺は自動販売機にお金を入れてコーラのボタンを押した。そしてコーラを取り出そうとした時、四人の人がいることに気付いた。もともといたのかもしれないし、その時突然現れたのかもしれない。彼らが男だったか女だったかはっきりわからないが、その時は女が四人いるような気がした。着ているものもはっきり覚えていないが、まあ、現代風だったとは思う。白と黒の服で、変ではないがちょっと変わってるような印象が残っている。彼らは彫の深い顔立ちで、ほほえましい雰囲気というか、好感がもてる感じだった。彼らのうちの一人が、俺にトリュフのようなチョコレートを一粒くれた。俺はすぐにそれを口に入れたら、甘い味が口に広がった。普通、夢では味を感じることがあまりないと思うが、その夢では本当に甘さをはっきりと感じた。俺はその時、「そうか、御言葉（聖書の言葉）も飴玉を口の中で転がすように味わえばいいんだ」と思った。そして、疲れているので座ろうと思い、そばにある切り株のようなベンチに座った瞬間、『そんなとこに座るよりこの家の中におはいりよ』と言われて彼らと一緒にドアを開けてその家に入った。その家の中は誰もいなかったが喫茶店のような感じでテーブルと椅子があり、天井は高めだったと思う。上におおきなプロペラのような扇風機がゆっくりまわっていたかもしれない。高い所に窓があって、光が差し込み、その光の当たった所がもやっていた。部屋の奥はもやっとしていてよく分からないが誰かいたとしても、活動していない、しーんとした感じで、壁は灰色。明る過ぎず暗過ぎず感じのいい部屋で、四人の人たちも微笑むように俺を見ていたと思う。彼らとひとつのテーブルを囲んで座って微笑ましい雰囲気だったが数秒でワープしたように次元が変わり真っ暗闇になった。この場面から自分で自分が見える夢になり、暗闇の中でスポットライトのような光を受けた俺が見えた。俺は「お祈りするんだ」と思い祈り始め、気がつけば祈っているまま目が覚めていた。夢と現実が祈りで繋がっていて不思議な目覚めだった。

あまりにもはっきりした夢だったのでそのまま母親に話したら、『甘かった時すぐ御言葉を思ったの？』と聞くのでそうだと言ったら、『四人て天使みたいな感じ？』と聞き、そんな感じもすると言うと、『それはマタイ、マルコ、ルカ、ヨハネの四福音書かもね』と言った。俺はまさにその通りだと思った。四人を前にしてその四人ではない何かを明らかに感じていたからである。それは、ただそれだけで愛しいと分かるものだった。夢の中では気づかなかったが、その方こそキリスト、そのお方こそイエスキリストだったのだ。

また母は『聖書では家＝教会と読めるから、あなたが入った家は教会をあらわしているかもしれない』とも言った。それはそうだとすでに感じていた。微笑ましい雰囲気というのは恵みの空気のことで待ち望む希望を共感する……真の交わりがある場であるからだ。

この夢を見た頃の俺は御言葉を味わうどころか食べようともしていなかった。聖書を読む必要性を感じていなかったからだ。なのに、このような夢を見た。

掴むにも、この手がないと掴めない。でも、この手は掴む以前に、受けるものであった。

あなたがその手を伸ばすのは、あなたが望む以前に、あなたが待ち望まれているからだ。

冬も終わりに近づいた二月の半ばにこんな夢を見た。

夢 その二

薄緑色の芝生が広がり、所々に緑色の木が生えている野原のような所に出た。空は明るい空色で、「なんでこんなに明るいんだよ」と俺は思っていた。そして、「ギリシャ神話かなんか、闘神のような巨身（巨神）ていうのがあったよな」と思い出していたら、突然目の前に緑色の巨身（巨神）像が現れた。同じ緑でも、芝生と木々と巨身像の緑は違う色で、像は葉っぱのような緑だった。よく見ると緑の鎧を着ているような感じで葉っぱの葉脈のように細かく彫ってある模様があった。全体が緑の身体だが、目だけが赤く、腰から下は見えなくて幻のようでもあった。恐くはなかったが不気味な感じで、間違っても拝んだりしたいとは思えないような像で、「なんで目が赤いんだよ」と胸くそ悪い思いが煙草の煙のように俺の胸に渦巻いた。と、その時、一瞬空が光り、その瞬間、「え？ もうイエスキリストが再臨しちゃったのかな？」という思いがよぎった。それからドーンと雷のようなものが像を打ち、像は砕けた。俺はそれを見て叫んだのだが、「心の底からの叫びではない」と頭の片隅で気付いていた。粉々に砕けた像は緑の竜巻のような煙となって空に舞い上がり、俺はそれを見上げていて、目が覚めた。目が覚めても胸のなかにイヤな思いが渦巻いていて、二度と再び見たくない嫌な夢だと思った。

どうしてこんな夢をみたのか、瞳の奥に潜んでいたものを見つめてみたいと思う。

葉っぱに添う硝子と、花に舞う侍
その間に、私はいた。
氷という命が、雪という時の中で、私という露を映しだしているかのようだった
強くも弱くもない

ただ、「ある」か「ない」か
世界というものがあるのかないのか

それだけだった

世界なんてないという世界に閉じ込められた私
「あなた」がいない、「私」という世界
そこに「あなた」がいたら、「私」はいない
ただ、「在る」ということが…なくならなかった
Nothing「無」ではなく、Clear「透明」な花
色のない花は散らないまま……　風になびきもせず……　揺れていた……
しかし、それ以上に、もう、究極を越えて、
「悲しみ」そのものを越えて、「悲しんだ」きらめきがあった

個性は魂の状態。俺の個性は「悲しみ」だった。もう、すべての存在そのものも悲しかった。なぜそんなに悲しかったのか。俺の個性が、俺に貼り付いていたからだ。それはあたかも、自分の身体に死体をくくり付けられる刑罰を受けている罪人のようだった。その個性とは、罪によって生じた自分自身の姿「魂」だからだ。そんな俺はなぜか無条件に、葉っぱに寄り添った。夢に現れた緑お化けの正体は、俺が無条件に慕う葉っぱと、戦う事を許されていない戦士の具現化であった。

十字架に呪われた、まことのまこと、風をなびかすお方
それは「愛」　永遠の愛しお方　イエスキリスト
あなたはよみがえられた　そう、勝利された　「愛」を完成された
あなたこそ、栄光
私は、あなたのために産み出されました
まことに、そのとおりだからです
栄光のために光栄である　光のために鮮やかに……
あぁ、あなたにあって、私はよみがえった
あなたの目の前にいるのが、私でした
はやく、神のもとへ、ゆきたい
神のひとり子、我らが主、イエスキリストを通して
聖霊の導きに与り、この授かりし平安
知・心・魂を超え、霊　流れる
あなたがいなければ流れない、真実の旋律
いつでもどこでも、かかる重力 gravity さえ従えて、寝ても覚めても成っている
人は歴史の中であり、地球の中であり、宇宙の中であり、まさに聖戦の中にいる
全ては神の御手の中であるから

「私はなんと惨めな人間なのでしょう。死に定められたこの体から、誰が私を救ってくれるでしょうか」（ローマの信徒への手紙7：24）。

悲しみの個性が貼り付いている俺は、まさにこのような状態だった。この御言葉には、こんな言葉が続いている、「私たちの主イエスキリストを通して神に感謝いたします」。字数の関係でこれ以上抜き書きしないが、答えは聖書（唯一の書）の御言葉にあった。ひとりでも多くの人に御言葉を読んでもらいたい。

私は何もできません
讃美せよ
あなたにすべてがあるからです

一昨日、母が俺に聞いてきた。『「私の恵みのもとに来なさい」っていう導きは具体的にどういう感じだったの？　これって新婚さんにプロポーズの場面を聞くみたいな、人のプライベートなことに首を突っ込む質問だとは思うけど……。私、他人のプライバシー、学歴とか、恋人は誰？　とかは知りたくもないんだけど、主の導きだけは私自身がすごく知りたいことだからどうしても聞きたくなるの。今までいろんなクリスチャンに聞いたことがあるんだけどね、本当に声が聞こえた人、自分の思いの中に湧き上がってきた人、聖書の言葉が急に心に響いた人、いろいろいたのよ。あなたはどういう経験だったの？』

俺は母に主の御臨在を経験したことを話した。井上先生に頼まれた原稿を書き上げた日の夜のこと。読みかけの本（『キリスト者の標準』）を平安の訪れをもって読み終えることができた。今度は主の御臨在を感じた。主は生きておられると感謝するしかなかった。臨在を感じるということは、主に呼びかけられたも同然だった。主のもとを目指して行く道のりがこの世における人生の道すじであることが明白になった。と、同時に嫌でも悪であるサタンの存在にも気付かざるをえなかった。

私という　霊は　主がおられなければ　初めからいないのです。
私はただ　主が愛しいだけです。

Gくんへ

暗雲垂れこめる太古の空に、いきなり青い閃光が地底から天に突き抜ける。

その閃光は、人間の闇を切り裂いて、その本性を串刺しして抜き取り、翳す。

したたる血のおどろおどろしさと美しさに、わたくしは息をのむ。

デモーニッシュ！

わたくしは驚愕する。そこにはデモーニッシュな思索、デモーニッシュな祈りさえあることに。

人間のなかに確かに存在する、呪術的な底知れぬ悪魔という魅惑。


しかし、暗雲の空の下に、風船色の遊園地が広がっていようとは…。

雲の晴れ間、あなたは、おさな子のようにはしゃぎ回り、お話をせがむ。

そのいたいけな純真さにわたくしは息を凝らす。

やはり、天使はいた！

わたくしは閃光にあなたの天性をみつめ、悪魔と天使の双極にいのちの鼓動を聴いていた。

デーモンを閉じ込めないで！

飼い慣らして、戯れて、あとは気流にまかせるの。

それはおおいなるいのちの胎動でもあるから。

あなたはあまりに若き日に、何か、絶望を知った。
そして、内界のあの世へ旅立った。
慟哭を知る者には、この世を離れてこの世で生きる知恵が宿る、とわたくしは思う。

で、あなたはどうする？

そういえば、『対話の技』のあなたの章（九章）を読んだ、教員志望の女子大生があなたにこんなメッセージを書いていました（〔……〕内は同書の頁数）。

近代資本主義は人に「あなたが本当に生きたいようにいきなさい」という実存主義的な倫理命題を与えた。本当の自分の欲望に従い、他人の評価に惑わされずに生きよという意味である。しかし、一見非常に明解そうに見えるこの命題を徹底して追及しようとする時、我々は「本当の自分の欲望」とは何かが解らない自分に苦しむ。この少年の場合も同じく「目標も夢もなく自分はだめだ」〔二五四〕と考える。子供である彼は親や、周囲からの希望に、今の自分から好きなもの（資質が何か）を探さなくてはならないと感じ、父の希望通り（父が感じた息子の才能というのは父自身の願望に他ならない。彼の詩を読んだ私の解釈）「創造的な心の豊かさ」〔二五三〕を表現するような職業を目指すことで答えている。社会が個人に資質を求め過ぎているのではないか。教師としての私は彼にこう言うだろう。「艱難汝を玉にす」求められる理想と自分が違うことは辛い事だ。しかし、君はその辛さと闘へ。その闘いを味わった者にしか理解できない世界を君は知りたくないか。（外谷地理恵――日本女子大学二〇〇三年度「教育心理学C」受講生）

いちばん最近会った時、『自分なんてわからない』『強くなったけど、すごく弱い』『前は、ボロを着ていることを見せつけていた。でも今は、ぼろはぼろだと認めた』『僕は天才じゃない。ボロだ』と、あなたは言った。何かを摑んだんだね、自らの手で。

そして、『つぎは演奏会に来てもらう』とわたくしを誘い、作詞、作曲の最新作を見せてくれた。変わった！　かつては叙述的だった曲が、いまはひとつの音のなかに、曲のすべてがある。そんな風に感じられる音がいくつかあった。予定調和でなく、ひとつの音、ひとつの音のなかに、その瞬間、瞬間に、曲が生まれたんだね。そういう〝いのち〟を実感した。ありがとう。

わたしは目をつぶり、思いついた。そして〈「雨の滴に光る蜘蛛の巣」をイメージして作曲してほしいな。透明で美しく、複雑で強いけど弱い。あなたらしい気がするから〉と言った。あなたは『あぁ、おれの中にもそれはある』と言った。楽しみに、待っています。

じゃ、また。

継承

G母

Gが井上先生と関わらせて頂く時は「偶然」に助けられている事が多いと感じます。

まず、カウンセリング開始への運びがそうでした。学校や家で荒れる彼の声なきSOSを感じた私は、先生のクライアントである知り合いに紹介して頂き、先生の所属する心理相談室にファックスを入れさせて頂きました。数日後、いつも私の言葉は彼の心にほとんど届かないのに、なぜかふと会話できるひとときが与えられました。そして『カウンセリング、受けてみてもいい』とまで彼が言ったまさにその時、先生からカウンセリングを引き受けて下さるとの電話が入ったのです。あまりのタイミングのよさに、もうびっくり、この流れに乗らないでどうする、という空気になって井上先生にお願いすることになりました。

しかしカウンセリングが始まったからといって彼は素直なよい子になりました、というわけにはいきませんでした。相変わらず学校にご迷惑をかけることが多く、半年ほど過ぎた頃、「いつまでこんな悪魔みたいな状態が続くんでしょう?」と思わず先生に伺ったことが懐かしく思い出されます。その時、先生は〈二年後には「あれはなんだったのかしら」と思うくらいに落ち着いているはずです〉と、確信をもって言われたので少しほっと致しました。そして先生は私に〈しっかり向き合って彼の話をよく聴いて下さい〉と言われました。二年後、全て解決というわけではありませんでしたが、確かに彼は落ち着きました。

Gは先生と話すようになってから、次第に私に話しかけてくるようになり、それが一時間、二時間と、長時間にわたることも少なくありませんでした。エネルギーの塊のような彼との長時間の会話はへとへとに疲れるほど大変なことです。しかしその内容の深さに、我が子ながら毎回驚かされ、私までが夢中になることもよくありました。彼は純粋に真理を求めると同時に、汚れた世の中を代表する大人たちを憎悪していました。その憎しみの強さは尋常ではなく、狂気に近いものを感じる時もあり、「こんな大変な会話を重ねるうちに、気づけばGと私は狂っていました、などということになるのでは……」と、ふと不安になる時すらありました。

それでも私自身それほど落ち込まずに毎日を過ごせたのは、Gを応援してくれる人たちが次々に現れて下さったからです。『対話の技』の「はじまりの対話」に、井上先生の師匠である神田橋先生の言葉がつぎのように書かれています。――　巻き込まれる援助者たちが巻き込まれての苦労を避けるのでなく、むしろ積極的に引き受けることである。開花を求める資質は、援助者の意識下を魅了するようである。魅了され共振れし、的確に援助することを通して、援助者は治療者となる。それは援助者自身の資質の開花でもある。

まさにこの援助者が井上先生であり、仕事の枠を越えてまで親身に抱え続けて下さった中学校担任のX先生であり、常に彼のために祈り優しい日本語で明るく励まして下さる東南アジア人のY牧師であり、彼を和太鼓に誘ってくれたZさんでありました。Zさんは人並み外れた体力と気力の持ち主で、芸術と人間に興味津々、自身も芸術性に溢れた豊かな才能があり、楽しんでとことんGに付き合って下さるので、GはZ兄貴と呼び、母にも井上先生にも見せない自分の世界をZ兄貴にだけは見せていました。真実の叫びを求めてヘビーロックを聴く時間も、真理・究極の美を求めてLUNA SEAを代表とするビジュアルの世界を狂気すれすれに彷徨う時間も、Z兄貴は共感しきらずとも共有してくれました。

このようにGを応援して下さる方たちは、汚れた世の中にあっても真実を生きている方たちで、ほとんどの大人を憎悪していた時のGも、彼らにだけは心の窓を開きました。私は援助者たるには自身が真実を生きることなのだとあらためて気づきました。それに感性と知識が加わればなお素晴らしくなると思いますが、私には無理なので、神様が憐れんでそういう方たちに出会わせて下さったのだと思います。

ところで、Gとの大変な会話を繰り返すうちに私はあることに気がついてしまいました。私自身の心の奥底に封印していたはずのものが、Gのなかにしっかり根づいているのです。解かれた封印の中身は、「純粋に生きること」。純粋であることはとても素敵なことではありますが、この世で純粋に生きることは不可能に近いと思うのです。

かつて私の通った高校はミッションスクールで毎日礼拝があり、私は聖歌隊に所属していました。そこでヘンデル作曲メサイアを歌ったのですが、その曲はヘンデルが霊感を受けて作ったといわれる素晴らしいものでした。そして本物の音楽は歌う者の心を鏡のように映し出します。私にはメサイアを本気で歌える心がないことをはっきり映し出されてしまいました。「心の中でキリストは素晴らしいと思えばそれで充分。信仰がなくてもいいのよ」という母の言葉は、清い心を持ちながらもこの世にうまく合わせて生きる知恵でありました。しかしそれは、「清い心を持ってほしいけど常識的であってほしいから信仰があっては困る」という意味でもあります。親への反抗精神も作用して私は「本当にメサイアを歌いたいのなら信仰がなくちゃダメ。私はママのいいなりにはなるまい」と心に決めました。そうして私は讃美歌を歌うと共に聖書を紐解いていきました。

「求めなさい、そうすれば与えられます」という言葉通り、自分から求めて読む聖書は神様からの言葉として心に響きました。朝起きて祈り聖書を読むと、主は今生きておられると感じます。すると今度は、もしも「わたしのもとに来なさい」という言葉が響いてしまったらどうしよう？　と不安になってきました。神の言葉に従い純粋に生きることは真実の幸せである、と私の霊はわかっていました。しかしこの世の平凡な幸せを願う両親を、一人っ子の私が悲しませることになるかもしれない、と思うとこの世で純粋に生きることは不幸なことに思えてきて、私は「ほどほどの」クリスチャンになったのでした。

　こうして私は「純粋」を封印して心の底に沈めたのですが、無意識のうちにそれを自分の生んだ子どもたちに、バトンタッチしていたことを、Gによって気づかされました。そして、それはやはり無意識のうちに両親から受け取ったものであると思えました。おそらくこのバトンは、先祖代々受け継がれてきたものではないでしょうか。そのことに気づいてしまった今、「私ももっとダイレクトに神に従うべきではないのか？」と、Gとリンクして覚悟し始めているところです。

　Gが井上先生にカウンセリングして頂いてから三年以上の月日が過ぎ、昆虫が脱皮するように何回か古くなった自分を脱ぎ捨てましたが、未だに彼は人生手探り中です。それでも、悪魔のような心の荒みはいつの間にか和らぎ、この本の原稿を書くことをお引き受けしました。しかし昨年の夏から、彼はさらにどんどん変わってきており、書いてはボツの繰り返しでした。また彼の言葉は独特の世界と意味があり、芸術的といえば聞こえはいいのですがチンプンカンプンな文も多く、とても先生の本に載せられそうもない雰囲気が漂いました。

　ところが、冬の初めと終わりに彼は夢を見て、それを私に話してくれたのです。それは聞くだけで私の脳裏に絵が描けるほどありありとしたもので、彼にとって重要な夢であると思われました。二人でそのことを話すうち、彼は『今度、井上先生に会ったらこの夢の話をする』と言い、私はこれこそ原稿にぴったりのテーマになるのではと思いつき、彼もそれなら書けそうだということで、すぐに先生に連絡しました。先生は喜んで励まして下さいました。ところが、彼は途中でどうしても言葉にできなくなり、『先生に直接会って話さなきゃ伝わらないし、書けない』とゴネ始めたのです。しかし先生はご多忙で会うのは無理でした。原稿を待っておられる先生は電話で私に〈彼はそろそろ社会的責任を果たす準備ができ始めていると思われるので、書くと引き受けた以上、書くように言って下さい。ここで完成させることが次への大きなステップになります。成功すると余裕が出るので、その時が突き放す時です〉と、厳しい口調で言われました。私は「このゴネてる息子のどこにそんな準ばなるまい」とも思い、とにかく書けと説得しようとしました。しかし説得するまでもなく、彼はもう書こうとしていたのです。その経緯は彼の文にあります。

今でも私には、彼が原稿を書けたのは井上先生と彼の「時」がうまい具合に「偶然」重なったとしか思えません。確かに彼は、次のステップを踏むために動き始めました。しかしそれが社会的責任を果たす準備なのかどうか、私には分かりません。それで私は「何を根拠にそう思われるのですか?」と伺うと、先生は〈わたくしの体感です〉と仰いました——「体感」!

そういえばGは『井上先生の感じる力が凄い』と感心していました。それは昨年の夏、彼が文を書いて先生にファックスすると〈あなたの世界は透明なのね〉という感想を言われたけれど、その時は自分でもそれほど透明とは意識していなかったそうです。しかし今、気づけばまさに自分の求めているのは透明な世界に尽きると実感しているので、先生の感じる力は凄いというわけです。

中学を卒業してからは先生と彼はたまにしか会っていませんが(半年に一、二回程度)、先生の、弓を射る時の呼吸の話に、「なるほど」と思ったり、彼が聴いていたヘビーロックの歌詞を見て〈この歌詞と歌詞の間に作詞者は地獄を見たね〉と感じるままに仰った先生の感想に、「よく分かるな」と感心したり、と、会う度にぴたりとくる場面が必ずあったので、そういう積み重ねのうちに先生への信頼が生まれたのだと思います。

彼にとって信頼し尊敬する拠り所は、先生の学歴や職業よりも「体感」のようで、そういうところはさすが私の息子、となんだか嬉しくなります。

今の私は、「先生の体感どおりかもしれない」と期待したり「やっぱり違った」とがっかりしたり、彼に余裕など感じ取れないけれど突き放したい気持は膨らんでいる、といった状態です。そして主の前に真実に生きつつ、彼の成長を楽しみたいと思い始めております。

追伸

最初に原稿を書き送ってから四ヵ月。その間にGに変化が起こり、彼はこの社会の中でなんとか生きてゆく努力をし始めました。現実は厳しいですが……。また、英語の聖書でキリストのことを「ワンダフルカウンセラー」と書いてある所がありますが(イザヤ書)、まさにGはキリストからダイレクトにカウンセリングを受けようとしています。そうなれば、深く悲しむ時には深い慰めを得、深い慰めを得た時には深く人を愛せるはず。導く主に、期待します。

Gくんのお母様へ

体感のイメージ

お母様と電話でGくんの原稿のお話をしながら、わたくしの「からだ」の内奥に揺れが起こり、さざ波がひとつ生まれました。波打ち際に朧な意識があらわれ、この「内動」をとらえ、それがことばに変換されます。Gくんは「星を見つけた」。つぎにいままでの重要な場面がフラッシュバックして浮かび上り、やがて意識が覚醒し、ことばと映像を基に意味を展開し、結論に達し、お母様にお伝えしました、〈……社会的責任を果たす準備ができはじめている……。突き放す時です〉。これが、Gくんが信頼してくれた、わたくしの「体感」の一連の流れです。おそらく、結論に達するまでの時間は一秒ほどだろうと思われます。

展開された意味内容の一部

あの頃、お母様がGくんを「悪魔のよう」と仰っていた頃、わたくしには、彼が地球から摺り落ちそうなほどの孤独と恐怖を抱え狂気と正気のあいだを彷徨わねばならない、そんな〝いのち〟を生きているように感じられました。だから、彼が何かを求めてあの世に出立するのは必定でした。それは生来的なものからでもあり、何かの事情からでもあるようでした。しかしあの頃、彼が何を求めているのか、何を探せばいいのかは、誰にもわかりませんでした。でも、わからないながら彼のそばには、彼を愛する人たちがずっといてくれました。「君はひとりぼっちじゃない」と伝えながら、でも旅の邪魔をしないように。みなは、真摯に尽きなく生きようとする青年のためには何でもしたい人たちでした。しかし、同時に「自分は何者で、いかに生きるのか？　生きる価値があるのか？」の問いは、彼自らが答えをだきねばならないことも分かっていました。そのため、時に、みなには無為でいる強さが求められました。幸いみなは自分の道を見いだしている人たちで、語りあわずともそれを理解し、彼の重要な他者としてそれぞれの役を淡々と果たされました。みな、彼のなんとも憎めない人間的魅力に惹かれていたのです。彼の、愛を受けとる力は、彼が幼い頃、親御さんがどんなに彼を愛したかを物語っています。そして、みな、彼は必ず何かをつかんで、生還すると信じてきたのです。

そしてお母様。お母様は毎日毎日、倦まず弛まず、彼と対話し、彼を理解しようと真剣でした。そうして、彼の悪態に傷つきながら、彼をあたため、養い、ときに火花を散らし、知恵を授け、ようやく月満ちて、いま彼を「生み落とそう」とされていると感じたのです。彼も、お母様とみなの応援を得て、旅の果てに「星」をみつけ、「星」は永遠に消えないことも了解し、この世に戻ろうとしていると思えました。

おふたりの「時」が重なって、今、陣痛の時を迎えていると、電話口でわたくしのからだが感知したのです。お母様に伝えた「突き放す時」とは、彼が「生まれ来る」ので今が「生み落とす」時、という意味です。〈社会的責任を果たす準備が……〉とは、「星を抱く人は『赤児ではなく、赤児のごとく』生きることが可能になる」という意味です。しかしあの時、いつものような文学的表現を避け、かつ、厳しい口調で申し上げたのは、父性原理が発動されるべき時と判断したからです。日本社会全体が抱えているテーマですね。そして、最終的には、上手に子どもから「捨てられる」ことが、青年期の子どもをもつ親の役目になるのではないかな、と考えますが、いかがでしょうか。

おふたりに

彼に会うたびに、わたくしはその純粋さに胸打たれ、いつのまにか付着しているこの世の汚れを、はたき落としている自分に気がつきます。そして、これほどまでに清浄無垢な青年の人生に、少しでも関われたことに感謝しています。中学卒業後の彼と応援団のひとりとして［『対話の技』二六二頁］、たまに会うようになってから、わたくしは「カウンセリング」ということばに、最初からもっていた違和感がより明白になり、かつ、有料で相談を受けることができなくなりました。それまでも多くはボランティアだったのですが、はっきりと、まったく、できなくなりました。なぜなのか、いまはまだその理由をことばにできません。そして、彼にとってのX先生やY牧師、そしてZ兄貴のように、学生や子どもたち、現場教員やお母さんたちのそばにいられたらいいなと思っています。それがわたくしにしっくりくるようです。わたくしも自分をひとつ見つけたのだと思います。ありがとうございました、Gくん。

そして、お母様。お母様はわたくしに、母親業がいかに大事業かを教えて下さいました。しかもお母様はその過程で、世代間伝達されたご自身のテーマを洞察され、人生前半で封印した大切なことを、人生後半の中核に置くことにされました。すなわち、「残りの人生をいかに生き、いかに死ぬか」をつかみとられたのです。そして不思議なことに、ほぼ同時期にわたくしにも同様のことが起こったようです。気づくとわたくしも、いままで生きてこなかった人生を生き始めていたのです。家族のために多くの時間を割くようになりました。朝、家族を送り出す時、背中に「いってらっしゃい」と声をかけることがとても大切に思え、「おかえり」と迎えられることが嬉しく、日に三度も「ご飯なあに?」と聞く子を見て、子どもというものがどれほど食事を楽しみにしているのか（味つけが不安?）はじめてわかり、反抗期の子どものメモに「お母さんとお買い物」と色違いのペンで書かれてあるのを発見して「思春期の心がわかっていなかった!」と反省し、日々、新鮮な感激に包まれながら、どこかで自分の一部が着地した心地好さがあるのです。ありがとうございました、お母様。

現代社会では、子育ても、人が自分を失わずに生きていくことも、ますます難しくなってきています。でも、お母様には、人生の午後に全うする課題が待っているのでした。誰のためでもない、お母様ご自身の霊のために。わたくしはふたたび自らの海に、ゆらりゆらりと漂い、Gくんの「星」は主イエス・キリストそのものなのかなぁ、とからだに聴いたりしながら、産婆のお手伝いができる「時」を待てたらいいなと思っております。

では、また。

対話

その四——Gくんとお母様へ

一回きりの人生を賭けたGくんのチャレンジに敬意を表します。Gくんの年齢のときのボク自身の生き方をふりかえり恥ずかしいです。

今のGくんの役に立つかどうか危ぶみながらも、ボクの心理学理論のようなものを聴いてもらおうと思います。C子さんへのものの続きですから、そこからスタートして読んで下さるといいと思います。

環境とのズレが大きくなったとき、Gくんは最も自然な解決法である、ズレの少ない環境に移ったり環境を改変したりする振舞いをとられました。それはGくんが、感性の資質だけでなく行動優位の資質をも備えておられたからでしょう。

だけど、相手を大切にしたい部分をどうされたのでしょうか。その部分を「勇気」で押し切ると、少し乱暴なことになったかもしれませんね。その意味で、Gくんには革命家へと成長する資質もありましょうね。いずれにしろGくんは「自己麻酔」を拒否する潔さのせいで、波乱の人生コースを引き受けられました。幕末の志士を連想させます。命にとって有害でも、魂に添った方向を選んで進んでおられます。そして、魂を大切にして生きた多くの先人と同様に、人知を超えた宇宙の大いなる霊へと接近してゆかれます。

ただ、魂の世界、霊の世界はとても個人特有のものですから、そこへ進んでゆく人の周辺の人々は、お母様も含めて、ビックリの毎日で、とても理解などできません。ただ信じて祈るしかありません。だけど霊の世界に進んでゆく人はせっかちな人なので、案外、幼い部分をそのままにしていることがあります。そこを支えてあげるとよいということは、お母様の文章にある通りです。幕末の志士にも結構愛らしいところがありました。

C子さんもGくんも、ズレの苦しみに直面することをやめませんでした。その結果「心の世界」が育ってゆきました。ここで、行動抑制的なC子さんのなかに育った「心の世界」と、行動決行的G君のなかに育った「心の世界」とを比べてみましょう。C子さんの内に芽生えて成長している「心の世界」は、今後のC子さんの行動の支えとなり行動を助けます。他方、行動的なGくんのなかに育ちつつある「心の世界」は、Gくんの行動抑制を支え助けるように思われます。抑制もまた行動の一種なのです。われわれの人格成長とは、自己の資質を失うことなしに、平凡な像に近似していくことだと思います。どこまで行っても近似にすぎませんが。

第三部

生をはぐくむ対話

第三部の第六章は、わたくしが考える「〝いのち〟の流れに添う教育」のあり様と、その結果、学生たちとひとりの社会人がいかに自らの人生を生き始めたかの、本人自身による報告である。そして最終章の第七章では、師匠、神田橋のわたくしへの育みの一部を、「〝いのち〟の対話」を通して伝えることとする。

その前に、わが大学教育ことはじめとして、講義についてふれておきたい。第六章の学生と社会人の文章に「講義」および講義を契機として知る「自己」に関する記述がみられ、青年の自己探求・自己形成における講義の影響の深さを再確認したからである。

ヘーゲルのベルリン大学に哲学を講じたる時、ヘーゲルに毫（ごう）も哲学を売るの意なし。彼の講義は真を説くの講義にあらず、真を体せる人の講義なり。舌の講義にあらず、心の講義なり。真と人と合して醇化（じゅんか）一致せる時、その説くところ、言うところは、講義のための講義にあらずして、道のための講義となる。哲学の講義はここに至ってはじめて聞くべし。いたずらに真を舌頭に転ずるものは、死したる墨をもって、死したる紙の上に、むなしき筆記を残すにすぎず。なんの意義かこれあらん。……（夏目漱石『三四郎』）

これは三四郎が図書館で借りた書物の見返しの開いたところに鉛筆書きされていたものである。署名はむろんなかったが、三四郎は覚わず微笑んだ。けれどもどこか啓発されたような気がしたのである。わたくしも若き日、感涙するほどのご講義を聴く機会を得て、つぎのことがらを摑んだ。

一、「ほんもの」の核は「純粋さ」である。
二、「ほんもの」による講義は、学生にみはるかす「道」を示す。
三、高度な研究・広く深い学識に裏打ちされた優れた講義は、学生を自ずと「真理の探求」に向かわせる。
四、夢中になり、忘我になるほどの講義を聴くあいだじゅう、講義者の「最も尊い属性」が学生の中になだれ込む（数年後の気づき）。
五、どの様な学問内容も、いかなる「人格」の波に乗せて伝えられるかで、学生の受け止め方は全く異なる。

わたくしはこれらの思いを胸に抱き、襟を正して、大学教師として教壇に立った。いまから十五年ほど前のことである。やがてわたくしは、自分独自の講義スタイルを確立したいと思うようになった。その瞬間、ずっと以前から意識に上っては消えていたあることがわたくしに迫ってきた。それは、「いま・ここにいる自分は〝真の自分〟ではない。しかし、どうしたら〝真の自分〟になれるのか。わからない」という思いであった。

時を同じくしてわたくしの〝いのち〟が心理臨床に向かい始めた。わたくしの指導者たちは一様にその転向に賛意を示されなかった。しかしわたくしは、わたくしの「道」を行くために、「ほんもの」になるために、どうしても〝真の自分〟を見つけねばならなかった。その切実な思いの背後には、前述の五番目に記した「いかなる『人格』の波に乗せて伝えるかで受け止めが異なる」というかつての気づきがあった。

すなわち、講義においては伝える内容以前に、授業者の人間性が容赦なくクローズアップされるのである。劣等感に満ちている人の講義には嫌気がさし、自己愛人間の講義には辟易し、単なる優等生の講義はつまらない。つまり「ほんもの」でなければ「ほんもの」を伝えられない。だから教師教育の根幹は、教育技術以前に「人間を創る」ことである。教師は、学歴も地位も名誉もすべて脱ぎ捨てたところで、どれだけ人間として勝負できるか、ではないか。生で裸で飛びついてくる子どもたちを受け止める「教師」を育てる大学教育であればなおさらのことである。

そう考えて、わたくしは密かに臨床の師を探し、神田橋を見つけて師事し、自己の真の姿を追い求め、〝対話精神療法〟を学び、教育領域に展開し、そしていま自らの教育を創り始めている。
まだ踏み出したばかりであるがその営みの、従来の心理学や教育実践との大きな違いは、人間を「観察」することにより、日常生活者としての「エネルギー」の動きに気づき注目したこと、その背後の〝いのち〟の流れを感じる感性を育てる視点をもったこと、さらに青年（学生）がそれまでの発達の歪みを修正し〝真の自己〟に気づくよう心理療法の側面を教育のなかに融合し、これらを講義とゼミ教育の両方に組み込んだことである。

第六章ではその実際を、教師の側からだけでなく教育を受けた側からも報告してもらい、読者のご批判を仰ぐこととしたい。

第六章　揺れて立つ

はじめに

本章は「〝いのち〟の流れに添う教育」の実践報告である。そこでまずその対象と願いと方法についてわたくしが述べ、そのあとに教育対象であるゼミの卒業生と社会人がかかわりのあり様を語り、それに対して神田橋が対話し、最後にわたくしが総括する、という手順で進めることにする。

教育対象

わたくしが所属する日本女子大学の教育学科では、教員の専門領域や個性を反映した多様なゼミが、一ゼミ十名以下で展開されている。原則として二年次の冬に学生がゼミを希望して選択し（様々な事情から、第一希望に入れないこともある）、三年次と四年次の二年間にわたって同じゼミに所属し、卒業論文を書き上げる。

わたくしは自分のゼミを希望する学生におよそ五つの共通の特徴を認めている。ゼミ生の多くは、①基本的に愛されて育ち「生命愛」が豊かである。生命愛とは、平和を愛し、生きとし生けるものすべてを差別なく純粋に愛し、子ども・動物・植物が好きで、それらの成長や保護に携わることを喜ぶ心理的傾向を言う。その様であるから彼女たちは自然に人の幸せを願い、自らも愛され、何かあれば手を差し延べてくれる人たちがいる。②感受性が際立ち、驚くほど人間を見抜いている。③ゼミは三年次からの参加だが、一、二年次の講義やそれまでの実人生の出来事を契機に「自分探し」をしたいという欲求があり、実現するための自我の強さがあり準備ができている。すなわち積み残してきたテーマに直面し、人生を深く生きようと真剣である。④やさしい性格で、かつやさしさに裏打ちされた知性をもつが、このやさしさは、必要であっても他者との「対立」「競争」を苦手とし、個に徹しきれないなどの「弱さ」に通じる。だがこの知性は、余裕と潜在力を秘めており、地道な努力をいとわない。⑤「惚れ込み」の傾向がある。

ゼミ生はおよそこれらの共通した資質をもちながらも、ひとりひとりが独自の「個性の光」を放っている。そして、毎年、数名が教員になる。そこで第六章の報告者として、ゼミの卒業生のうち、幼稚園、小学校、養護学校の現職教諭および高等学校のコーチなどの教職関係者であり、かつゼミ体験も卒業年も多様な人材を選んだ。また医療現場にも「〝いのち〟に添う教育」を届けたいと思い、卒業後、医学部に編入した者、さらに社会人を経て大学進学されたひとりの内省力豊かな看護師にも書いてもらうことにした。

願い

咲くも花
咲かぬも花
いのちのままに
いまを生きる

これがわたしの「〝いのち〟の教育」の願いである。

わたしは思う。何が本人にとって幸せなのかは主観の世界なのでわからない。ただ、〝いのち〟とは「生きていく力」であるから、その流れに添っている時、人は強くなろう。その意味で教育対象には、他者と優劣を競うのではなく、他者の幸せを思いながら、仕事や役割に打ち込み、その過程でひたむきに自らの資質を開花させていく。そんな生き方もひとつの選択肢として上げられるのかもしれない。

そう思う時、ある詩の一節が連想される。それは宮沢賢治の『業の花びら』［谷川 一九五〇年］である。

ああたれか来てわたくしに言へ
「億の巨匠が並んでうまれ
しかも互いに相犯さない
明るい世界はかならず来る」と

ここでの巨匠は、長い道のりを闘い抜いて栄誉を勝ち取った大家を意味しない。与えられた運命と環境の中で、ひたすらにもてる可能性を開花させた「地の塩、草の根、無名の、という形容詞こそが目に見えない勲章である」ような無数の人々のことである［西平 二〇〇四年］。

だがこれも〝いのち〟のひとつのあり方にすぎない。重ねて言うが、咲くも、咲かぬも、散るも「いのちのまま」、それがわたくしの願いである

思えばここに文を寄せてくれた対象者の仕事は、教職、医師、看護師で、いずれも〝いのち〟を守り導く仕事である。他者の〝いのち〟の流れを感受し、育み、守るには、まず自らが自分自身の〝いのち〟の流れを感受しうる「か

らだ」になることが求められる。その前提は、自らが〝いのち〟のまま生きていることと考える。

方法

教育対象者の〝いのち〟のあり様を、日常のエネルギーの流れから「観察」あるいは「連想」から推察し、塞き止められていると感ずれば「対話」によりそれを共有して「揺らして」流れるようにし、変化を確かめ、共有する。ただし、〝いのち〟が感応しあうと、ことば以前の偶然によるでき事が多く発生し、かつ、相手からの「させられ体験」が多くなる。

その結果について、ゼミの卒業生と社会人に書いてもらうにあたり、つぎのことばで依頼した――「わたくしがどんな教育をしたかについて、あなたとわたくしとの関係を軸に、『対話』を盛り込んで記述して下さい」。

以下、ひとりひとりの体験が語られるが、彼女たちもかつてのわたくしが自らの師に対してそうであったように、いまはまだ惚れ込みという「夢」の途中である。したがって、文中に描かれるわたくしの姿は、実物のわたくしというより、彼女たちの内界にある幻想的イメージのわたくしである。しかし、この惚れ込み、精神分析でいう理想化や同一視、あるいは傾倒や幻想こそが、彼女たちが育つのに必要な精神作用なのである。子どもが幼い日、親が理想的人物像に映るのと同じことである。しかし、やがて子どもが成長し、親を見る力を獲得すると、親は批判され、乗り越えられの対象になる。ただ大切なのは、その幻想イメージに何を映し込むかは、各自異なり、そこに本人自身のなかにあり、かつ、いまだ実現していない資質開花の青写真が秘められている、ということである。

言葉のない対話

ハンドボール部コーチ　里芋

二〇〇四年三月の卒業式の謝恩会で、私は台風のように、みんなを巻き込んで、自分のペースに乗せようとした。そして、先生のことさえ巻き込んで、胴上げしようとした。

先生からお叱りの電話を頂いたのは、翌日だった――〈わたくしは、放っておいて欲しかったのよ。あなたが自分探しで得たものは、まだ本物ではない〉。初めて、先生に叱られた。というより、初めて、「放っておいてほしい」と率直に言ってくれる人に出会った。

強く厳しい先生の言葉に、私は、今までの自分探しを、そして私自身を、全否定されたような感覚を覚えた。それからしばらく、言葉が出て来なくなった。恐怖感に駆られていた。それでも「考えなくては」と、先生の言葉を反復し、聞くべきところをからだに落とした。心に少しゆとりができた時、私の「芯」は朽ちていないことに気がついた。そして、「頭では分かっているのに、身に染みついたものが言うことをきかないのだ」「確かに、そんな私は本物ではないのだろう。しかし大学二年間で私が取り組んだ自分探しには必ず意味がある」「先生、私はいつか本物になる。私の自分探しは、まだまだまだまだこれからなんだ」と思った。

ここに提示する文章は、そのことに気づく前に書いたものである。私はまだ、自分自身が納得のいく自分ではない。だから、私が私になるまで、名前を伏せることを許して頂きたい。いまは里芋とさせて欲しい。これはゼミのある先輩が私のことをそう譬えてくれたからだ。「里芋は、外の皮がごわごわで土まみれだけど、ひと皮剥けると綺麗で、煮物にしたとき、薄味でもしっかり味がつく。あの子はそんな子だ」と。

＊＊＊　　＊＊＊

なんで自分の凄さを訴えてこないのか？　私に足りない何かを教えてもらおうと思ってここまで来たのに、どうして何も語ってくれないのだろう？　私は「大学を卒業したらどうしたらいいか」と悩みに来たのに、どうして何も教えてくれない。

これが、私と縄文杉との最初の対話だった。

〈屋久島にある、縄文杉に会いに行ったらどう？　あなたのエネルギーはあれに似たものがある。あなたを受け止められるのは、樹齢四千年といわれるあの杉ぐらいだわ〉――卒業論文を書き終えようとしていた年末、チックの残る私に、先生が突然こんな電話を下さった。論文を提出すると同時に、思い立ったように屋久島を訪れ、縄文杉に会いに来た。登りには四時間かかった。私はその間、「先生は縄文杉を見たことがないだろう」と考えては笑っていた。なぜなら、〈縄文杉に会いにいったらどう？〉と先生はあまりにも簡単におっしゃっていたが、この登山は、なかなかのものだから。

私の中で先生は、常に今を生きる人だ。課題やアドバイスは、ひらめいたように仰るし、とてつもなく忘れっぽい。「それでは困るだろう」と言う人がいるだろうが、私が青年期に自分探しをするにあたっては、先生のそんな性格が何より救いだった。「何を言っても大丈夫だ。これから私が変わっていくことが大切だ。いま間違ったことを言ったとしても、先生は忘れてくれる」——それが、先生には何を言っても許されるような感覚を私にくれた。先生が私に条件のない絶対の愛を下さっているように感じられた。

〈あなたは縄文杉と同じぐらいのエネルギーを持っている。でも、そんな縄文杉を見に行く人がたくさんいる。あなたと縄文杉は何が違うのか？〉

出発前の電話で、先生は〈あなたはそれを肌で感じるだろう〉と仰っていた。

縄文杉には、私が他者に与えてしまうような威圧感がない。日本最大の幹周りを誇る杉であるのに、それを感じさせない。でもよく見ると、確かにすごい杉だ。それなのに、なんだか寄り添ってみたくなる。

……私には何が足りないのか？

大学生活二年間の証である自分探しの旅の経過を、頭の中で振り返っていた。

『先生は、嫌いな人がいないのですか？』——二年生の時に受講していた「学校カウンセリング基礎論」の授業で〈自己受容と他者受容には正の相関があり、わたくしは自己を受容している〉と仰った先生に、講義後、私はこう尋ねに行った。先生は、〈います〉〈あなたは、攻撃の仕方を一つしか持っていないでしょ〉と、私を一目見て仰った。

「なんだ、いるんじゃん。しかも私の性格を勝手に読み、ダメ出ししてきたぞ！　なんなんだ？」

将来、教師を目指している私にとって、まず「己を知る」というのが大学時代の目標であった。この時ふと、「自分はどんな人間なのか、つかむことができるかもしれない」と思った。そして、井上先生のゼミに入ることを決心し、三年生の四月にゼミに所属した。

〈あの子、わたくしになかなか近づいてこないのよ〉、先生がゼミの先輩たちにそう漏らした通り、私はそれから半年間、先生から距離を置いた。自信のない自分を見られるのも、自分について勝手に解釈されるのも、恐れたからである。

自分探しのスタートは、三年生の八月、嵐の日だった。用事があって先生に電話すると、〈台風、あなたにそっくりでしょ。外をよーく見ておきなさい〉と仰った。「先生は何を仰りたかったのか」、それが気になり、外を何時間も見た。そして、「自分はどんな人間であるのか」「自分の嫌いなところ、好きなところ」「自分の過去の経験」について、自分の中から込み上げてくる言葉を、レポート用紙三枚にもわたって箇条書きにした。『猪突猛進』……私を表現するのにピッタリの言葉だ。私は、人を巻き込みながら凄いスピードで進んでいく。そんな私の性格を、台風に似ていると仰ったのだろう」——その時この結論にたどり着いて、書くのを止めた。しかし、その気づきが「己を知る」という難題に何らかの答えをくれたわけではなく、それからまた、外を眺めていた。

十一月に二度目のゼミ発表の順番が回ってきた。ゼミでは、論文を読んでレジュメを作成し、要約を発表して討論する。私は図書館でたまたま目にした先生の論文のひとつである「児童の自尊心と失敗課題の対処との関連」の「自尊心」という言葉が心に引っかかって、これを題材にした。この論文のたった二文を解釈するのに、一週間がかかった。「意識的無意識的」「自己概念」「行動の内的枠組み」などひとつひとつの言葉が、自分の意識の中にないものであるから、自分のものとして理解するには、難しかった。さらに、その言葉と言葉をつないだ文章を読むと、混乱するしかなかった。

それから一週間、「自己概念」について追求し、心を目に見える形で図式化しようとした。昔、先生に〈読んでおきなさい〉と言われ購入したものの開くことさえせずにいた梶田叡一氏の『自己意識の心理学』を読み始めた。さらに論文を読み進める中で、キーワードである「自尊心」について理解し、自分には自尊心が欠けていることに気がついた。そして、自分の自尊心は何なのか、つかもうとした。論文の「問題と目的」を読み終えただけで力尽き、ここまでのレジュメで発表に臨んだ。

発表の中で先生が、学問的指導のあい間に、私について仰ることを必死にメモした——「そのまま人にぶつかれる」「野性的で直観的」「自分のことを馬鹿だと言える」「エネルギーの塊」「ご両親のどちらかが凄いエネルギーを持っているのかもしれない」「居場所をたくさん作っておくこと、そのパワーの全てを集中させると、人は引いてしまう」「存在自体に意味がある人」。

私はいつもエネルギッシュだ。そんな自分を、うざったく、あつっくるしい人間だと思っていた。そして、そんな自分らしさが嫌いだった。しかし、一時間半後にゼミを終えたとき、自分らしさがなんとなく好きになっていた。そして、帰りの新幹線の中で、体に芽生えた「生温い」感じをなんとか理解しようとした。先生が仰ったこと、ぶつけてくれた疑問、ゼミの仲間が私について教えてくれたこと、……ひとつひとつの解決が点となり、やがて点と点が結ばれていった。

そして、私はあることに気づく。私には、他の人とは一味違った感覚がある。それは、「人は、みんないい人である。人はみんな温かい」という、人への信頼感である。

この感覚はいつから私の中にあるのか？ 私はどうしてそう思うのか？ 両親がそう教えてくれたからに違いない。私は父の背中を観ながら育った。こわ面の父だが、背中にはいつも私のことが「大切で仕方がない」と書いてあった。なにより、両親はいつも私のために一生懸命だった。そんな両親の姿が、私に、「人というものへの強い信頼感」を育ててくれたのだろう。ならば、なおさら、この感覚を、人が何と言おうと、私は大切にしていきたい。たとえそれが、不器用ながら人とのつながりを求める自分自身のあつっくるしさになったとしても。

その時、生温さが心地よくなった。心の中で叫んだ言葉は今もノートに残っている――「私はショボくない」。そして、「自尊心は、もっとも自分らしいところを発見し、それを自分で好きだと思えた時に生まれるものである」と、自尊心発芽の瞬間に得た感覚を記している。

次の変化は翌年の三月、先生とのこんな対話の中でだった。『誰からも「守ってあげたい」と思われるような人になりたかったんですよ』、そう話すと先生は即答された。〈誰が？〉笑い飛ばされた。続けて、〈なれるわけないじゃん。あなたはわたくし寄りよ〉と仰った。正直、私はこの時まだ、そんな人になりたいと奥底で思っていた。それなのに私は言った、『やっぱり！そうですよね』。先生は立ち去って行かれた。一瞬芸を見たような、そんな感覚の残る時間だった。しかし、その数時間後のゼミの友人の発表の途中で、私について先生は〈誰よりも男らしくて、誰よりも繊細〉〈誰よりも優しくて、誰よりも弱い〉と仰った。この数時間後に書かれた日記には「私っぽく、私っぽく、とことん私っぽく」と記されている。この日、「自分自身ととことん付き合っていこうという覚悟」が自分の中に整ったのを感じた。

そして今、自分を生かし生かされ、生きていこうとしている、生きることをこんなにも楽んでいる、私がいる。

「縄文杉と私は、いったい何が違うのか？」――登山の途中、血液がドクドク流れている血管のような枝が足元に広がっているところで、めまいと吐き気を憶えた。そこにある光景が怖くなって、気持ち悪くなって、走り出した。

生きるということは、それだけで、こんなに凄いことなのかもしれない。他者は私に「凄くいる」ことを求めていない。エネルギッシュさは自分の自尊心だ。これからも、「曇りのない底抜けの明るさ」「辛い時『辛い』って言わないでやりきる強さ」を持っている人でいたい。……しかし、そんな自分の姿を、人に見せる必要はあるのか？　ほんとに強い人間は……。縄文杉は、強いのに強くなさそうである。

ふと、先生が三年生の初め頃にゼミの中で仰った言葉が浮かんだ――〈本物は静かである〉。

卒論を書きながら私は先生に「まだ自分は本物ではない」と訴えていた。先生はその時、私に〈それがあなたの次の課題です〉と仰った。相変わらず、その難問の解決策は教えて下さらないから、ただ「今の自分は本物ではない」ということを考えながら過ごしていた。自分探しのあいだ中、見えないところでどっぷり井上先生に寄りかかりながら、答えは自分でつかんでいった。答えを報告すると、先生は〈自分でつかんだものだからこそ本物である〉と仰った。私は、「今『自分のことは自分が一番知っている』と思える。ならば私は、今までのように、人に自分を語ることにあくせくする必要はない」と思った。

「この旅はまた、知らぬ間に先生が下さった課題だったのか？　私が縄文杉と対話した時間は、先生と過ごした二年間に似ていた。先生は、縄文杉に似ているのか？」――私にとって先生は、縄文杉に似ていた。先生は全身を黒でかためて、妖艶な雰囲気で授業を創り上げる。

そのゼミ生は、三年生の時、魔法にかかったように見える。それは、自分探しをスタートして、無意識との対話を始めるためである。そのなかでゼミ生は自分自身の「問い」を見つけ、その解決手段として自然に文献にあたりだす。それは、知識の習得を目的とする学習とは異なるが、ゼミ生はそのなかで、からだを通して、確かな知識を獲得していく。それはもしかしたら、知識に終わらないで知恵になるものかもしれない。そして四年生になると、自分で目を覚まして霧の中から飛び出てくるような、よみがえりに似た変化を遂げる。その変化は、井上ゼミ以外の学生の理解を遥かに超えている。「最も井上ゼミ生らしくない」とさんざん不思議がられた私に、友人は会うたびこう聞いてきた、『最近、ゼミはどう？　先生はゼミで何をしているの？』と。

先生はその異質性と神秘性ゆえに、ゼミ生以外の学生からは尊敬と恐怖をもって見られている。しかし私にとって先生は、ふざけて「イノッチ」と陰で呼んでしまうほど、親しみのある存在である。つまり先生は私にとって、凄い人というより、憧れと親しみを感じさせてくれる存在だった。

思い起こせば、先生は私に心理学の単なる知識も、私の抱えた課題の答えも、語って下さらなかった。先生はいつも〈あなたは、学ぶことと生きることがひとつになっている。そこが素晴らしい〉と仰っては、私の自分探しを後ろで応援して下さった。私は「縄文杉のようになりたい」と思ったから、「縄文杉に寄り添いたい」と思った。二年前、生きることを楽しんでいるように見える先生は、私の憧れる大人であり、近づきたいと思っていた。近くにいることで何かを得たいと思っていた。〈あなたはわたくしに似ている〉——ときどき先生が仰るこの言葉が、何より私の生きる力となった。

私の卒業論文のテーマは「青年期を生きるということ——アイデンティティ獲得の重要性について」である。自分の変化の過程を記録として残しながら、そこで得た感覚は何だったのかを、数々の先行研究をもとに実証しながら論じていった。その作業はとても楽しかった。いまや私にとって卒業論文は、私が青年期を生きた証である。書いているとき私は、それを残すことで、これから青年期に自分探しをするであろう後輩たちに、その経験が重要であることを伝えたいと思っていた。でも、今はこう思う——「私がありのままで生きていたら、言葉で語るということなくして、私の姿が、『自分らしく生きること』の重要性を、自然に語る時が来るだろう」。先生は私にそれをして下さった。私の自分探しにおける先生との対話は、そんな「無言」のなかで何度も何度も繰り返されていたと思われる。

文献
井上信子［一九八六年］「児童の自尊心と失敗課題の対処との関連」『教育心理学研究』34－1・10－19
梶田叡一［一九八〇年］『自己意識の心理学』東京大学出版会

さといも（仮名）
二〇〇四年三月　日本女子大学人間社会学部教育学科卒業
現在　静岡県立〇〇高等学校ハンドボール部コーチ
二〇〇四年十一月より　米国留学予定

対話　六の一――里芋さんへ

ボクの住む鹿児島は「台風銀座」と呼ばれます。幼い頃から毎年数個の台風の直撃をうけています。これまで数回、「台風の目」を体験したことがあります。吹き荒れていた雨風が突然やみ、青空が現れたり月が見えたりする静かな状態が二十分ほどあります。ついで猛烈な「吹き返し」が始まります。

自身を台風になぞらえている里芋さんの嵐のような文章を読み終えたあと、「台風の目」の体験と同質の不思議な「虚」の味わいが湧いてきました。これは何なのだろう？　と考えてみましたが、まだよく判りません。

自分の本質をさがすという営みは、おそらく方法であり、それが目標とされてはならないのだと思います。「いのち」は、より良く生きることを目標とすべきなのであり、自分さがしもその方法なのでしょう。そして「生きる」さがしには、「関係・かかわり」に注目するという方法がもうひとつあります。里芋さんはハンドボールに親しんでおられるのですね。ハンドボールでも、フォーメーションの移りかわりや、その陣型のなかでの個々人の関係・かかわり・機能分担が、個々人をよりよく生かすことにつながっているのではありませんか。

台風という現象の本質は、地球上の天気図の空気の状況によって生じ、天気図に沿って動き、最後は温帯性低気圧となり消えてゆくものです。米国に上陸してそこでの関係・かかわりが、より良く生きるセンスを里芋さんの中に生じさせることでしょう。そして、もっと気圧が下がって帰国されることになりそうですね。

存在まるごと賢く強い援助者への道

小学校教師　五島（旧姓 相川）智子

〈子どもにとって、存在まるごと賢く強い援助者になれるよう図ります〉――これは、ゼミの内容紹介の中で井上信子先生が記された言葉だ。この言葉が、私に先生のゼミを選択させる決め手になった。井上先生は国内研修中でいらしたので、それまで私は井上先生にお目にかかったことがなかった。しかし、この言葉にとても強く惹かれた。

それから今日にいたるまで、井上先生からどのようなことを学んだのか、端的に記述することは難しい。ただ、あの時の選択は間違ってはいなかったといま感じている。これから、井上先生との関わりで起こった、私にとって特に重大であった出来事について述べたい。大学四年の夏から秋にかけて起こったこの出来事をきっかけに、大きく生き方が変わったといっても過言ではないからである。

七月のある日、卒業論文のための調査を先生の授業の中でさせて頂くことになっていた。ところが、直前まで大学構内でアルバイトをしていて、すべてが遅れ遅れになった。印刷物を配布するにも手間取り、予定の時間で調査を終えることが出来ず、授業時間に影響が出た。また、先生から指示を頂いていたにも関わらず、回収箱を用意し忘れた。

その夜、先生からお電話があった。三十分以上に渡って怒られた――〈あなたには教師になる資格がないと判断しました〉〈かわいそうだけど、あなたには（優先順位を判断する）能力がないのね〉など、今回の行動を踏まえての厳しい評価を受けた。そして、採用試験を受ける予定の私立小学校に提出した推薦状の取り下げを告げられた。あまりのことに思わず、電話口で泣きついた。先生の発する言葉はすべて真剣である。もちろん、判断が覆ることはなかった。

先生からのたくさんの言葉が私にぐさぐさと刺ったが、〈（教師は）命を預かる仕事なのよ。命を何だと思っているの〉という言葉が一番ずっしり心に残った。

電話を切って、長いこと夜道を歩いた。考えたかった。自分が何をして、先生に何を言われたのか、問題をきちんと受け止めねばと思った。泣くべきではないと思った。言われた言葉よりも、受験が事実上出来なくなったことよりも、先生の信頼を裏切ったことが何よりも悲しかった。これまでにも、何度か手厳しいご指導を頂いていたが、今回は勝手が違った。取り返しのつかない決定的なミスを犯してしまったと感じた。胸が痛かった。

　二日後、私立小学校受験のことで緊張しながら先生にご連絡を差し上げたところ、ゼミの移動を提案された。私は以前から専門的に教科教育を勉強してから、小学校の教員になりたいと考えていた。大学院に進学するならばその分野でと考えていた。先生にもそのことをお話ししていた。真剣に大学院進学を考えているならば、卒論のうちからその分野のものを書いたほうがよいし、また、私の能力からしても、大学院進学用の教科専門教育の勉強と心理学分野の卒論を仕上げることは無理があるとのご指導を頂いた。この提案に対して、私の思いはとても複雑だった。この時点で進路の選択肢としては、もう大学院受験しか残っていなかったため、非常に有り難い、飛びつきたいと考えた一方、骨子しか出来ていないものの、ようやく見つけた卒論のテーマや井上ゼミに対して、非常に未練があった。そしてもうひとつ、ついに井上先生に見捨てられたと思った。

　これまでの私は、ひとつのことを努力して努力して成し得たという経験がなかった。受験や部活も適当なところで妥協して通過してしまった。このゼミを選んだのはそのような反省からであった。今のままでは教職には就けないと自分でもわかっていた。先のゼミ紹介の文章を読んだとき、この先生は本物だと直感した。この人はきっと本気で胸を貸してくれる、鍛えてくれると思った。それから、この日まで一年半余り、怒られながらも、少しずつ成長し、必死でついていっていたつもりだった。このゼミで卒論を仕上げ、卒業したらきっと何かが変わると思っていた。しかし、ここでゼミを移れば、また中途半端で終わってしまう。ついに先生からさじを投げられてしまったと思うと、自分の軽率な行動が悔やまれてならなかった。ひどくみじめな気持ちであった。

　夏休みが近いため、一両日中にゼミを移るかどうか決めなければならなかった。こんなに重い決断を短時間のうちにしなければならないことは初めてだった。判断しかねて、母親に相談した。これまでの経緯を含めて打ち明けた。母は全て話を聞いた後、「井上先生に感謝しなさい」と言った。「こんなに、あなたのことを考えて、怒ったり、助言してくれる先生はいない」と。この時、電話で怒られた夜、最後に先生がおっしゃったことを思い出した――〈怒るって、どれだけ大変なことだかわかる？　まったく見込みがなかったら、こんなに怒らない〉。みんな、これからの私の成長を考えておっしゃったことなのだと理解した。ありがたくて泣けてきた。

　一日考えた末、私はゼミを移ることにした。

二日後、希望する教科教育の指導教官に会うため、大学に行った。〈相川さん〉と声をかけられ、振り向くと井上先生がいらっしゃった。〈大変だったわね〉と含みのある笑顔でおっしゃった。あれだけ怒られた後、ほんの数日後に笑いかけて下さるなんて、なんて器の大きい先生だろうと脱帽した。
教科教育の指導教官にお会いし、ゼミを移りたい旨を伝えた。先生は突然の申し出にとまどわれたものの、快く引き受けて下さった。そのことを井上先生の研究室に伝えにいくと、満面の笑みで〈よかったじゃない。がんばりなさい〉と言って下さった。そして、〈一足早いけど、お嫁に出します〉と言われた。そこで初めて、自分が井上先生を母のように感じ、甘えていたことに気がついた。その場で、先生に『先生の言葉が母からの言葉のように受け取っていた時がありました』とお伝えした。初めてお会いしたとき、先生の外観がどこか母と重なるものがあったと記憶している。私は母親のようなつもりで甘えられ、そして認められることを望んでいたのかもしれない。これまでにも、〈あなたは馴れ馴れしすぎる〉と忠告されていたにも関わらず、先生に対する甘えは払拭されず、今回のような判断ミスを招いた。先生が学生に、どれほど真剣に向き合っているか、間近かで見ていたはずなのに、講義の時間内に不適切な判断・行動をとってしまい、結果、時間を無駄にし、先生に対しても学生に対しても大変な失礼を働いてしまった。「先生ならば大目にみてくれるだろう」という奢りがどこかにあったと思う。

私は真剣ではなかったのだ。先生が何に怒られたのか、どうして教師になる資格がないとまでおっしゃったのか、ようやく分かった気がした。それは姿勢の問題である。子どもに真剣に向き合えなければ教師になる資格はない。気を抜くことは許されない。子どもの「いのち」がかかっている。そのような当然のことをわかっていなかった。そして、このまま先生の元にいたら、私は甘えて育たないと判断なされたのではないか。

先生のもとを離れたら自分の足でしっかりと真剣に生きようと心に誓った。涙があふれた。深々と頭を下げた。感謝の想いでいっぱいだった。一人だけの卒業式みたいだった。
こうしてゼロから勉強し直すことになった。しかし、四年の七月末から、今までとまったく勝手の違う分野の勉強を始めることは想像以上に大変なことであった。とにかく、全部が一からのスタートだった。しかも、十月末には大学院試験、十二月には卒論提出と期限が迫っている。移動先の指導教官は学生の自主性を尊重される方だったので、自分で課題を見つけ論文の骨子が出来てから指導する、という方針をとっておられた。とにかく自分で勉強するしかない。ゼミまで移動したのだから、もう後戻りは出来ない。何より、気持ちよく送り出してくれた井上先生の信頼に今度こそ応えたい。やれるところまでやってみようと思った。連日、図書館に通って教科教育関連の論文を読みふけった。質問をしに、退官された先生を訪ねていったりもした。専門の辞書を購入し、論文に出てくるほとんどの単語を繰り返し丁寧に調べた。〈言葉ひとつひとつにこだわりなさい〉という井上ゼミの教えに基づいていた。初めて本気で勉強した夏だった。そして一番孤独な夏だった。同じ分野を学ぶ友人や先輩も周囲にはなく、このような勉強が正しいのか分からなかった。ほとんどの時間を図書館で過ごし、誰にも会わない日が多かった。ややもすると、勉強から離れたくなる気持ちがあったが、〈あなたには選択する能力がない〉という先生の言葉が戒めとなっていた。能力がないのならば、常に注意深く自分の今取る最良の行動を選択していこうと思った。そのうち不思議と孤独と感じなくなった。落ち着いて日々淡々と勉強できるようになった。受験の日も午前三時まで英語の辞書を引き続けた。とにかく精一杯やりたかった。最後の一分まで悔いの残らないように頑張ろう。そのように決めていた。

結果は不合格だった。合格発表の帰り道、少し泣いた。でも、とても清々しい気持ちだった。限られた時間の中ではあるが、投げ出さずに戦い抜き、自分で納得できた。自信がついた。

この頃、久しぶりに井上先生にお会いした。

〈今のあなたならどこに出しても恥ずかしくない〉と言われた。この時、『自分でもそう思います』などと軽口で返してしまったが、本当は驚きとこみ上げてくるようなうれしさで一杯だった。なんとなく自分でも変わった気がしていただけに、先生にも認めてもらえたことが嬉しかった。ようやく、井上ゼミの卒業証書をもらえた気がした。

井上先生の周りにはいつもどこか崇高な近寄りがたい雰囲気（妖気）が漂う。それは講堂で三百名の学生を前に講義をされている時も、研究室で一人でお仕事をされている時にも共通している。先生のお人柄や服装や表情や言葉や眼差しすべてが調和して、その雰囲気が醸し出されているように思う。

ゼミを移った後も、井上ゼミに顔を出していた。井上ゼミにいた時は暴風雨の中にいるような気持ちであったが、移ったゼミの先生はいつも優しく、晴れた秋の日ように穏やかに感じた。しかし、晴ればかりではなんとなく物足りない気もしていた。今も井上ゼミの同期とはメーリングリストでやりとりをしている。私の中では、井上ゼミ生は大学の他の友人たちとは違う。友達というよりは、ある時間を共有した仲間という響きがぴったりくる。大学で得た宝物のひとつだ。

試験が終わり、卒論の執筆に取りかかった。指導教官からはあと一ヵ月程度で仕上げるようにといわれた。まだ論文の構成と概略しか決まっていなかったものの、不思議と焦りはなく、やれるだろうと自分を信頼することが出来るようになっていた。それから、試験の時と同じ要領で論文を生活の中心に据え、集中して書き上げた。ほぼ指示通りの日程で終わり、指導教官も驚かれた。
　夏の一件以来、意識して大切なものを選択しようと努力するようになった。その積み重ねで自分に対して誠実になれた。即断できないこともしばしばある。そのような時は可能な限り問題を持ち続ける。時に取り出して考え、またしまう。大事な問題は鉛みたいに重く残り、些細な問題はやがて忘れる。

　いつか井上先生が〈強くなると問題を持ち続けられる〉とおっしゃったことがあった。当時の私は「持ち続ける」という意味すらよく理解できなかった。今、「強くなった」と感じる。

　昨年三月卒業した。「ようやく」といった感じだった。自分と対峙し続けた二年間だった。自分を改めて見つめてみると、大きく変わったと思う。日々の生活をとても大切に思うようになった。家事をしていても、一冊の本を読んでも、人との会話をしてもいろいろな時に立ち止まって考えさせられる。それらが自分の血や肉になっていくことが嬉しい。人生とは生活そのものを指すのだと思う。かつては、人生とは進学や就職、結婚といったイベントの総体を指すのだと考えていた。しかし、日々の生活の一瞬一瞬を真剣に生きることが「よく生きる」ことにつながるのだ。井上先生は瞬時に判断され、指導を与えるという技を数多く見せて下さった。先生は「いま」というものの、やり直しのきかない厳しさと尊さをご自身の姿勢を通じて私に教えて下さったように思う。今、生きていることがとても楽しい。今まで飛び石の上を歩くように生きてきた分、これからは遅くても一歩ずつ丁寧に歩いていきたい。
　卒業後の四月からは一年間契約の非常勤で小学校一年生の補助教諭として働き、修行を積んだ。一年生の一七二名の間を走り回り、毎日とても忙しい。子どもたちは言葉で、時には行動で何かを伝えてくる。その思いに対して、技も経験もない私は体当たりで受けとめるように心がけるしかない。いつもその子の真実に言いたいことに真剣に向き合う教師でありたいと願っている。しかし、まだまだ駆け出し、空回りすることのほうが多い。春からは東京都の正式な教員になる。存在まるごと賢く強い援助者への道の、スタート地点にようやくたどり着いたところだ。

ごしま・さとこ
（井上先生から「相川、相川」と呼ばれ親しんでいただいため、本稿では敢えて旧姓のまま表記した）
二〇〇三年　日本女子大学人間社会学部教育学科卒業
二〇〇三～二〇〇四年　相模原市立淵野辺東小学校非常勤講師
二〇〇四年～現在　渋谷区立本町東小学校教諭

対話　六の二——五島さんへ

指導する時は「相手の未来がより良いものになるように」と意図することは当然です。したがって、相手のいまのいのちの流れ、過去から未来へと流れながらいまある、いまのありようを汲みとることがすべての基盤です。汲みとりの次に、どのように働きかけるかも、相手に合わせておこなうのが当然であり、貴女に対する井上先生の指導が的確なものであったことは誰しも認めるでしょう。

だがおそらくボクは貴女をこのように叱ったり、褒めたりはしないでしょう。別のやり方をとっただろうと思います。

働きかけの実際において基盤となるべきものは、自分自身の気質や永年積み上げてきた習性です。井上先生は「暴風雨のようなゼミ」を特質とする人であるから、貴女への働きかけも井上先生らしさのあらわれです。貴女も、自分の気質や習性を基盤に、自分なりの生徒への働きかけを編み出してゆかれるのが正しいのです。井上先生から受け継ぐべきは、「真剣である」ということです。相手に真剣であることと自分の人生に真剣であることとは、少なくとも出会っているその瞬間には、同じことです。

感情波——自己没頭を許された体験から

幼稚園教諭　野上　愛

「見つけてほしい」——夏休み明けの教室で思った。初めて先生を目にした頃の私は、欲望のかたまりだった。

父を亡くしたのはその二ヵ月前、三年生前期試験の最終日である。父の手を握りながら、私はその手をトントンと柔らかく叩き続けた。たった一人で死んでいく父が怖くないように。父が安心できることだけを祈っていた。再入院してから最期の日までの三ヵ月間、私は毎日病院に通った。あと一ヵ月と知らされた父の命も実感できぬまま、ただ会いに行った。遠い学校への通学に時間を取られることが悔しかった。父に真実を告げることはしなかった。余命を知ってから前向きに生きるには余りに時間は短く、食べられない父の体は、既に残酷に痩せていた。束縛されることが大嫌いな父が点滴につながれていて、いつもいつも笑顔でいた父が、人に笑顔を向けられなかった。私は、人がどうやって死んでいくのかを最後に父から教わった。

私がいつも恨めしかったのは、父の苦しみも、父がいなくなる悲しみも想像できない自分の鈍感さだった。後悔しないようにもっと全て感じきりたかった。父の毎日を覚えていようと必死だった。痛む父の背中をさすりながら、浮き出てしまった背骨の凹凸すら忘れたくない。一方では、すり足によたよた歩く父を支えながら、父親に手を引いてもらえる子どもに戻って優越感を覚える。父の前で無邪気に笑いながら、どこからどこまでが嘘かわからない。けれどどこかで常に終わりを意識している。そうして亡くなるその日まで、私は父の前で一度も泣かなかった。父は母の前では、目をつむったまま何度も涙を流していたという。父は、私が目の前で涙を流さなかったことを悲しく思っただろうか。私たちが嘘をつき通したことを寂しく思っただろうか。けれど私たち家族は皆わかっていた筈だ。母も弟も私もそれから父も、言葉にしなくても、しらじらしく笑っていても、皆ちゃんと悲しかった。何より大きかったのに衰えた父を受け入れるショックも、時に受け入れられずに感じた苛立ちも、父を心からいたわりたい気持ちも、それをはるかに上回る父からの思いやりも、全てが一緒に悲しかった。でも悲しすぎて感じなかった。一歩外に出ると、バカみたいな夏の暑さが明るすぎて嘘くさい。私はそんな非現実的な世界にいた。

井上信子先生に出会ったのは、私がまだその世界の延長線上にいた頃である。それどころか生活は一変し、私は余計に忙しくなった。ただ、がむしゃらに動いていたその矛先だけが失われていた。内の世界に沈み込むことは時間が許さず、悲しみはとりあえず通過せざるをえなかった。父の死を言い訳にしたくもなかった。父の死の間近、急に襲ってきたあれだけの恐ろしさも、あっという間に過去になってしまった。「過去になる」そのことだけが、あの頃の私に実感できた悲しみだろう。「死」は、ゆるやかにしか感じられないものなのかもしれない。

実習棟の広い教室に、先生が入ってきた。空気がピンとなった。私はこの日を待ちに待っていた。本当に心待ちにしていた。先生は、友人から聞いたイメージから膨らませていた実態にならない私の想像とは違っていた。先生は上質な自然体だった。華美に着飾るわけでもなく、威圧的でもない。存在そのものから放たれてしまう光は、きちんとコントロールされて治められている。かすかに光もれしている姿が、かえってはかなげにも見えた。先生はすっとその場に立ち、それだけで当たり前に空気を変えた。先生が話を始めると、また空気が変わった。今度は変えられたのかもしれない。ルールを確認する先生の言葉は厳しい。締めるところは締めて、例外は認めない。その代わりに嘘がない。だから、聞いていて窮屈に感じないし嫌にならない。気合が入る。背筋が伸びる。先生の言葉は澄んでいて透明な結晶の様にイメージしている。切れる鋭さを持ちながら、各面に光が反射してキラキラしている。先生の言葉にはいつも、いつの間にか対話させられる。

本物に認めてほしい。居場所を見つけてやっと私の欲求が噴出した。多くの学生や私をそうした様に、すごい人は静かに人を虜にするのだと思った。

教室変更があって先生がより近くに立つ様になった。私は、授業後に書く感想で何とか注目してもらえないかと、エネルギーを注ぎ込み注ぎ込みながら、まだ教室前方の席には行けずにいた。授業は全身で受けた。

ある日の授業後、私は衝動的に先生に話し掛けに行った。一気に一番前の席を通り越して教卓まで行った。即決なのに妙に冷静だった。白板消しで文字を消す先生の手の動きを覚えている。『先生、私、先生のゼミに移りたいんです』。もう冬だった。いつも本当に伝えたいことは回りくどい文章のどこかに隠れてしまう私の言葉。表面だけで伝えずじまいに終わる私の言葉。突拍子もない、何の装飾もない、余裕のないこの言葉に一番驚いたのは私自身だ。言ってから、全身が正気に戻った。その後は舞い上がって会話を覚えていない。ただ、人を疑り深い私が先生の反応に傷つかなかった。言葉は吸収してもらえたのだ。

その後で、私は冷静に判断するだけの材料をもらった。まずゼミを移ることは可能だが、それには学科長面接と会議を要することを知った。それからゼミ生を紹介してくれ、研究室でゼミ内容や雰囲気を尋ねる機会をくれた。いつも、具体的に前進できる様に、先生はチャンスをくれる。親切なゼミ生からは同時に心をほぐしてもらった。ゼミに入ることが決定した時も、当時会ったことのないゼミ仲間が、先生の心遣いから電話をくれた。私は、集団に一人で入ることが簡単ではない。だから「待っている」というあたたかい電話に救われた。先生は、タイミングまでどんぴしゃりだ。

ゼミを変わることは、本当はずっと迷っていた。そして諦めていた。何者か分からない私が生意気に言う資格はないかもしれない。先生は困るだろう。第一今のゼミの先生を傷つけたり侮辱することにならないだろうか。編入の私にあんなに温かく親切にしてくれた先生と、今のゼミ仲間を裏切ることにもなる。今のゼミに不満があるとは誤解されたくない。噂もたつかも知れない。まだ理由はある。父の死で弱っているからだと編入の友人に思われたくなかった。カウンセラーである先生を逃げ場にしていると思われたくなかった。ゼミに入ってからも同じように感じていた。不純だと思われたくなかったので、父を亡くした事を先生にも暫く言わずにいた（いかに知ってほしかったかは、聞いてもらって始めて分かった）。

ゼミを変わることは、例外だ。それを実行するだけの勇気が何故でたのか。その時の私には、井上先生のもとで勉強がしたい、その情熱だけだった。先生の授業は、いつも私に添った。言葉にできないもどかしさを、いつも解消してくれた。楽しかった。新しく知ることが、自分の思いに繋がっていく。一つ知ると、また知りたいことが増える。思わぬところで全てが繋がっている。一つの答えが永遠に搾り出せない様な広がる可能性。でも言葉にしようとしなければ、その答えを確実に近くで感じられるもどかしさ。私はもっと追及したかった。

夢中である。夢中な渦中、私は自覚がない。人は、誰しも夢中になりたがっているが、なかなかその感覚は掴めないものかもしれない。それでも人には、居場所を変わらなくてはならない時期がきっとある。どんなに、言い訳をしても結果的には、一時その場所を「捨て」、次の場所へ。それは、意識なんかしていたら覚悟できないことだ。大人であればある程、未来を予測できてしまう。後悔を考える。知識もある。単なる逃げだったらと頭が計算する。周りも見える。プライドや意地と葛藤する。何より離れられる場所の想いを察知する。それらを全部一体に感じるから怖くてすくむ。普通はそこまでで、実行できない内に通り過ぎてしまう。けれども、自分の内から圧迫される。そういう時が何故かある。

あの時の私はそうだった。逃げる様に今の自分から追い出される。自分で自分に追いつけない感覚。勝手に心が飢餓状態になって、何かイライラする。居場所が居心地が良く、温かくとも、落ち着いていたくとも、勝手に引きずり出される。無意識は、未来の自分なのだろうか。あの時の私の無意識を引っ張り出したのは、唯一先生だった。

無意識に変わろうとしている人に、与えられる引力。先生は、答えをくれないが、引力をくれる。今の自分と昔の自分・表面の自分と深層の自分・そこを交差する自分を、引き合いながら感じていくための力だ。

私には、ゼミを移ると早速卒論に向けた課題が待っていた。とは言え、卒論で訴えたいことは決まっていたため、気持ちははやった。ただ、卒論テーマの他に、自分の感じている鈍感な世の中への漠然とした怒りや、奥底に抱えている葛藤、自信の無さと裏腹の主張したい欲求、全てが膨らみすぎていた。それらは、卒論の活力でもあったが、いつもテーマをぶれさせる邪魔者にもなる。どこから手をつけたらいいのか分からない状態だ。そこへ、先生はある論文を紹介してくれた。私は、帰り道それを興奮しながら一気に読み上げた。その後の論文製作を通しても一番の論文にここで出会った。それからも、論文の材料となる文献を探し、反論すべき論文を上げながら、私の答を証明できるよう道筋を建て、練った構成に当てはめながらパズルの様に作業をしていった。先生は、文献に影響されすぎて寄り道をしている私の文を、客観的に指摘してくれた。また、どう書いても本音にならず、筆が苦しく停滞した時は、最初の時の様に文献を紹介し、ヒントをくれた。時には、いじわるな質問もされた。論文調にならない私の文体を、根気強く直してくれた。それから、先生からもらったのは、中途半端で止めさせてもらえない厳しさだ。

私は、人の何倍も時間をかけないと力が発揮できない。要領良く省き、キレイにこなす力が足りない。それを自覚しているせいか、陰の努力よりも、人からの期待に応えられないことの方が苦だ。そのため、努力を人に認めてもらえることで達成感を得てきた。他者依存的で自己満足の域を越えていなかったのだと思う。そこを先生に壊された。卒論締め切り間近、自分なりにかなりの満足感を得ていた卒論に〈全然だめ。どうしたの〉という言葉。限界（と思っていたもの）を否定されたのは初めての経験だった。さらに、文献をもう五冊増やす様にとの指示付きだった。私は、まさか本当に卒論指導で泣くとは思わなかったし、その時は努力が嫌になった。何とも言えないショックで、思い出しては泣ける程だった。しかし、時間は限られている。大人気ない反骨精神で、無理やり体を起こし、意地で文献は十冊増やした。そして、卒論を提出。私は、努力にではなく結果に満足していた。結果が必要な社会を一足先に経験した、というのは大げさだろうか。しかし先生は、電話口で泣くのを抑えられなかった私に、〈こんなことで泣いていたら、何十人の子どもなんて守れないよ〉と諭したのである。

先生に対して、私は、最後の方まで「これ以上踏み込んではいけない」何かを感じていた。気をつけて距離を取っていた。逆にいうと、そうしないと自分が近くに行き過ぎてしまうということかも知れない。最後の最後に、素晴らしい賞を頂いてようやく、色々なことに安心した。

先生に映る自分や、周りから見た自分、何より自分で自分に安心を許せた。それまで、ほとんど家族の中でしか無条件に自分が安心できなかった。眼差しから解放されたあの一瞬は、私の人生の財産だ。

井上先生と関わると、どんな課題でも自分を無視できない。この原稿も、先生と私の関係なのに、私は自分と対面させられている。先生がもう一人の私と重なって見ているというか、簡単な言葉では言いたくないのだが、あの時の私の成長には、先生の存在が自分そのものと一致する程影響している。今は、それを客観的に見ることができる。そして、社会人になった今、在学時の近い距離からは見えなかった先生を見ている。社会に名が通じるという実力を持った、非現実的なひとりの人【注】として。その大きさを体感するばかりなのである。

【注】在学時代は、自分と先生とが同化というか、切り離せていなかった。あの頃の現実のほとんどが、先生だったと言える。大学の中にいる自分だけの見方による先生しか知らなかった。それが社会に出ると、自分が見ようとするまでもなく、思わぬところからその存在を耳にする。自分の知らない先生を知って、先生を遠くからも見られる様になった。そして客観的に見た時に違った意味で凄い存在だった。社会で名が知れているという存在の大きさが、社会人になって初めて分かった。自分も含め、ほとんどの人は、限られた小社会でしか知られていない（そこで、なんとかするのに精一杯で）。しかし先生は、周りが見つける存在なのだと思った。

この文は、在学中の自分になって書いているので、今感じている先生があの頃の私にとっては、「非現実的な」という文になっている。書いている自分は、今なのだから、本当は書くならむしろ「現実の人」なのかもしれないが……。今社会に認知された先生の存在に圧倒されてしまって、大学時代の先生が別の人の様に思え、先生像が二人いる。お会いすると私の知っている先生なのだが、対大勢の先生と、対個人の先生とでは、凄さの種類が違う気がした。先生が、少人数にこだわるのも分かる気がしている。

のがみ・あい
二〇〇一年　東京成徳短期大学卒業
同年　日本女子大学編入学
二〇〇三年　日本女子大学卒業
現在　ほうや幼稚園勤務

対話　六の三──野上さんへ

貴女の文章は詩人の文章です。詩人は内なる混沌の中に釣り糸をおろし、ひとつずつ「ことば」を釣りあげてゆきます。そうした文章技法は論文という作業を困難にします。論文は世間との約束事としての「ことば」の世界だからです。

貴女の「ことば」は、他と置きかえることがしばしば不可能な唯一無二性という特質を備えています。それはおそらく貴女が自身の内なる体験に対し誠実で妥協しないからであり、あなたの混沌の世界が限りなく深く広がってゆく資質のものだからでしょう。

貴女が出生し「愛」という名を与えられたその事情とその後の生育とがこの豊かさを生み出しているのかもしれません。

内なる混沌を育んでください。それが貴女の人生を、唯一無二の、自ら納得できる未来へと連れてゆくでしょう。

過去と未来をつなぐ時間

医学部生　酒井潤子

教師を目指し多くを学んだ校舎、同じ目標を持つ才能豊かな友たち、そして新鮮な自己発見の日々を与えてくれた井上先生と離れ三年が経つ。現在私は医学部の五年生になる。講義・実習・実験・定期試験と、忙しいカリキュラムをこなしつつ、一年後の医師国家試験に向け絶え間なく試験に追われる日々である。それまで学んだ教育学とは精神医学を除き全く違う分野である、医師になるための学びは非常に興味深く、人体の構造やその機能に感動することは非常に多い。さまざまな疾患を学ぶ程、人の自己治癒力の逞しさ、まさに神業にしか喩えようのない合理性で走行する神経、拳ほどの小さな心臓が何十年も律動的な収縮により全身に血液を送るその力強さ、まさに人体の神秘に魅了される日々である。

医師になり人の命に携わるのだから、多くの知識を得るのは当然のことである。医師の知識不足は患者さんへ不利益を与えることに他ならないのだから、日々の学びは医学生としての義務であろう。そのために毎日、試験のための膨大な量の知識を丸暗記しなければならないのが現実である。

そのような現実のただなかで、軽い喪失感を感じることがある。いまの私は、あの頃のように、友人や他者の悩みや痛みに対して、自らも痛むような受容や共感をすることはないように思える。余裕がないのだろうか。

そんな状況が慢性的に続くなか、井上先生から今回の原稿の依頼が舞い込むこととなり、私は躊躇しつつもお引き受けすることとなった。躊躇の最大の理由として、何年も文章を書いていないレトリックの未熟さがある。さらに、あらゆることに対する感性が鈍磨しているなか、当時の先生や友人との共有した大切なかけがいのない時間を表現することが、いまの私には不可能に思われ、書いてしまうことで全く異質のものになるのを恐れたからである。

井上ゼミ——その安らぎと恐怖の時間

井上先生の児童心理学のゼミを選び、先生に出会った頃、私は良くも悪くも sensitive であった。私は誰かに相談を持ちかけられることが多く、その内容はさまざまであった。当然のことながら、素人の私に問題解決のための援助が適切にできていたとはいえず、共に深い迷路の中に入ってしまい身動きできなくなることもあり、そんな自分を持て余していたことも事実であった。そんな私に井上先生は、「他者の魂と同じレベルで何かを感じる能力は、子供の命と心を守る教師として、臨床家として、重要な能力であること」を肯定し評価して下さった。同時に、教師になるからには一歩前進し、その迷路の中から人を連れ出せる技も身に付けなくてはならないこと、そうでなければ相手に対してもリスクがあり共倒れになってしまう危険性、を指摘された。それが私の重要な課題であることを、先生は、私が多くを語らずとも見抜いておられたのだ。

井上先生に関しては、その能力や性格などに驚かされることが多いのであるが、この学生の本質や無意識を見抜くという能力もそのひとつであり、その瞬間の先生の目はかなり厳しいもので、緊張と恐怖で先生と向き合わなければならないことも多かった。

井上先生との最も心に残るエピソードは何かと聞かれた時、私には、エピソードとは言えないようなごくごく日常的なことが最も印象深く、そこで学び、得たことの方が遥かに多い。

例えば研究室、そこで先生や友人と過ごす時間がとても好きだった。当時、恋の悩みがあったのか、ゼミ発表の相談だったのか、進路についてだったのかは思い出せないが、私はよく研究室を訪れた。そんな時、先生の第一声はだいたい決まっている――〈あら、潤ちゃんよく来て下さったわ。お時間あったら少し手伝ってくださると助かるのだけれど……〉――その怖いくらいに優しい言葉を合図に仕事が始まることとなる。その時間は先生や友人が一緒であったり、一人であったりしたのだが、私にとって非常に心地よい時間であった。もちろん、お菓子やおいしい紅茶つきであったことは、研究室が大好きであった理由のひとつであるが、伝票の整理をしながら先生と雑談したり、講義で使う絵本の準備をしながら改めてその内容に感動したり、研究室の蔵書を勝手に読みつつ紅茶を飲んだり、一人進路について考えたりと有意義な時間であった。そして胃も心もいつのまにか満たされ家路につくことになるのである。

この研究室で週一回行われる井上ゼミは、理論だけでなく、その場にいるゼミ生みなが相互に響き合いながら進められていた。そのなかで先生は、学生を個人として尊重するのはもちろんのこと、一人一人の人生を宝物のように慈しまれる。この時間は教師を目指す学生にとって忘れがちな、最も大切なものを得ることができる貴重な時間であった。具体的には、ゼミ生各自が見つけたテーマで発表を行う。その発表を通してお互いに知的にも情的にも高め合い、時には涙を流し、言葉では表現できない共感性や一体感を味わってきた。あのように自分や友人のことについて思いを寄せる時間はもうないのかもしれない。暖かく深い雰囲気を作られる先生のもとで、私たちは生きるためのエッセンスを得て成長し、巣立っていくことになった。

いま考えると、先生と直接接していたのはとても短い時間だったように思う。実際に私たちが四年生の時、井上先生は神田橋先生のもとで勉強するため、一年間の国内研修をとられ鹿児島へ行ってしまわれたし、先生と一対一での対話はそれほど長い時間ではなかった。にもかかわらず、私は、とても長い時間を先生と共に過ごしたと感じている。先生がいなくても確実に先生を感じていたし、側で考えることを無償で受け入れられた日々はまさに新鮮な自己発見の日々であったと、三年経ったいまになり思う。

無防備なままでの私がそこには存在し、護られているという確信のもと、躊躇しつつも背中を押されるように旅に出た私は「生きる意味」という卒論でも論じたテーマにいきつき、ヴィクトール・フランクルの「どんな時でも、どんな人のどんな人生にも必ず実現すべき意味は存在する」という思想、「ロゴテラピー」という理論と出会うこととなる。その後、卒論で掘り下げたこのテーマは私の深い部分に根づくことになる。

生まれた時から脊椎に疾患を持つ私は入院生活が長かった。私自身、生死に関わる状態ではなかったが、小児病棟の仲間の数人は、長い入院や度重なる手術にもかかわらず、天に召された。なぜ彼らは痛みを負わねばならなかったのか？　そのうえ幼くして天に召されたことにどんな意味があるのか？　フランクルのいう「人生が常に私に与えていて気づいていない使命」とは何であるのか？　——そんな問いと初めて真正面から向き合うこととなる。明確な回答など出なかったし、早急に答えがでる類のものでもなく、一生持ち続けていくものであろう。だが私は、常に未来志向であるフランクルの思想に、自分の方向性を示されたように思う。そして「医師」という将来像はこの頃から具体化されたように思う。

医師——その理想像と先生の痕跡

連日のように医学界の心痛む様々な問題が取り沙汰されるなか、医学部のカリキュラム・研修制度も変換の時を迎えている。どんな医師になりたいのか、学びを重ねるほどその医師像はぼやけてきているような気がする。しかし確実に言えることは、意識・無意識に関わらず、患者さんの訴えや痛みを、言葉でも雰囲気でも、遮る医師であることは避けたい。訴えを聞き、真の意味で他者を受容することは、全てのコミュニケーションの始まりであり、それがうまく行われない時、医師と患者によって治療方針が真の意味で最善のものが選ばれることは困難であるし、教師なら、学習においてもその教育的指導においても、効果が発揮されることは少ないであろう。

理想は、井上先生が私たち学生に対してそうであったように、人間が大好きで、いつでも誰でもどんな時でも受け入れる姿勢・雰囲気を持って小児科医になることである。欲を言うならば、まさに先生がそうであったように、特別な精神医学的技法を使わなくても、ごく普通の人としてのふれあいのなかで、時間や、気持ち、そして痛みを共有できる医師になりたい。井上先生の行為は「癒し」という言葉を使うところなのかもしれないが、本来の意味から離れ氾濫するこの言葉は、この場合使うのは適切ではないように思うので、あえて使用しない。

科学や医学において数字は客観的評価として重要な意味を持ち、検査伝票のなかの数字は、治療計画・治療効果の指標となる不可欠なものである。しかし、押しつぶされそうなほどの不安、心の痛みは、決して検査伝票のなかで数値として表されるものではなく、診断基準があるわけではないことを、忘れずにいたい。

また、自分の痛みや不安を「ことば」という手段で表現できる子どもが、どれだけいるであろうか。大人でもそれが困難な場合は多いであろう。だからこそ、日常的な、ごく普通のかかわりのなかでのコミュニケーションが重要である、と切に思う。まさに井上先生が私たちに対してそうであるように。

医学の進歩で小児がんや白血病などその治癒率は大きく伸びているが、同時に、後遺症や合併症の問題は治癒後も長く継続する。病院という非日常的な場所で私と出会うであろう子どもたちは困難な状況にあり、そのような子どもの他者を見抜く目は鋭く、厳しいであろう。

医学部の講義では教わることもなく、最新医療とは対照的にスポットが当たることはないが、大人へのアプローチと異なり「療育」という言葉が使われる子どもへのアプローチは、「治療」と同等に重要視されるべきであると考える。解決しにくい問題を抱えつつ家庭や学校に戻る子どもの気持を受け入れる準備を常にして、彼らを勇気づけられる大人の一人であり、共に闘う同志であり、医師でありたい。

小児病棟は、友人を失った私にとって、痛みとなり、疑問が生まれた場所であるが、いまとなれば井上先生曰く、私が私であるための「資質」が最大限生かされる場所であると信じている。同級生より年齢的に医師としてのスタートは遅れることになり、少々不安なこともあるが、長い入院も手術も、教育を学び哲学に悩んだことも、全て、医師になるための必要なプロセスであったと思う。

医師国家試験という目先のゴールに向かい、決して止まれないレース途中の私は、過去を振り返る余裕などなかった。しかしこの機会に改めて、教師になりたかった自分、これから目指す小児科医としての自分を考えた時、そこに確かに存在する井上先生の痕跡に気づくこととなる。私の医者としての方向性は、先生と出会うことで新たな私に出会い、友人に支えられ、V・フランクルの「意味への意志」について真正面からぶつかった当時がある限り、決して見失うことはないであろう。

医師免許を持った私が病院という組織のなかで、あるいは過酷といわれる労働条件のなかで、雑務に追われる毎日のなかで、どれくらい私らしくいられるのかはわからない。厳しい現実を前に迷った時は女子大の教室の片隅に座っているかもしれないが、立ち戻ることができる場所があるということは大きな支えである。そこで、なぜか年々パワーアップしている先生と、おそらく当時の私たちの雰囲気と似ているであろう井上ゼミの後輩に会えることを楽しみにしている。

さかい・じゅんこ
二〇〇一年　日本女子大学人間社会学部教育学科卒業
同年　獨協医科大学医学部二年次学士入学
現在　獨協医科大学医学部五年

対話 六の四——酒井さんへ

ＴＶの対話のなかで日野原重明先生がおっしゃったことばがボクの指針となっています。「医療は最終的に敗ける戦さなのです。人は必ず死ぬからです」、このことばがボクをフランクルに再会させてくれました。

ボクは子ども好きなので、小児科医になろうかと思っていた時期がありました。だけど、知り合った子どもとの死別に耐えられないだろうと思って、やめました。柔弱な青年でした。貴女はこのテーマにも向きあう体験をすでに経ておられます。

最近、研修医の四人に一人がうつ病ないしうつ状態にあると聞きます。過酷な労働条件や医療現場の諸矛盾が原因と見なされていますが、ボクはそうは思いません。悩むという行為を放棄したことがうつ状態の原因だと思っています。

悩むことは、意味を見いだそうとするもがきです。意味を求めるもがきを放棄すると、徒労感と空虚感が生まれます。徒労感こそがうつの原因なのです。悩むことは、意味を求めての内なる闘いです。闘いに意味を求めての闘い、という意味が確保されている限り徒労感は生じません。

自分が自分になる

養護学校教諭　鈴木（旧姓 江口）麻子

自分の思ったこと、感じたことを言葉にする、これほど私にとって厄介な作業はない。言葉は、人とのコミュニケーションをとるための手段であるが、それを素直に表現できずにいる自分は、言葉にとらわれすぎて、自分の中に湧き起こってくるものを人にうまく伝えることができない。今回、「井上先生と私のことを文章にする」。これには、本当に時間がかかってしまった。自分の中に起こってくるものを文章にしようとすると、なぜか一番伝えたい部分が、言葉が薄くなってしまう。なぜか怖くて、丁寧に自分と向き合うことをしてこなかったつけが、まわってきたのかもしれない。

自分の流れ

井上先生とのことを書くなら、まず、今の自分を見つめてみたい。先生と出会ったばかりの八年前と比べると何が変わったのだろうか。目を閉じて、自分の身体の中心に気持を向けて、浮かんでくるものは、やっと根を張り始めた木だ。

その木は、一度倒れたが、根の部分を残し、芽をひとつ出しはじめた。その芽は、細い枝にまだやわらかい緑で、見た目はとても弱々しい。強い風が吹けば、折れてしまいそうになる。雨が降れば雨をよけることもできず、びっしょりぬれてしまう。虫がくれば、色々なところをかじられ、痛々しい姿となる。けれども生きている。大地に根を広げ、少しずつ太陽に向かって伸びている……。

これが今の自分の姿だ。まだ「自分」となって生き始めて間もない気がしている。実際、自分の周りで変化があると、何かに押しつぶされそうになってしまうことも、多々ある。自分を信じられなくなることもある。しかし、以前だったら、完全に押しつぶされて立ち直れなかったであろうが、今はそれがない。根は大地にしっかり広がっている。

先生との出会いから今までの中で、私は現在も、先生から、本当にたくさんのことを学ばせて頂いている。卒業論文指導はもとより、社会生活の中での礼儀作法、健康維持の知恵、いい温泉、美味しいお店など、私自身がこの世の中で生きていくにあたり、先生ご自身の人生のなかでの経験や知識を、惜しみなく伝え、先へ先へと躓きがないようにして下さっている。他にも、研究室のお手伝いや、神田橋先生のスーパーヴィジョンが東京方面である場合も必ず声をかけて下さって、井上先生の精神が自然に伝わるように配慮して下さっていると思う。その関わりの中で、私が私になるべく、いくつかの転機があった。

最初の転機は、初めて先生に相談にのって頂いた時のことである。私は、大学に入って二年目で、先生のすべての講義に出席してはいたが、なぜかなかなか近づけず、一対一で、自分の話をするということは全くなかった。友人たちと一緒に研究室のお手伝いをしたことは何度もあったのだが、緊張のあまりいつも何もお話できず、先生に〈大人しい人なのね〉と言われるほどだった。その私が、突然「ある大切な人に関すること」で相談に行ったのである。一時間ぐらい夢中になって、私は、その人についての話をしたように思う。少しずれて、斜めに対面するように座り、先生の〈うん、うん〉という静かなうなずきと、ペンをもつ指先から流れる柔らかな絹のような「気」の流れに誘われるように、私は、次から次へと先生の前で言葉が出てくる自分に驚きながら、話を続けた。その時間の中で、自分のことについての話をした覚えはないのに、最後に先生は一言、〈あなたとお母さんの関係のなかで、何かがあるのかもしれないわね〉と静かにおっしゃられた。「自分の話を全くしていないのに、なぜそのようなことを言われるのだろう?」という疑問を抱えながら、かなりぐったりして帰宅したのを覚えている。

これが、自分が自分になるために乗り越えるべき最初の「壁」となるものだとは思ってもいなかった。

先生は、私との話の中で、行間を読まれ、私自身の中に気づきを与えて下さった。講義を聴く大勢の学生たちを目の前に話される時も、一人一人に、気づきを与えて下さっていた。この日から、私の再構築の旅が始まった。

第二の転機は、本当にご迷惑をおかけしてしまった卒業論文を書いていた時期のことである。四年の四月に、事例研究で書くことを決めた私は、「四月に十枚提出!」というゼミの課題に手がつけられず、そのこともなぜかお伝えできずにいた。私のなかの「よい子でいなければいけない自分」が、それを誰にも言わせずにいたのだと思う。しかし先生は、深く理由をお聞きにならず、提出期限を延ばして下さった。その時、「できるいい子でなくても、ゼミにいられるのだ」と、今までと違う自分を受けとめてもらえたと感じた。

その後、日が経つにつれて、「自分は本当に子どもが好きなのか?」「自分がやりたいと思っていた教師の道は、子どもが好きという気持ちだけでやっていけるのか?」などの自分の大きな「壁」にぶつかり、私は大学に通えなくなってしまった。先生は、今までの脆い自分を打ち壊され動けなくなっている私に深く介入することなく、それを察し、静かに「抱え」て下さっていた。私自身は、うずまきのなかにいる日々であり、毎日その葛藤を抱えていた。卒業論文作成のために障害児との関わりの記録をすべくペンを取ろうとすると、吐き気が起こった。その頃、先生と全くお会いしてはいなかったが、先生は確かにその苦しみをわかって下さっていると感じた。

十月になり、やっと研究室に行くことができた。先生は、涙する私を静かに見つめながら、〈～の本を読んでみなさい。書くことが辛いのであれば、少し言葉を寝かせなさい〉と言って下さった。言葉は、一言であったが、私は、確かにその言葉に救われたのを今でも覚えている。これまでも先生は、私に突然本を紹介して下さることが何回かあった。それは、「自分の中に目をむけてごらん」というメッセージが含まれているものが多かった。紹介して頂いた本を読むと、なぜか自分のなかのうずまきが、そっと静かに解けていく感じがある。その後、卒業論文提出ぎりぎりの時に、文章がどうしても書けず、書き方もわからずにいた私は、稚拙な文章を人にほとんど直してもらった文章を持ち、研究室を訪ねた。それを読んで先生は一言、〈ぜんぶ書き直していらっしゃい!!〉と激怒された。卒業が危ない自分よりも、この自分自身が悲しく、くやしくて涙が出た。

だが、この時この書き直しがなければ、私は私として生きていくことを放棄してしまったと思う。一日泣いて、再び立ち上がり、私はもう一度自分に向き合った。再提出の日、私は原稿を封筒に入れ、先生のご自宅のポストに静かに入れた。その後、すぐにお電話があり、指導で呼ばれた私は、「また書き直しと言われても、やるしかない」という以前と違う気持ちを抱きながら、先生の前に座った。すると先生は、とてもやわらかい声で〈よく書いたね〉と言って下さった。

その一言を聞いた私は、今までの自分の人生のなかでごまかしごまかしながらなんとか組み立ててきた自分が崩れ落ち、真の自分の部分だけをわずかに残して、まっさらな平地になった気がした。そして眺めがよくなり、自分の心のひだが今までとは全く違う見方・感じ方を始めたのである。私は、自分でも明らかに「生まれ変わった」と感じた。その過程すべてを、先生は、はらはらしながらも、「抱え」て下さっていたのである。

第三の転機は、卒業後のことである。この時の私は、どんなに親しくなった人に対しても、人との間に一定の距離をおいて、それを縮められずにいた。その時、理由はわからなかったが、今考えると、自分が利用されて捨てられるという感覚と、自分がどんな状況でも一番に好かれることはないという思いがあったのかもしれない。進路について悩んでいた頃でもあり、自分が揺らぎ、また新たなうずまきのなかにいる時のことであった。

そんな時、私は突然井上先生のもとを、ものすごく急に飛び出していったのである。そのときの感覚は今でも忘れない。とても「苦い」という気持ちがあった。

一年半ほど、全く連絡をとらずにいた。その期間、私はその当時通っていた、保育士専門学校の心理学講師のところに通って、その講師の先生がどのような教えを受けてきたのかという話を聞いたりしていた。そして、自分にしては多くの本を読んでいた。その本は、先生の研究室を訪れた際に目についていたものばかりであった。井上先生以外の人との話や、本を読むなかで、私は、先生に本当に大切にされていたことにやっと気づいた。これに気づいたとき、私は涙が止まらなかった。

そして、卒業した大学の山を登っていた。どきどきしながら研究室の前に立ち、先生を待った。三十分ぐらい経って戻られた先生は私を見て〈あら、久しぶり。どうしたの?〉(と、普通に迎えて下さった)――『話があるんです』――〈じゃあ、みんなでご飯でも食べにいきましょうか〉と、いつもと変わらない様子で自然に接して下さった。その日、結局お話しできずにいた私を、別の日にそっと呼んでくださり、私はそこでなんと言っていいのかわからずにいたが、先生は時間がかかっても、私のなかから出てくる真の言葉を待っていて下さった。私は先生に謝りたかったのだと思う。何を言ったのかは、覚えていない。けれども、先生は全身全霊で私のつたない言葉を、姿を、受けとめて下さった。

それから、私はまた変わった。なぜか強くなった。私があるセミナーで見た、先生の背後に神田橋先生がそびえ立つ姿が、私の背後に先生がいる姿と重なった。自分が愛されているという感覚が、私のなかにしっかりと宿ったのである。そして、崩れなくなった。強くしっかりとした基盤ができあがった。


先生との関わりは今も続いている。たわいない話のなかにも学ぶことはたくさんあり、何よりもすごいのは、私が気落ちしているときに必ずといっていいほど連絡を下さることである。その会話のなかで、井上先生の中に流れる「気」を私の方へ伝え、そして、また新たに一つの気づきを与えて下さる。言語化するのが苦手な私は、少しテンポが遅れてから、話のなかでのいろいろなことを、静かに、ふっと思いつく。先生との関わりのなかで、自分の中に生まれる真の声に向き合い、自分の力を信じることを学んだ。今は、言葉でうまく伝えられない私を、言葉にとらわれずに表現できるようにと、〈どう思う?〉という言葉で伸ばして下さっている。

人の中に深く介入せず、人に「気づき」を与えて下さる。その気づきに立ち向かえる力があると、なぜか先生に引き込まれていく。その後は、辛く長い道のりとなるが、必ず明かりが差してくる方を、自分で気づけるように導いて下さる、そんな不思議な力を持っている先生は、私にとって目標である。少しでも近づけたらと思う。

井上先生の流れ

出会った頃の井上先生の姿を、とてもよく覚えている。井上先生が、神田橋先生と会われる前のこと、日本女子大学に着任されてすぐのことである。研究室の前で、私がごあいさつをした。振り返った先生は、明るい笑顔で初対面の私を迎えて下さった。その先生の姿は「きらきらしたガラス細工」のようだった。先生のからだの中から光が湧き出て、指先からも声からも、光がきらきらとこぼれている感じだった。その光は、相手の中に転がり込んで溶けていくようだった。先生の講義は、私がそれまでに受けた大学の講義にはない学びができるもので、私はぐっとすいこまれるような強い魅力にひかれたのを覚えている。その講義は、理論的なひとつひとつの言葉が、学生のなかに溶け込んでいき、その言葉がひとりひとりのなかで生き始める、という感じを受けた。また、講義のなかで井上先生は必ず何かの「問い」を自然に学生たちに投げかけるのである。学生たちは「問い」を受けて、ふっと自分のなかに立ち止まることがある。だが不思議なのは、そこで立ち止まったままにならず、その「問い」を自分のなかにそっとしみこませるような自然な「間」があったあと、再び、次の言葉に誘われるように学び始めていることである。その立ち止まった際の問いは、消えてしまうのではない。講義が終わったあと自分のなかに残り、自分の力でその「問い」を見つめていくようになるのである。たちまち講義の教室は満員となり、希望者全員が受講できない状態になっていた。いま考えてみても、あの時の講義の内容は、先生の「天性」のものであると想う。

講義を受けると、井上先生の虜になってしまう学生が何人も生まれる。講義を聴くと、自分のなかで知的好奇心が起こり、わくわくする気持ちと、何か「気づき」が生まれるのである。しかし、いま考えると、華やかな舞台を見ているようだった。華やかすぎて、まぶしすぎる感じもあったように思う。

ところが、先生が神田橋先生のもとへスーパーヴィジョンに通い始めると、体調が悪くなられ、休講が続いた。私たち学生はなかなか講義が受けられなくなった。その頃の先生は明らかに一年前とは違い、立っているのがやっとの状態で、教壇ではそぼそと声を出されていた。一緒に講義を受けていた友人から『井上先生大丈夫なのかなあ。今にも倒れてしまいそうだよ。身体がどこか悪いんじゃないの?』という言葉が聞かれるほどで、「生きるのがやっと」という言葉がぴったりの姿であった。

その時、おそらく先生は今までの自分をすべて壊し、ひとつずつ再構築を始められた頃だったのだろう。そんな状態でいらしたが、その講義のなかで発せられる言葉は、私たちのなかに、以前よりも静かに届き、学生のなかに浸透していくようだった。

きらきらと輝き、強く揺さぶるような言葉ではなく、静かに、学生の間を流れていく言葉に変わったのである。そして、そのような状態でも、なぜかしっかりとした「抱え」の力があり、講義を聴く学生たちを揺さぶりつつ、けれども、そっと包み込むような姿も見られた。「自分で考えなさい！」から、「自分のなかの力に目を向けてみなさい」というメッセージに変わっていったような気がした。

次の年、先生は、抱えられつつも、少しずつご自分の足を地につけ、立ち上がることができるようになられたように感じた。残念ながら、私は、自分の卒業論文が書けないこともあり、講義を受けるどころか、大学にさえ近寄れない自分の壁にぶつかっていた。そのために、講義は全く受けていないが、何度か、そっと研究室だけには伺った。そこでお話しするなかで受けた印象は、「静かに水をたたえる川」である。弱々しくも見えるが、流れは広く、魂の間を静かに流れていく川の印象を受けた。確かこの頃、先生から、「富士山」の夢の話（後に先生はこの夢を『対話の技』のまえがきに書かれた）を伺ったように思ったが、その話を聞いたときに、なぜか私は、背後にぐっとそびえ立つ富士山が、まさにこれからの井上先生の姿だと思ったことをいまでも鮮明に覚えている。そして私が卒業するころには、先生の中には「強さ」が芽生え始めていた。

その後、先生は、薄暗く長いトンネルの中をぬけられ、自分一人で立ち上がる準備を始められていたように思う。その頃の先生の印象は、「きらきら光るガラス細工」から「渋い光を放つ石」に変わっていた。その光は、どのような人にも強すぎず、けれどもゆるぎない強さ、優しさを持っていた。

私の中に忘れられない一場面がある。あるセミナーに参加した時のことである。そのセミナーには様々な分野の一流といわれる講師が招かれていて二泊三日で講義や討議が行われた。そこで井上ゼミの学生の一人が不当に傷つけられた。その時、井上先生は、ものすごい怒りを抑えて黙しておられた。しかしセミナーのまとめの会で、そのことについて発言されるお姿は「白い雌の虎」のようであった。もともと持っている真っ直ぐさと強さが、揺るぎないものとなり、一人とても秀でて見えた。

その姿をじっと見つめていると、その背後に、大きな神田橋先生のお姿が、重なって見えたのである。その時、神田橋先生のお伝えになりたかったことが、井上先生のなかに強く根づいたのだ、技ではなく、魂が受け継がれたのだと感じた。

それからの先生は本当に強くなられた。今まで表面に出てくるのは暖かく包みこむような母性だったが、ある時から、今まで全く見られなかった父性が母性を上回るようになっていた。

その頃、現職の幼稚園教諭を対象にした講演に、私自身が、お手伝いとして、何度か参加することがあった。その講演の初めから終わりまでを見ていると、全く知らない人たちが集まる一回だけの場であるのに、なぜか個性を持った人たちが、「ひとつ」になっていた。講義が終わり、帰るそのひとりひとりの後ろ姿を見ていると、何か大切なお土産を持っているように感じた。それはきっと、子どもたちや同じ幼稚園の先生方に確実に配られていくものであると思う。

先生に直接お会いした人だけではなく、井上先生から頂いたものを、直接お会いした人たちが、それを自分のなかに浸みわたらせ、温め直して、身近な人や次の世代に伝えていく内容が、講演や講義のなかで確実に増えていた。「仕事は深ければ深いほど、いい仕事であればあるほど、人の心に満足と豊かさを与える。ひとりの人間が愛する相手には限りがあるが、仕事を通して人を愛すると、その愛は無限に広がる」(灰谷健次郎『天の瞳 幼年編Ⅱ』一九九九年 角川書店)。この一説が、あてはまるようになってきていると思われた。

これから先生は、再構築の時期を過ぎ、新しく生まれ変わったご自分の芽をさらに伸ばしていかれると思う。まっすぐ、天に向かって伸びていかれると感じる。いま、先生は、もともと持っていたものが、開花し、そのエネルギーは、周りにいる人たちのなかに眠っているエネルギーを引き出し、それをひとつにされるだろう。そして周りにいる人もともに、天に昇られる感じがする。

再び時間が経って

大学卒業後、「自分を見つめなおす」ということをしたいと思い続けていたが、今回この文章を書く際に、胸を締めつけられるような「怖さ」を感じ、閉じている自分がいることに気づいた。自分の中心に気持ちを向けると、そこに自分らしさを開く「鍵」があるのかもしれない、と、いま感じている。

すずき・あさこ
一九九八年　日本女子大学人間社会学部教育学科卒業
二〇〇一年　東京都立川高等保育学院卒業
同年　社会福祉法人至誠ナース愛児センター就職
二〇〇四年現在　東京都立南花畑養護学校教諭

対話　六の五――鈴木さんへ

貴女は「気」を感知できる人です。他者を、自分自身を、「気」で把握する人です。「気」の把握は常に細部まで正確です。井上先生の変化と貴女自身の変化とを記述した貴女の文章は、異見をさしはさむ必要のない描写です。だが貴女はことばを使うのが不得意だと言われます。きっと、文章に表されている以上のもっと微かで大切な変化をも、貴女は「気」として把握しているのです。

記述できなかった部分に心を留めて大切になさってください。ことばは粗雑で横暴な魔王です。ことばで描写する過程で、かそけき動き、いのちの営みは、吹き飛ばされ、ことばに支配された生き方になってしまいます。

「気」での把握はありのままの把握で、ことばで描かれた姿は影絵です。いつか、「気」を伝える文章が書ける日が来ます。諦めないでね。

自己の内界を流れるもの

——体感からの学び

看護師　佐伯順子

わたくしは大阪赤十字の看護専門学校を卒業後、五年間、臨床の場で看護師として働いた。新人時代は感覚で勝負といった感じで過ごしていたが、そのうち環境が変わり、わたくしはひとりの人間として、専門家としてどうあればよいのかを見つけたいと考えるようになった。同時に、わたくしは看護の現場に居続けることを迷い始めた。そのようなとき、広尾（東京都渋谷区）の幹部看護婦研修所で一年間勉強する機会を頂いた。

出会い

井上先生との出会いは、その研修所の講義でのことだった。先生は、落ち着いた色のお洋服だったが、教室に入ってこられた瞬間、その外観とは真逆に、ふわっと柔らかく、華やいだ香りがしたように感じた。そして先生は、久しぶりに会う友人にするように挨拶をされ、早速講義にはいっていかれた。

先生は、まるでオーケストラの指揮者だった。広くない教室は瞬く間に、奏でられる音楽でいっぱいになった。わたくしたちは、先生の手の見えないタクトを気にかけながら、不調和にもそれぞれの音を奏でる奏者のようだった。足の裏からは低く重い振動が伝わり、身体をくるむ空気からは微かな振動が伝わってきた。それは胸躍る感覚だった。

ところがしばらくして、わたくしはだんだんと居心地が悪くなってきた。足下から全身が揺さぶられ、頭はくらくらする。何かがどっと体に流れ込んできたような感じがした。わたくしはどうにかそれに抗おうと必死になっていた。

その時、先生はわたくしを指名し、前に出て好きな言葉をクラス全員に届けるようにと指示された。わたくしは、自分の中に流れ込んでくる何かに抗いながら、二回、三回と挨拶を繰り返した。先生は〈まだだめね〉と容赦なく仰った。先生の射抜くような目を見て、わたくしは抗うことをやめた。やるせなさと精一杯の願いをこめて、大きく吐き出す息と一緒に『こんにちわぁ』と言った。わたくしは何だか泣き出しそうになっていた。しかしこの時、クラスの半数以上の人が、「届いたよ」と、手をあげてくれた。頭のくらくら感はなくなっていたが、足下の揺さぶられ感だけは続いていた。

この出来事は、わたくしにあることを思い出させた。人は自覚していなくても、思いや感情を伝えあう動物だった。それに気づいていない瞬間がどれほど多いのだろうとも思った。

様々な感覚と感情が体の奥底でうごめくのを感じながら、わたくしは見失いかけていたものと、自分への問いを抱えながらゆく道があることを自覚した。

しばらくして、わたくしは先生に教えを乞うた。ぶしつけな申し出に、先生は多くを問わずご承諾くださった。

研修終了後は、大阪に戻り看護学校で教職に就いた。学生と向き合おうと、つい対決姿勢になりがちのわたくしにとって、学生と共に歩くという感覚、まさに「抱え」の雰囲気を保ち続けることは大きな課題であった。いま思えば、言葉に頼りがちなわたくしは、雰囲気をつくることを雑にしていたように思う。「抱え」というのは、安心して次にくる葛藤と向き合っていくための助走期間だ。先生がわたくしにして下さったすべてから、そう学んでいた。

やがてわたくしは、学生との関わりのなかで、さらに人と関わることとの意味とそのあり方を模索するようになった。どこか学生の姿と自分を重ね合わせていたようにも思う。そして先生と出会ってからの二年間、まだ見えない自分の資質について考え続けてもいた。迷ったすえ、わたくしは一度看護の場から離れて大学で学ぶことにした。いろいろと悩み、最終的に臨床心理士の資格取得が可能であること、以前から関心が深かったターミナルの看護や医療現場のスタッフの心理的支援などについて具体的に学べる大学を選んだ。

わたくしは再び上京した。その後二年間、井上先生とお話しする機会は増えた。わたくしたちは様々なことについて、感じるままに、よく話し合った。また、ご講演のお手伝いをさせて頂いたり、大学でのご講義を一度聴講させて頂いたりもした。そのご講義「学校カウンセリング基礎論」は、わたくしに再び衝撃的な印象を与えた。教室いっぱいの学生さんたちは、ケースを通して先生の豊かなご経験をともに体感していた。先生はたおやかな雰囲気を保ちながら、数々の問いを個人に、グループに投げかけた。その問いの背景には、確かな臨床の本質と理論があると感じられた。

先生は容赦なく次々と問いを投げかけられた。その言葉一つ一つが、学生自身の存在論的根拠を問うものだった。学生さんたちは全エネルギーを使って自己と対話していた。わたくしにはある場面がイメージとして浮かんだ。椅子に座っているクライエントと、その目の前に置かれている椅子。学生一人一人が否応なしにその場に引きずり出され、クライエントの前に座らされる。先生はその流れを決して中断しないよう、細やかに雰囲気を察知しながら進めていかれた。

途中、先生は〈教師も臨床家も、なりたくて誰もがなれるものではない〉と仰った。それは、教師の卵である学生さんたちの中に育ちつつあるものへの、自己吟味と自己批判が起こるようにとの先生の揺さぶりだった。講義終了後、学生さんたちはぐったりとしながらも、確かな手応えに対する喜びの雰囲気をたずさえていた。

わたくしはこの講義中ずっと、自分の呼吸の速さを感じていた。九〇分という時間が、全身のエネルギーを消耗し、また新たに生み出すのに決して短くないこと、そして臨床家が伝えるものというのは、こうもひとつひとつにいのちが吹き込まれているものなのだと実感した。そしてそうした関わりこそ、受け手の力を育くむのだと感じた。

わたくしは講義終了後、『これは、プロ初心者が受ける内容のご講義だと感じました』と、やや興奮気味に先生に感想をお伝えし、『なぜ先生のご講義は、あのように全身を使うのでしょうか？』とお尋ねした。先生は一言、〈臨床は学習するものではなく、体得するものだからです〉と仰った。わたくしの学びはゼロ地点にリセットされた気分だった。白紙に戻りました、とお伝えするわたくしに、先生は、〈真っ白の中にはすべてがあります〉というお言葉を下さった。

無意識への語りかけと揺さぶり

大学のご講義のとき、先生は開始前に何も召し上がらず、ご講義が終わり研究室に戻られた後、ぐったりと椅子に座り込み、一時間ほど立ち上がることがおできにならなかった。そのご様子を見た助手の方が、『いつも先生は、ご講義の前は何も召し上がらず心配です』と仰った。先生に理由をお尋ねしたところ、〈弛緩するから〉ということだった。教育者、臨床家は、常に研ぎ澄まされた感性をもって聴衆の前に立たなければならないのだと思った。

先生は常に自然体でいらっしゃる。それで、相手から引き出されるものを察知し、それに呼応することができる。引き出されたものが何かを無意識で見極め、互いの関係を壊さないよう細心の注意を払いながら、その時その場にふさわしいように呼応の力や方向を微調整しているように見える。

大学のご講義では、学生さんたちの純粋さが、先生の崇高さを引き出していた。また現職教員を対象としたシリーズのご講演では、まず聴講者の乾きが、先生の癒しの力を引き出していた。乾きが癒されてくると、次には希望を見いだせそうな自分自身への驚きと、それをもっと信じたい、学びたいという、先生への語りかけが始まった。先生はそれに丁寧に、できる限りお応えになり、最終回、帰っていかれる聴講者には全身からにじみ出る喜びの雰囲気があった。ご講義、ご講演後の感想文には、聴き手の中に自己との対話、先生との対話が起こっていたことが語られていた。

先生は、無意識でベースづくりをし、わずかの意識で残り少しを整理・修正しているように見える。そこには、無意識世界と意識世界を自由に往き来しているイメージが浮かぶ。わたくしは先生との対話では、こちらの構えが最小限でよくなることに以前から気づいていた。

それは、自然体には自然体に対応するという、きわめて本能的な感覚が取り戻され、言葉の理解を超えたものだけが、体の深いところにとどまっていく感覚だった。そしてそれが、ゆるやかな変化を引き起こしていく。その変化は、その人の自然体に呼応して起こるものだから、変化のスピードも大きさも、その自然体に無理のないよう、ふさわしい状態で起こっていく。

こうした先生の無意識への語りかけと揺さぶりには、意図的なものはまったく感じられない。何の気負いもなく、いつでも本当に自由で自然な感じがする。それは、先生がご自身に開かれている結果なのだろう。

わたくしは、これが先生の技だと感じながらも、どこかでは、「意図のない技」があるのだろうかという疑問も感じる。それよりも、それは先生の身そのもの、分身と考えるほうがぴったりくる。そうだとすると、それは努力して身につけられるものでない。自然体であろうと意識して自然体になれる人はいない。不自然さは拭いきれない。そして不自然さのほとんどは、相手に支配‐被支配のイメージを与えることになり、意図されているものは、相手にその意図の背景を読ませることになる。しかし、自然なものに対してその必要はなく、わたくしたちは安心して自分との対話に集中できる。

それから、いつか先生は、〈揺さぶりは、無意識に訴えられるから起こるもの。揺さぶられた後には必ず変化が起こるの。そしてそれは、長い間自分の中に留まっている〉と仰った。「大切なのは、いずれその変化を実感できることであり、そうできたものだけがずっととどまってくれる」ということだと、わたくしは先生の無意識の教えから学んだ。

資質の開花

先生はご自身のまだ見ぬ花に気づいていらっしゃるだろうか。その花開いていく様子は、胎児が外界へ出ていこうと母親の子宮の中で待っている時間を思わせる。そこにあるのは、これから生まれ出る世界への揺るぎない信頼と喜びだけである。生まれ出ることで負うことになる様々な苦難は、その信頼と喜びのための代償ではない。あえてそれを引き受ける勇気と、自己への信頼が試されるいくつかの通過点でしかない。先生はそれをご自身のお姿でありありと示して下さる。

花開くとき、それは先生のお言葉のとおり、資質の開花である。それはきわめて個人的な現象で、そのときの感覚というのは、人それぞれにあるに違いない。

最近、わたくしはこの感覚が、かつて幼少時代に感じたものと重なることに気づいた。幼少時代には、少しの発見や変化が、たまらなく嬉しかった。その瞬間がおとずれるたび、さっきまで存在していた自分とはちがう自分になっているのを感じた。なかでも夢中になれるものを見つけたとき、わたくしは時間も空間も溶けてしまうような世界を体感し、そこでは無条件に生きることができた。先生は、そういう体験を〈細胞が躍る感覚〉と仰った。細胞が喜び溶けあい、そしてようやく、わたくしはわたくしになりえる。自分自身を生きているという感覚。これが資質の開花によるわたくしの感覚である。

誰もが何らかの資質をもっている。それがその人の偏りになる。良くも悪くも、人はいろいろに偏っているのだろう。けれど、その資質や偏りを意識化できない場合は多い。個人の資質には、他人から見ると、あまり好ましくないものや、さほど意味があるものに思われないものもある。けれど、それもすべてその人の資質であり、それを知って生きるほうが生きやすくなる場合もある。もちろん、必ずそうとも言い切れない。知って、苦悩が増す場合もある。ただ苦悩が増したとしても、それを引き受けていく力があれば、あえてそうすることが大切なときもある。

しかし花開かせずにいる人、もしくは花開いていることに気づけない人にとっては、苦難は苦難でしかない。この場合、その人の人生の多くの部分を苦難が占め、それが人生の問題として取り挙げられることになる。しかしその苦悩が何ものなのかわからないままでいれば、それはやがて、まったく方向性を失ってしまう。そしてそうした苦悩は、人生すべてに君臨する暴君になってしまう。

ところが花開いていることに気づいている人にとって、苦悩はもっと別の意味をもつ。井上先生は、苦難にぶつかっていらっしゃるとき、よく〈苦しいです。けれど、こういう人生もおもしろいかなって思うのよ。そう思いませんか?〉と仰る。これだけを聞くと、先生をよほどの強者と思う人もいるだろう。けれどそうではない。先生はその苦しみに、時には膝をつかれることもおありになる。そんなとき先生は、よほど注意深くいなければ聞き取れないほどの小さなお声で、絞り出すように言葉を発せられる。

そのお声をわたくしは忘れることができない。初めてそのお声をお聴きしたとき、わたくしは資質の開花に伴う激しい痛みを感じながら、「人のこころの声を受けとるということは、こういうことなのか」とも痛感した。

先生は、そうして少しずつ、ご自身が歩まれてきた道の上に、そこはかとなく咲く花を感じながら、進んでいらっしゃると感じる。そして、その素晴らしさも苦悩も知っていらっしゃるからこそ、苦悩する人に、そっと手をさしのべることがおできになるのだろう。〈大丈夫。あなたの苦悩は、決して無意味ではない。それによって、あなたは人生を深く生きられるようになるのだと気づいて下さい。そして、どんなに辛くとも、魂を汚さないで下さい〉と伝えて下さっている。

以前のわたくしは、資質の開花と聞くと、その言葉の響きに少し酔いつつ、それは自分自身の努力の報酬として劇的に訪れ、人生を変えてくれるだろうと想像していた。しかし今では、資質の開花というのは、自分でも気づかないぐらいにさり気なく訪れているものだと思っている。開花する前と、開花した後に、ほとんど違いが見えないぐらいに、何となく雰囲気が変わったかもしれないなぁという程度の違いが、軌跡として残ってゆく。それに気づけたとき、少し強くなれたと実感できる。

資質の開花というのは、それに成功することを目標としない。資質が開花されることで、その人がより豊かに生きられることが目標である。そこには、様々な苦悩を引き受けていく覚悟が必要になる。その覚悟ができた人には、自然と資質の開花はおとずれる。個人によって資質はそれぞれに異なり、そしてそれが人生にもたらすものもそれぞれである。その方がより良く、生活できるようにするのにふさわしい、資質の気づきと開花が大切なのだと思う。

関わらせて頂く者は、その方の資質を見極めるのが仕事ではない。何がその方にとって意味あるものなのかを、共に知ることが仕事だと、わたくしは思っている。そしてその過程で開花した資質は自ずと開いた花であり、そこでは自分自身が主体である。最も大切なのはこれであると思う。こうしたイメージを持ちながら関わらせて頂くことができれば、わたくしたち援助者は、いつも謙虚でいられる。

治療者にとってイメージすることの重要性は、それが相手の世界を理解するのに必要な道具だからではない。巧みに想像力を働かせられれば、そのぶん相手の世界を自己流に構成し、理解できたと誤解する危険もある。そうではなく、イメージしている自分を自覚しながら、相手と共にいるとき、互いは互いとして存在することができ、そのうえで謙虚な気持ちをもち続けることができる。これもひとつの技と言えるのではないだろうか。

こうした技の世界は、自分自身の開花の過程を様々な実感を伴う経験によって、少しずつ広がっていく世界だと思う。そしてこうした技は、そのほとんどが言葉を介して伝えられるものではない、そしておそらく完成されることはないと感じている。だからこそ、先生の教えが今わたくしには必要なのだと思う。未完成であり続けるということは、未知数の可能性を抱きながらの努力と苦しみである。わたくしは、それを自覚しながらあり続ける先生のお覚悟に、時々はっとする。そんな時、わたくしならそのように生きていけるだろうかと問うてみる。するとその答えのかわりに、井上先生がいつも仰る、神田橋先生の「夢を見なさい」というお言葉を思い出すのだ。

師と弟子

師弟の関係は、くり返し訪れる季節のようだと、わたくしはいつからか考えるようになった。それは「師と弟子の関係が、どのようにはじまり、どのように終わっていくものなのだろう」という、自身の問いへのひとつの答えだった。その年のその季節は二度とないけれど、来年も十年先も同じように季節は巡ってくる。そこにはきっとまた別の実りがあるだろう。そんなふうに季節は巡り去っていく。そしてどの季節も、互いに巡り去っていく存在という意味で同等であり、去る季節にかすかに思いをはせながら、新たに巡ってくる季節にささやかな希望をたずさえている。

井上先生と神田橋先生のご関係を見ていると、お二人は最初から師と弟子という対等な関係だったのではないかと思える。これはわたくしにとって、新鮮な気づきだった。わたくしには、師は弟子にとって絶対的な存在だけれど、弟子は師にとって同等ではないという先入観があった。

しかし、神田橋先生と井上先生のご関係は違っていた。師弟関係というものは、師弟が互いに互いを選び、支持し合い、様々な観念や知識、感情などを自由にやりとりすることなのだと知った。そこには対等な関係性があり、互いが互いにとって、同じように価値ある存在なのだと感じられた。

井上先生は時々、〈わたくしは誰の師でもないし、誰にも弟子になってほしくないの。それは、そうした関係がわたくしになじまないから〉と仰る。このお言葉がわたくしを遠ざけるものではないことを、わたくしは承知している。かつてわたくしも、井上先生に『わたくしは先生のようになりたいと思わないのです』とお話したことがあった。すると先生は、嬉しそうに、〈そのとおりです。まったくそのとおりでいいのです〉と仰った。わたくしは理由もわからず、ただそれをお伝えしたい、そうしてもよいと感じていた。

井上先生は、ひとりの人として他者を愛し大切にすることでしか、他者と関われない方だ。「たとえ師弟という関係でも、役割を意識した途端、その関係の間に流れる、最も愛すべき大切なものは途切れてしまう」と感じていらっしゃるのだと思う。先生にとって、互いの間に絶え間なく流れるものを手渡し、手渡されていく、それこそが最も重要なのだろう。

しかし、人は普通、役割をより重要視してしまうほどに弱い。わたくしもそのひとりだ。不器用に試行錯誤を重ねるわたくしを、先生は多くを語らず見守り育てて下さった。その道のりで、わたくしは徐々に、「こうしていつも、先生はわたくしの師でいて下さった」と自覚した。そして同時に、学ぶことの責任と、「学ぶことがもはや自分のためではなく、自分を生かしてくれるすべてのもののためにある」という自覚の芽生えがあった。

これは先生のお側で、そのお姿を見ていなければ、芽生えることはなかっただろう。師弟関係という密接な関係でなければ、伝わっていかないものが確かにある。そして師弟が互いに丁寧につくりだしていく雰囲気の中で伝えあえるものが、最も自然に、心と身体に溶けるようになじんでいくことも、実感する。

そして師弟関係はいつか、その存在を意識しないようになることで、終わりを迎えるのではないだろうか。それは、自分の中になじむ師の教えが、すっかり融合された結果といえるだろう。しかし、師も弟子も、互いが互いであることに何ら変わりはなく、むしろともに在った時間の長さだけ、互いの同質性と異質性が際立ち、それでもなお尊重しあえる存在なのではないかと思う。

井上先生と神田橋先生、お二人の本質を言い表し、また比較することなど、わたくしにできるはずはない。ただ、わたくしは感じるままにお二人から師と弟子のありようを学んでいるだけである。ただお二人の異質性が徐々に際立って見えてきたのは、わたくしにとって大きな衝撃であり、師弟のありようの真髄を知るきっかけとなった。

わたくしは井上先生と神田橋先生のイメージを、「垂直に天に向かって伸びる水柱」と「水平に広がり続ける水面」、「光」と「闇」と感じたことがあった。

井上先生は教育者でいらっしゃり、関わる一人一人の子どもの資質を察知し、そこにそっと光をあて成長を見守る。それは、時には微かではかなげな光、時には手をかざし見る光、どれもいのちを活かすための自然の力。その源に、先生の天真爛漫さと、天上へ、生へ向かうエネルギーの強さがあり、ご自分の幸せを願うのと同じに、他者の幸せへの願いがある。

対して神田橋先生は真逆のイメージだった。わたくしは、神田橋先生に一度だけスーパーヴィジョンをして頂いたことがある。その初めての対面の時、わたくしは先生に深い闇を思わされた。わたくしが自分自身の不自由さや苦悩を語る間、先生は多くは語られなかった。しかしその間中、わたくしは「自分がどこからきたのか。その源流に逆わらず、まずそこに身を任せることが自然である」と静かに諭されているような気がしていた。
　何日か経って、わたくしは先生のお言葉が示すもの、それだけがわたくしたちいのちある、いのち終える者に与えられた道なのだと気づいた。わたくしは深い孤独感におそわれながら、先生から感じた静かな闇はこれだったのだと感じた。先生は、この孤独を引き受けて、今いらっしゃるのだと感じた。それに気づいたとき、わたくしは怖れより、何にも代え難い平安を得たような気もした。この時わたくしは、この孤独と平安は、どちらもわたくし自身であり、怖れたり願うものでは既にないと気づいた。そしてあらためて、神田橋先生にお会いした時のことを思った。わたくしはその闇の深さにひどく怖れを抱いたが、逆らいがたい誘惑も同時に感じていた。それはわたくしの中の闇が、神田橋先生の闇に包まれ消えて、平安を得られるからかもしれない、けれどそれは自分自身の喪失も意味する。わたくしは、神田橋先生の闇に触れ、それを直感的に自覚し、数日後、さらに深く理解した。それは言葉をとうに超えた教えとなった。

　井上先生が神田橋先生について語られるとき、そこに映し出されるのは、神田橋先生の存在から与えられる影響の大きさと、同時に井上先生ご自身の内にある揺るぎない、本来なら誰もが持っているはずの核の強さと尊さだ。井上先生は天衣無縫でいらっしゃる。無意識の動きと表面にあらわれてくる言動が、見事に連動し調和している。この「純度の高い自己一致」の根底には、人を信頼し愛することへの喜びがあり、そしておそらく資質開花に伴う想像を超えた苦しみがある。こういったすべてが、井上先生に天賦の才といえる、独特の雰囲気を備えさせている。それはこれまでにわたくしが出会った誰とも異なっていた。そしてこれが、わたくしたちの中にもある、核の強さと尊さを思い出されてくれる。弱く不純な自分の心の中にも、純粋さや、人を信じ愛そうとする力が確かに存在すると感じることができるのだ。

　神田橋先生は井上先生との出会いのはじめに、それに気づき、そのいのちを愛されてきたのだと思う。それはご自身のものとは異質である。しかし実はこれこそがご自身が長年のぞみ追い求めてきたものだと、神田橋先生は直感されたのではないだろうか。そしてその資質といのちを生かすことで、ご自分の技とご自身のいのちが生かされることを確信されたのではないかと思う。だからこそ、神田橋先生の思いは深い。

　神田橋先生は、長年のご経験とご苦労によって、多くの細やかな技と知識を修得され、またそれを言葉を介して後進の者に伝えられる異才の持ち主である。さらに井上先生の天性の才能を瞬時に見抜き、それが自由に開花できるようにと、お側に在り続けた神田橋先生の器の大きさに、並々ならぬものを感じる。先生は異質を同質と同じように、ひょっとするとそれ以上に、愛し共に在ることのできる稀有な存在、師だと感じる。「ボクが二年間で達成したことをあなたは二週間でやってしまうんだな。精神のスピードに体がついていかず具合が悪くなるんだよ」と、よく体を壊される井上先生を気遣う神田橋先生のお言葉が心に残る。そこには関係の中で起こってくる苦しみも喜びも、すべて引き受け、側にいらっしゃる神田橋先生の潔くも静かなお姿がある。

二〇〇三年が終わる頃、わたくしはひとつの夢を見た。初めて、夢に神田橋先生が出てこられた。

神田橋先生と井上先生とわたくしの三人が、小さな女の子のクライエントを囲んでいる。神田橋先生は椅子に座り、女の子に赤い小さなボールのようなものを手渡した。その時、神田橋先生は本当に幸せそうに微笑んでいらっしゃった。もてる愛情すべてを差し出すかのようにそのボールを差し出すと、女の子は素直にそれを受けとった。井上先生はそのお二人のご様子をご覧になり微笑み立っていらっしゃる。わたくしは、神田橋先生のその笑顔に、なぜだかとても驚き、井上先生の横顔を見た。

わたくしは目覚めた後、いのちを愛しきることへの神田橋先生の喜びを見たように思い、同時に井上先生の愛される力の大きさをあらためて思わされた。そしてなにか、お二人の師弟関係がそれまでになかった情感や質感をもつようになっていく、そんな予感がした。

師弟関係における道のりは、自己の資質と責任を問いながらの厳しい道のりである。そのなかで最も大切なのは、「変わりゆくものがほとんどの世界で、変わらないものをいかに導き遺していくか」ということなのではないだろうか。それは対話療法の真髄でもあり、生きることの本質であると思う。

くり返される出会い

わたくしはこの原稿を書きながら、大学の卒業を迎えた。卒業論文では、臨床の現場にいた頃からテーマとして持っていたもので事例研究を行った。臨床家としての力量を自分自身に問う苦しい道のりだった。そこでは新たな師との出会いと教えがあった。大学で、この方に学びたいと教えを乞うた師は、その道のりに温かく、そっと沿い続けて下さった。

そして五年ぶりのこの春、看護の現場に戻る決心をした。一度は臨床心理士を目指したが、このまま座学を続けることに違和感を持つようになった。大学での学び、井上先生からの学びを臨床で生かしてみたいという欲求が強くなった。

これからも出会いはくり返される。あらたな自分との出会い、師との出会い。これからのわたくしは、また迷い続けながら、自分に問いつつ、進んでいくだろう。以前のような気負いはもうない。ただ、刻々と脈々と流れる、自分の内なるものに耳を傾け、変わっていくもの、変わらないものを感じ続けていきたい。

さいき・じゅんこ
一九九四年　大阪赤十字看護専門学校卒業
　大阪赤十字病院にて看護師として勤務
一九九九年　日本赤十字幹部看護婦研修修了
二〇〇〇年　大阪赤十字看護専門学校にて専任教師として勤務
二〇〇二年　目白大学人間社会学部心理カウンセリング学科三年次編入学
二〇〇四年　目白大学人間社会学部心理カウンセリング学科卒業
現在　看護師として病院勤務

対話　六の六——佐伯さんへ

「可愛い子には旅をさしょ」——看護の場から旅に出た貴女は、さまざまな体験をくぐり大きくなって、看護の郷に帰省されました。すばらしい旅でしたね。

旅を経て立派に成長して帰郷するというストーリーは、ことに西洋でさまざまな英雄譚として流布しています。貴女は女性ながらにそうした英雄譚を歩まれました。その体験記述には目を見張らされます。渦中にある自他のふるまいと心とをよくもこれほどまでに把握できたものだ、と感嘆します。完璧だという気がします。つづいて、いや、何かが欠けている、と感じます。

心の旅と心の成長とを純化して描いたものに「十牛図」があります。悟りのプロセスを描いた図です。

「十牛図」を思い浮かべながら貴女の文章を読んでいて判りました。完璧で欠けたところがない貴女の体験記には「欠けたところ」が欠けているのです。十牛図における自他の分別の消滅の段階、主体と対象との融合の体験、あとで想起して記述しようとしても記述不可能な体験部分、が欠落しているような気がします。「十牛図」のあっけらかんとした空白の図柄が見当たらないのです。無我へとつづく忘我の体験がないようなのです。

しかし文章のなかに「溶けあう」「融合」「なじむ」などのことばが散見することから察するに、貴女が自他不可分の体験を嫌悪しておられるわけではないようですね。

貴女が帰省された看護の世界には、自他融合の体験や頭が真っ白になる体験の機会があるだろうと思います。あるいは実人生のなかでそのような体験が生じるかもしれません。あるいは、すでに今回の文章の背後に融合体験が潜んでいるのかもしれません。ただそれに目を向けしばらく止まるだけでよいのかもしれません。

ひょっとしたら貴女はまた新たな旅へと出立するかもしれません。すでにしておられるのかもしれませんね。内なる促しは神の声であると言われます。神の指示と融合する忘我の体験を一旦経て、認識者の姿勢へ回帰することが、貴女をさらに大きくしてくれることでしょう。成長を楽しみにしています。

おわりに

学生たちと社会人に、わたくしの「〝いのち〟の流れに添う教育」のあり様を語ってもらった。かかわりの結果について、五人に共通に言えるのは、ひとりひとりの個性や資質が際立ってきたこと。自分自身が自分を見る目が変わってきたこと。つまり、「何か」から解放されて、自己の存在価値を認め、「自分を愛してみよう、信じてみよう」という気持ちが湧いてきたことである。さらに、彼女たちの自己発見に添う道は、そのままわたくし自身の自己を問う旅であったことである。

つぎに、わたくしのひとりひとりに向けた観察・連想・対話によって、「〝いのち〟に添う教育」の実際を記述する（わたくしとゼミ生は苗字か名前で呼ぶのが自然であり、そのようにしてきたので、関係を生き生きと伝えるためにそのままの表現にすることをお許し頂きたい）。

だがふたつお断りしておかねばならない。ひとつは、ことばに表せるものはすべて浅薄で、どこか偽りである。表現しえない深き流れが、対象者とわたくしとの〝いのち〟の底から底へと通っていたことを察して頂きたい。ふたつは、対象へのかかわりの根拠になった文献を上げるが、それらはかかわりのその瞬間には自分のなかに溶けていて、必ずしも意識していないものもある（また、一部、読者の理解を助ける目的の文献も挙げてある）。

里芋（仮名）さん

導　師

苦しいことがあったら

木に聞いてみるがよい
わけても老いた欅（けやき）の木は
たいていのことは知っていて
いろんなことを教えてくれる
木は少年時代からの
わたしの導師である

（坂村真民『念ずれば花ひらく』）

里芋が講義後、教壇に質問に来た時、わたくしは関ヶ原の「落ち武者」を連想した。槍で突き刺され、矢がかすった、傷だらけの鎧を纏っている。しかも、背後に死者たちの恨みをしたがえた凄みがある。印象に残る学生だった。

ゼミ生の初顔あわせの日、里芋の姿を認め、〔やはり来たか、落ち武者の恨みの意味を問わずにいられないな〕と、わたくしの呼吸が深くなった。ゼミの発表を聴いて、〔その恨みは、人を信じ恋うるエネルギーの凄まじさが相手に受け止めきれず、拒否されてきたのだろう〕と見当がついた。しかも誰もそれを言ってくれない。わけのわからない拒絶の連続に、〔寒椿は幾度の冬を越してきたことだろう〕。そのためであろう。里芋の自尊心は萎縮していた。背後の死者はすべて本人の過去の姿である、と了解した。求めているのは率直な「真実の矢」であると思えた。

二度目のゼミ発表は、偶然、オープンゼミの日と重なった。そのためゼミの先輩である四年生と見学の二年生が集い、総勢六十名ほどの聴衆になった。里芋は考え抜いた内容を生き生きと伝え、その活気が教室中を覆い尽くした。神様は味なことをなさる。大勢の聴衆は発表内容の深さに感動し、終了後、四年生が口々に『びっくりした。短い間に変わった。兜を脱いだ。不気味さがなくなった』と言い、驚きを隠さなかった。それは感嘆という「真実の矢」であった。一番ほしかったものを得て、里芋はしばしことばを失った。そして自尊心の高揚感が見受けられた。わたくしも、的の中心を射る「真実の矢」だけを、ただしこの段階では肯定の矢だけを、本人に向けて放ち続けた。

その後も、筋肉運動優位の体育会系代表のような里芋は、本当によく勉強し、個性記述的な手法で卒論を書き上げた。しかし書いている過程でチックがでた。運動優位の資質とは異なる作業を長期間続けたためと推測し、聞いてみた。やはり初発は大学受験の時で推測通りであった。そこで資質の特質を説明し、卒論を書き終えたら症状はなくなるからと安心感を与えた。そう伝えながら、社会に出る前に「恨み」の意味を知ることを、里芋の〝いのち〟は求めているだろうか？　と思ってみた。社会で苦労させたくないというわたくしの側の親心なのか、判別できなかった。そこで、樹齢四千年の屋久杉の叡智を借りることにした。屋久杉との「対話」で里芋が摑んだものは本人の文にある。

ほかのゼミ生たちが里芋の度重なる「巻き込み」を我慢し、しかしあまりの大型台風のため為す術がなかったこと。誰もが他者を受入れ自分を開くことを求めてはいないこと。開くことで壊れてしまう人がいて、それは導く側が見抜いて閉じておかなければならないこと……教師になるならそろそろ教えなければならないと思った矢先、ゼミ内の卒論発表会で素晴らしいことが起こった。里芋は「巻き込み」のことをゼミ生から指摘されたのである。それは「真実の矢」だった。ほかのゼミ生たちも強くなり始めていた。しかし里芋は、友人の率直なかかわりだけを喜んで受け取り、周囲の嫌悪感を読み取れない。見えるものしか見えない。素直で裏表のない性格が裏目に出ていた。

卒業式に里芋の大型台風が発生し、晴れの日が台無しになった。翌日、わたくしははじめて「否定」の矢を放った。この時、わたくしの〝いのち〟は、里芋のなかに潰れない強さを感知していた。わたくしの矢は里芋の心臓をひと突きし、……死んで、生き返ったようである。文中のよみがえりの過程に注目すべき箇所がある。「聞くべきところをからだに落とした」の「聞くべき」は聞かないところは除外したという意味であり、そこに主体的選択者としての「自分」がある。そして「いつか本物になる」の「いつか」には希望と、未来を切り拓いていく自分への信頼と、自尊心を見ることができる。これこそが朽ち果てなかった「芯」であり、その基礎はご両親が培い、友だちや先輩たちが強化したのである。

人の成長は直線的には進まない。テーマは螺旋を描きながら、少しずつ小さくなっていく。また必ず、台風は起こる。しかし、今はもう、身に滲みてそのテーマが自覚され、かつ周囲も矢を放つ力を得てきたため、かかわりのなかで指摘を受け、発生の度に「あっ、またやってしまった」「またやってしまいそう」「やってしまうところだった」の様に変化し、やがて螺旋が掌に包まれるほどの大きさになる日が来る。

里芋には自分で自分を求める〝いのち〟の動きがあった。しかし、行きづまり、行き倒れて存在が不気味な世界に投げ出されていた。しかし、そこまで求めてはじめて「求める」という「十牛図」［本書二五一頁参照］の第一段階、「尋牛」が歩み抜かれるのである［上田 二〇〇二年］。そして自分探しはともかく関心のあることを「やってみる」こと以外に方法はない［上田 二〇〇〇年］。Do！ それはそのまま筋肉運動優位の資質の開花になる。だから、わたくしは里芋が大学院に進学してわたくしについて研究したいと言った時、「いろいろ試してみて、やってみてからね」と助言した。ハンドボールの選手兼コーチ、教員採用試験に挑戦、秋には留学する。いま里芋のエネルギーは炸裂している。君の膨大なエネルギーをもってしたら、不可能なことはない！ 話があれば聞く。

自分の真の姿を見つけた！ と思った瞬間に見失ってしまう。――里芋もわたくしも「尋牛」の旅［柳田・上田 一九九二年］の途中である。

五島（相川）智子さん

はじめて相川に会った時、素直で飾らない、友だちになりたいような学生だと思った。しかし、どこか自信なげで、うわついた感じが、そのよさを台無しにしていた。人なつっこく近づいてきた何度目かに、わたくしは相川の内界、それも地下深くに「春の泉」が湧きでているのに、その上に強固な重しが置かれ、湧きいづる泉水が哀しくたれ流されているイメージをもった。この重しはなんであろうか。ゼミの研究発表のうわずった声や質問された時のからだの動揺から、この重しは学力や受験にまつわる何かであろうと見当がついた。聞いてみた。すると、それればかりではなく、いままでなまぬるい人生を生きて来たことへの後悔があり、本気で変わろうとする意思があった。「こんな自分では教師になれない」という内省もあった。相川は真剣に「道」を求めていた。いまの自分を打破したいのにひとりではできない。「鍛えられて越えたい」「手ごたえを感じたい」「求む！　魂の激震」という、相川の〝いのち〟の声が聞こえた。

人は〝資質〟が花開く時、最も充実して生きられるのに、相川の「負けず嫌い」の資質は発揮されていなかった。それは他人を押しのけて勝とうという意思ではなく、「負けまい」、とくに内省的になっているこの時期は「自分に負けまい」という思いがふつふつと湧いていた。そこで、わたくしは、何度も何度も谷底に突き落とした。しかし、その度に相川は這い上がってきた。その最たるものが、私立小学校の推薦状の取り消しだった。それは空手の瓦割りに似ていた。相川の「いのちの泉」の上を覆う何十枚もの頑強な瓦を、力を集めて一挙に叩き割った感がある。すると塞き止められていた相川の「いのちの泉」のエネルギーが溢れだし、〝いのち〟が息を吹き返し始めた。自信なげだった相川が「やれるだろうと自分を信頼することができるようになっていた」「いま生きているのがとても楽しい」に変容したのである。そして優秀な卒論を仕上げ、卒業して臨時講師の経験を積むと、「いつもその子の真実に真剣に向き合う教師でありたい」と思うようになり、やがて難関の教員採用試験にも合格し念願の教師になった。あの時は、「春の泉」の上にのしかかる重しを、相川の〝いのち〟が外す時であったのだろう。卒論調査にあたって、普段からは信じられないような失敗をいくつも重ねて、わたくしを怒らせ、瓦割りに導びいた。相川の〝いのち〟の動きに、わたくしの〝いのち〟が感応したと考えられるのではないだろうか。

神田橋先生は、相川への対話に、わたくしが「暴風雨の様なゼミを特質とする」と書かれた。しかしゼミ全体が暴風雨なのではなく、相川とわたくしと、ふたりの関係がそうならざるをえなかっただけである。なぜなら、相川の「鍛えてほしい」という思いが強かったからである。神田橋先生は子宮の中に抱えて暖めて育てる資質でいらっしゃるが、わたくしはたとえ暖めるにしても、学生曰く「寒い時、先生はコートのなかに入れてくれる」程度の抱えである。それは、わたくしの場合は対象が基本的には健康で、かかわりのウェイトが心理援助より教育に大きく傾いているからである。教育である以上、指導者はその権威をかけて断固として言わねばならない、叱責や賞賛や命令、禁止などのことばがある。しかし、それだけでは人は育たない。対象の伸びゆく〝いのち〟に敬意を払いながら、こころに訴えかけることばも必要になる。わたくしが言った〈あなたは教師になる資格がないと判断しました〉が前者であり、〈……まったく見込みがなかったら、こんなに怒らない〉が後者である。わたくしの一連の指導を、ご聡明な相川のご母堂が理解し支えて下さったので、相川はその両方を受け止めて、「素敵な」人に、そして「健気な」教師に成長しつつある。その足跡は、相川の文にある。

最後に、ひとつ付け加えておきたい。相川がわたくしの講義の姿を見て「崇高（妖気）」（幻想である）と評した時、わたくしのなかにふとずっと忘れていた一枚の写真が思い浮かんだ。それは、わたくしの小学校入学の記念写真だった。何十年ぶりにアルバムを取り出して写真を手にとった。そこにはまぎれもない、「真のわたくし」が誇り高くすっと立っていた。そしてわたくしは〔ああこの時から始めればいいんだ〕と思った。そこに一度戻って、そこからずっと伸びてきて、その線からずれたところは修正・整理すればいいと思えた。何かが腑に落ちた。そして自らの半生を思ってみた。それは極めて単純なものであった。「真実だった」それだけの様である。神田橋はわたくしを「純粋馬鹿」と言う。言い得て妙である。

教師になったあなたにつぎのことばを贈ろう。「その前半は黒板を前にして座した。その後半は黒板を後にして立った。黒板に向かって一回転をなしたといえば、それで私の伝記は尽きるのである」〔上田 一九九六年〕。京都大学を定年退官される時、西田幾多郎先生が生涯を顧みて語られたものである。ここにこめられている深き内実を思う。相川に教えられて、わたくしも自分になりつつある。相川さん、ありがとうございました。

野上愛さん

野上は先の相川と同期である。野上が教卓に近づき、わたくしのゼミに変わりたいと言った時、何かに突き動かされている雰囲気があった。そこでわたくしは、野上の〝いのち〟が、いまの自分を突破したいのに自分ひとりではできない、それをするのにわたくしが必要だと感知したのだろうと、察知した。だが、その実現にはいくつかの関門があった。最大の関門は、相川を含むゼミ生たちの許可であった。みんなには、四月に一艘の船で大海原に漕ぎだし八ヵ月の航海を共有した歴史があった。彼女たちは心の澄んだ魅力的な学生たちで、しかもよく勉強した。わたくしはゼミ生に事情を話して野上を紹介した。彼女たちは語りあい、そののち「愛ちゃんはうちのゼミの雰囲気の子。一緒にやっていきたい」と賛成してくれた。つぎの関門は、野上の所属ゼミの教員の許可だった。野上が気持ちを率直に話すと、母性的で優しいその先生は快諾してくれた。最後の関門は、学科長面接と会議だった。ゼミの変更は原則として認められない。それまでも数人が申し出て、諦めていた。ここではわたくしは、手続きだけを教えて力を貸さなかった。しかしヒントは与えた。学科長の専門は教育行政学であり、かつ、泣いたら負けだ、と。野上は、原則の遵守を諭す学科長に「教育を受ける権利の保証」を求めて一歩もひかず、とうとう理解を得た。泣かなかった。華奢で愛らしいこの学生のどこに、そんな力強さが潜んでいたのだろう。野上の〝いのち〟が燃えていた。打てば響く、道を切り拓ける、育つかもしれない、この時、そう思った。

会議で了承されてゼミに入ってから、ご尊父の死と、いじめられ体験のことを聴いた。文章を見ればわかるが、野上は内と外の世界を行き来して、内省しながらかつ外界を冷静につぶさに見てとるという、通常なかなか同時にできないことができており、さらにそれを巧みに文章表現しえている。情感豊かでかつシャープ。いい資質をいくつも持っているのに、どこか微妙な不安定さがあった。おそらく、いじめられの後遺症であろうと思われた。「いじめ」が残す傷は、一生消えないほどの痛みであることを精神科医、中井久夫［一九九七年］は自己体験から明らかにしている。そのために輝くことを妨げられている野上の〝いのち〟の悲鳴が聞こえた。

わたくしは、鹿児島出張についてきたい者がいれば連れて行く、とゼミで旅の提案をした。野上は『どこにでも行きたい』と言った。微妙な不安感から解かれるためには、まずわたくしとの二者の絆を深めること、つぎに友だちのなかで安心できることである、と考えた。そのためには、いつもとは違う時間の流れのなかで、少人数で親密な一緒の時間を過ごすことが必要だ、とわたくしは感じた。旅の意義は深かった。わたくしとも、友だちとも、絆が深まり、八ヵ月の空白も埋まり、ゼミの居場所も確保され、野上はゼミ生のやさしさに少しずつ心を許していった。

『卒業論文は「いじめ」の攻撃性について書きたい』と言った。わたくしは「いじめの政治学」〔中井 一九九七年〕を紹介した。「いじめ」関連の心理学的論文でこれ以上の論考はないと判断していた。その後の経緯は野上の文にある。卒論は最初に完成した段階でかなり高度なものだった。しかしわたくしは、野上の〝いのち〟が何かもうひとつ突破しきれていないと感じた。だが、それが何だかはわからなかった。提出締切まであと十日ある。卒論を挟んで対面している野上の雰囲気に、もう一段、越える余裕があった。わたくしは鍛えることにした。その結果、短期間のうちに野上の人間性が高まりを見せ、それが論文に反映されて、最終的に野上が提出した卒論は、審査会で副査の教授が「大学院修士論文レベルの高度な論文、進学しないのが残念」と語るほどになっていた。副査はあの時の学科長だった。野上のお蔭で、それ以後、ゼミの移動がより考慮されるようになった。このことが「努力にではなく結果に満足する」という効果を野上にもたらしたことは、先の文を見てはじめて知った。だがおそらく、それよりも野上の成長にとって重大だったのは、野上が『先生、卒論を書いて（いじめられを）乗り越えた。もう大丈夫になった』と、晴れ晴れと語ったことである。そして野上は仮名で発表していた自らの「いじめられ体験」を、実名で公表することをわたくしに託した〔白雲 二〇〇三年〕。他の科目も成績優秀であったので、わたくしは本学で最も名誉ある創立者の名を冠した「成瀬仁蔵賞」に推薦し、学科の審査により受賞が決定した。野上は卒業式に代表で壇上に上がった。編入生に受賞の道が開けた瞬間でもあった。壇上の野上をみつめながらわたくしは亡きご尊父に語りかけていた。「お嬢さんの姿が見えますか？　褒めてやって下さい。いずれまた、お父様のことを語りあう時が来るでしょう。その時は、ひとつの死生観として、西田幾多郎先生のお言葉を伝えるつもりです。『運命の秘密は我々にはわからない。……何事も運命と諦めるより外はない。後悔の念の起るのは自己の力を信じ過ぎるからである。我々はかかる場合において、深く己の無力なるを知り、己を棄てて絶大の力に帰依する時、後悔の念は転じて懺悔の念となり、心は重荷を卸した如く、自ら救い、また死者に詫びることができる』［上田 一九九六年］」。そして野上はこの受賞が他者のまなざしから解放された「人生の財産」になったと言う。これで野上らしく生きていってくれるであろう。

わたくしは、野上の〝いのち〟の躍動に添っただけである。

酒井潤子さん

わたくしは酒井の入学試験の面接官であった。初対面でわたくしは、酒井の曇りない純粋さに胸打たれた。数分ののち、わたくしは障害について尋ねた。すでに「なぜわたくしだけが苦しむのか？」から「人生はわたくしに何を求めているのか？」［フランクル 二〇〇二年 a］に問いが転換している、と感じたからである。しかしそれはおそらく、ご両親の深い愛を受けて自然に感覚的に転じたもので、人間観や人生観として構造化されているものではない、とも感じた。

合格して、酒井がわたくしのゼミを希望し、何を話しても深く受けとめあうゼミ仲間を得て、やがてフランクルのロゴテラピーを自ら見つけ、研究発表した。その選択は必然であるように思えた。酒井は自らの小児病棟での体験を語りながら、発表の途中で涙をこらえることができなかった。ゼミ生たちも感応してある者は涙し、またある者はうつむいて震えていた。その全体を見つめているわたくしのなかに、ふと、〈死を待つ人が「傍らにいてほしい」と思う人とは、どんな人だろう？〉という問いが浮かんだ。それはきっと〈自らも死を見つめ、暗闇を抜けて、そののち青空に突き抜けたような人ではないか。酒井のように〉という答えが内側から生じた。その時、〈キュブラー・ロス博士は小児精神科医だったか？　その道なら、酒井の、小児病棟で幼い友の死を見つめた過去と「子どものカウンセリングができる援助者になりたい」といういまの両方の思いが生きる〉と思った［キューブラー＝ロス 一九七一・一九八二年］。

しかし、わたくしは方向づけはしなかった。それが酒井のゆく「道」ならば、たとえ紆余曲折はあっても〝いのち〟

はそちらの方に流れだすという、〝いのち〟への信頼があったからである。わたくしにできたことは、ともに「道」を求める学生たちの、相互の教育力が最大限に発揮されるよう、学生たち曰く「居心地のいい、守られた時空間」を用意し見守ることだけであった。この年のゼミ生は、いつにもましてつわもの揃いで、時間割上のゼミは午前中に終わるのだが、みんなわたくしの研究室で夕方まで、当日の発表内容を皮切りに夢中で討論し、悩みを打ち明け、夢を語りあっていた。みんな足の爪の先から髪の毛の先まで、ピュアな喜怒哀楽と情熱と思索に満ちていた。互いに裸の自己をさらし、その自己が友の鏡に映し出され、そこに映った自己の姿を見つめることで自己点検し、自己理解を深め、自己修正し、人生に立ち向かう姿勢をつかみとっていた。かけがえのない時間であった。

だが、そうこうしているうちにわたくしは一年間の国内研修に出ることが決まった。本来ならば二年続きで指導すべきところを一年で置いて行かねばならない。いや、研修がわたくしの自発的選択である以上、わたくしは「彼女たち」より「自分」を採ったのである。申し訳ない気持ちで、できる限りのことをしていきたいと思った。

そこでまず、二年分の経験を提供しようと考えた。わたくしは〈ゼミ生の〝資質〟がつわものでも、井の中の蛙では花が咲ききらない。大海と海底を知る必要がある〉と感じていた。そこで、わたくしがある社会学者にお力添え頂いて主催する合宿セミナーに連れて行った。セミナーは予想通り、他大学生と講師の激論あり、無意識を掻き混ぜられる内容ありで、酒井は受け止め切れず、その場では泣いていた。しかし、揺さぶりをかけられた彼女たちは、帰ってからも、連日、討論を続けそれぞれが深く自己に沈潜し始めた。酒井の育ちのいいお嬢さんの雰囲気に重厚感が加わったことが、それを表していた。

つぎにわたくしがしたことは Disillusion であった。わたくしへの「惚れ込み」「理想化」「幻想」を解くため、ゼミ生がわたくしに幻滅するような場面設定をした。ゼミ生たちはわたくしにも率直であり、「見損なった」という意見が交わされたので、成功したと思えた。あとをお願いしていく先生がやりにくくないように、途中から入っていく学生がかわいがって頂けるように、との密かな願いからであった。最後にゼミ生たちの「見捨てられ感」を少しでも減らすべく、四年次にどの先生につきたいかの希望を聞き、ていねいに相談にのった。酒井には〈臨床は、たかだかある治療技法を修得するだけの底の浅いものではない。背景に人間観が必要だと思う〉と提案し、話しあいの結果、本人は思想史の先生についてフランクルの哲学を深めることを選んだ。そして三年次も終わる頃、学生を連れてあとを託す先生をひとりずつ尋ねて手渡し、わたくしは旅立った。ゼミ生たちの成長を祈りながら。

しかし研修先でわたくしは、ゼミ生を意図的に幻滅させたことの愚かさを知った。医学部を受験するという大きな決断にあたり、わたくしに連絡をとろうとした酒井と、遠き地にあるわたくしとのあいだに不思議な感応現象が起こったのである。これは、意識下でふたりは繋がっており、しかも酒井の〝いのち〟がまだわたくしを必要としていることの表れであった。それに気づいた時、わたくしは意図してのDisillusionの傲慢さに、完全に打ちのめされた。そして「〝いのち〟は操作できるようなものではないし、また操作してはならないものだ」ということを、わかっていたはずなのに徹底できていなかったことを酒井から教えられた。このことは、わたくしがこれから創ろうとする教育の根幹をなしている。酒井さん、ありがとうございました。

そして、指導教官の真摯な導きにより、酒井はフランクルの「態度価値」理論［フランクル 二〇〇二年b］を深めて卒論を完成させ、医学部に編入し、大海に漕ぎだしていった。同期には、卒業と同時に海外に就職した者もいた。例年、あまりないことである。酒井は卒業して二年後、久しぶりに研究室を訪ね、わたくしの児童心理学の講義に出席していった。わたくしは教壇から酒井の「自然な姿」を見て、あの時、研修への償いと対処に気をとられ、学生たちの「いま・ここ」の〝いのち〟の流れへの感度が鈍っていたと気がついた。しかし、わたくしの浅知恵などくぐり抜けて、酒井の〝いのち〟はそのいのちらしさをまっとうしているようであった。〝いのち〟とはそういうものである。酒井はいまはまだ医師を志す、瑞々しく、青い実である。この実がどのように色づくのか、成長の軌跡を見届けていきたいと思う。

鈴木（江口）麻子さん

江口は神田橋先生が言われた様に、自然に「気」が見える、特別に鋭敏な感性の持ち主である。とりわけ人を見抜く眼力は並外れており、すぐ人を信じてしまうわたくしは幾度も助けられた。だが、その鋭利な感性が他者に理解されず、また、「優れて」いなければ自分の居場所が確保できないとの思いに、長い間苦しんだ。真の自分を押し込めて周囲を気遣い、そのために不適応感や焦りが生じ、身体症状を引き起こしていた。江口の文から滲み出る雰囲気には、苦しみに耐えた人の深さがある。だがわたくしは江口の〝いのち〟の底に、わたくしと同じくらい自由を求める、おてんばな気配を感じる。

在学中は、江口の〝いのち〟の高調と低調の波の振幅が大きかったので、低調時は「包み込み」、高調に変わると「鍛える」こともあった。だが、低調の波の時期が長く、雲の晴れ間のように高調の波が訪れる感じであった。卒論作成は難航した。障害児の事例研究をしたが、ケースに様々な感情が渦巻いてしまい、吐き気が続いた。到底、書ける状況ではなかった。やがて「先生、ケースに自分の姿が重なる」と内臓を絞り上げる様に言った。しかし、逃避せず苦悩の中で自己の内面を凝視し続け、卒論に書き上げた。江口は「真の自分」に近づいて前より楽になった。その人間的変化は劇的で、それが映し出された卒論は最高の評価に値した。その過程で「生まれ変わって」からは、徐々に高低の波の振幅が同じほどになってきた。その間のでき事と成長の軌跡は、江口の文にある。

卒業後は、ふたりでだじゃれを飛ばしあい、笑いあい、その度にひとつまたひとつと江口の甲羅がかけらになって落ちていき、いつの頃からか、少しずつ「やんちゃ」な感じがでてきて安堵している。

わたくしは江口の内奥に、白いマグマを感じる。しかし、それが何だかいまだに掴めない。どう育つかわからない面白さを楽しみに、待ちたいと思う。

ところで、卵を内側から破って飛び出した、「白い雌の虎」のわたくしが吠えた相手は、ある社会学者であった。その日、わたくしは先生の「人間解放理論」と「自分史の乗り越えという思想の展開」［藤永 一九九一年］に根源的な問いを投げかけ、先生の答えを批判した。その時が「外弟子」として導いて下さっていた先生からの卒業のようであった。誕生の瞬間とその直後は無防備である。わたくしは、ある時から、神田橋の守りがダイアモンドダストの様な光となってわたくしの回りを覆い、動く度についてくると感ずるようになった。そして、その時はとくに、光ではなく師のお姿そのものがあると感じていた。それが江口にも見えていたとはやはり凄い感性である。師に話すと「見える人には見えるんだな」と言われた。そして、江口の背後にわたくしがいて、わたくしに愛されていることを確信したことを、先の文を見てはじめて知った。その時、こんなわたくしでも教師でいていいようだ、と穏やかに自己を肯定できた。江口さん、ありがとうございました。

わたくしが限りなく親しみを覚える妙好人の話をあなたに贈ろうと思う。妙好人とは、学問があるわけではなくひたすらお数珠を手繰りながら、南無阿彌陀仏を唱えて「浄土系思想をみずからに体得して、それに生きている人」のことである［鈴木 一九七二年］。そのひとり、因幡の源左はよく仏壇の前で居眠りをし、それを「行儀が悪い」と咎められると「親さんの前だ、遠慮はいらん」と意に介さなかった［甲野 二〇〇三年］。信仰が親に甘えるまでになっていたということである。大切な人たちとこんな関係になれると江口のからだも丈夫になると思う。

もうずっと前に出会った肢体不自由児と、寝たきりの子どもたちが、わたくしに教えてくれたこと。それは、「からだが熱を発して、ここにこうして生きている！　それだけで素晴らしい!!」という〝いのち〟への感動だった。あなたは教え子の無垢で愛らしい子どもたちから、何を教わっているのかなぁ。

佐伯順子さん

佐伯さんとのかかわりは、わたくしの中では漱石に始まり、漱石に終わった感がある。彼は晩年、文学の導きを乞う女性に「貴女は思い切って正直にならなければだめですよ。自分さえ十分に解放して見せれば、今貴女がどこに立ってどっちを向いているかという実際が、私によく見えてくるのです。そうした時、私ははじめて貴女を指導する資格を、貴女から与えられたものと自覚してもよろしいのです」「……その代り私の方でもこの私というものを隠しは致しません。有のままを曝け出すより外に、あなたを教える途はないのです」（『硝子戸の中』）と語る。つまり、漱石は導く者と導かれる者、双方の率直な自己開示の中に教育や導きの発展があると考えたのである。さらに漱石は『こころ』の中で先生に「かつてはその人の膝の前に跪いたという記憶が、今度はその人の頭の上に足を載せさせようとするのです」と言わしめている。だから先生は「尊敬を斥けたいと思う」とも言う。しかし、尊敬も、嫉妬も敵意も、導かれる者が育つ時、等分に重要なものだとわたくしは考える。導かれる若者はこれらをバネに、もう一段階、成長していくものである。Girls be ambitious!——すべてがいい意味の野心の中に溶け込んで、若者は奪うように大きくなっていく。それが育つということのひとつのあり方だとわたくしは考える。わたくし自身もかつてそうであった覚えがある。いまは、そこまでを覚悟して「導く」ことを引き受けている。

日赤の幹部看護婦養成所で、はじめて佐伯さんの話を聞き、教えを請われた時（佐伯さんは自分のことばをもち、豊かな内省力に恵まれ、世間知もある。わたくしなどに教えることがあるだろうか）といぶかった。そこで、もう一度、佐伯さんを見直した。苦労されていること、しかしきれいなこころを残されていること、底深くに ambitious な感じがあり、その胎動が感じられること。そのどれもが若い人が育つ時、重要な経験であり資質であることに気づき、引き受けてみることにした。

その時、恐らく、佐伯さんとのかかわりのあり様は『硝子戸の中』、卒業は『こころ』が示唆するところになるだろうと感じた。わたくしとの率直な自己開示の中で、「合わせ鏡」のように互いの姿を写し出し、時に依存するわたくしの姿に「乗り越え」の可能性を見いだし、いい意味の野心——嫉妬も敵意も含む——が意識化され、それが導くわたくしに肯定された時、佐伯さんは輝き、もう一回り大きくなると感じたのである。初対面から再会するまでに何年かあり、わたくしはこの最初の直観を忘れかけていたが、気づくとわたくしたちはよく語りあい、その中でわたくしは常なる関係より佐伯さんを頼ることが多いようであった。そのかかわりは佐伯さんの自立の動きに添って変容していったと思うが、どうであろうか。

ともかくあとは教えることなどなく、佐伯さんは自分でつぎつぎに吸収して、育ってゆかれた。その間の成長めざましい姿は佐伯さんの文が示している。佐伯さんは才能があり努力家なので、これから看護の世界でいい仕事をされるであろうと思う。一般に、きれいなこころと野心的なエネルギーが結びつくと大きな仕事になり、邪心と野心的なエネルギーが結びつくと、そこそこの仕事に終ることが多いようである。しかし、そこそこのところでは野心が満たされず、同様の人々との間で疑惑や対立が起こるようである。もったいないことである。

佐伯さんが、わたくしを称するのに選んだ天真爛漫ということばは、辞書を引くと、大人に使われる場合「ちょっとお馬鹿さん」という意味あいがある。絶妙なことば選びに敬服する。それはわたくしの自己認識と一致し、何より、わたくしは自分のその資質が好きである。佐伯さんも「ちょっとお馬鹿さん」になれると、ご自分も人も楽になるかなぁと感ずる。一部、神田橋先生のお力添えを頂いたのは、かすかなエディプスの香りのためである。

佐伯さんの文章は優れた内容で、卒業論考として謹んで受け取りたいと考えるが、いかがなものであろうか。人生の成功を祈ってやまない。

***　　***　　***

以上、六人に対する、「〝いのち〟の流れに添う教育」の実際を記述した。ここまで書いてきてわたくしは、自分自身のなかにある、未知のもの、どうなるかわからないもの、に賭けようとする〝いのち〟の動きを察知した。「賭ける」ということは、相手を信じて自分を投げ出すということである。教育とは、互いの「投企」なのかもしれないと思う。

六人に見てきたように、いまが幸せで充実していると、過去の歴史の読み替えが起こるようである。過去につらい事があっても、それはいまのこの瞬間のためにあったのだと思える時、それまでの人生の図柄が変わる。その瞬間、あの時の自分といまの自分が繋がり、分断された歴史が一本の糸になり、一貫した自己の存在に意味が見いだせる。その時、人は過去と現在へのこだわりから解かれ、経験からも自由になり、未来に志向することができるのであろう。

六人がわたくしを批判し乗り越えて行ってくれる日が来ることを心待ちにしている。そして、自らが指導者になった時、導かれる者たちが投げかけてくる「幻想」「傾倒」を堂々と受け、真剣にその成長に胸を貸してほしいと思う。わたくしはそれを師、神田橋から学んだ。

しかし、この「〝いのち〟の教育」にはいくつかの反省点が残された。①他者の〝いのち〟の流れ、エネルギーの巡り、滞りなどを感知する感度は体調にかなり左右されるので、「観察」の安定性を保証しにくい。また、言語化が困難である。②〝いのち〟のとらえ方（哲学的、宗教的）の段階により、開示される世界が全く異なり、しかも直覚による理解もままある。かつ、深い感応は意識されずに起こる。いずれの意味でも、対象者とのことばによる共有が難しい。③そのことと関連するが、わたくしはすべての事柄を言語化して共有し、直面化を促すのがいいのか否かわからなくなっている。対象への操作を避け、対等な関係を作るためにそれは必要不可欠なのだが、たとえば「そこは知らせずそっと解決しておいて」「みなまで言わないで」という微妙でデリケートな事柄や領域があるのではないか、それをどう見極めたらいいのか苦慮している。④導く者の常として対象者に才能や資質を感ずると期待をかけ、〝いのち〟の流れを見誤る可能性が否定できない。⑤ひとりひとりに細心の注意を向けて、そのいのちの流れに添いつつ育むので量産しえない。以上、少なくとも現段階でこれら五つの大きな問題を抱えている。ご批判を頂きながら、精錬していきたいと思う。

最後に、野上さんの文にあるように、人間は「酔いたい」存在であるのに、なかなかその機会が得られないでいる。過日、生命学者の柳澤桂子氏［二〇〇四年］が、アメリカ軍のイラク人捕虜に対する残虐な行為を出発点に、「人やチンパンジーが動物を殺戮することにエクスタシーを感じる本能をもっているのか」という問いを投げかけていた。アメリカ兵は、いつテロや戦闘で自分たちが殺されるかわからない、その恐怖心をエクスタシーの中で越えようとしているのではないだろうか。いずれにしても、昨今のわが国における「いじめ」や残虐な事件を鑑みるに、この問いは無視できないように思われる。そして、もしそうであるなら、われわれはその殺戮に伴う忘我の本能をコントロールすることを考え、かつ、次代を担う子どもたちのなかにその力を育成しなければならない。

そのためにはわたくしは〝いのち〟のエルネギーの燃焼、恍惚感、充実感、夢中の経験を学校教育で保証する必要を感ずる。わたくしは、子どもたちのエルネギーが燃える行事が豊富な「学校」で、授業が面白くてわくわくするような「クラス」には、いじめが少ないのではないか、という仮説を持っている。さらに、自己探索の始まる思春期以降には、〝いのち〟のエルネギーが充当される「傾倒」に足る教師が生徒と真摯に対話する学校では生徒は正当な権威を認め秩序が守られるのではないか、という仮説ももっている。そして、まさに「傾倒」の最中に、教師のもつ属性が生徒や学生の意識下になだれこみ、青年の自己確立に多大な影響を及ぼすと考えられる。

教師は、髪の毛一筋ほどの「傾倒」のきっかけになる魅力ある自分を創らねばならない。そして、授業の腕を磨き、導かれる者が我を忘れ、瞬く間に時が過ぎていく、すなわち〝いのち〟が燃える授業やかかわりを用意することが急務であると考える。忘我、恍惚、それらは永遠への希求［真仁田　一九九七年］であり、人間にとって根源的な欲求であると考えられるからである。大学における教師教育の責任は重く、道は遠い。

謝辞

研修・ゼミの移動などでご協力頂きました学科の先生方に心よりお礼申し上げます。ありがとうございました。

引用・参考文献

藤永保［一九九一年］『思想と人格——人格心理学への途』筑摩書房
V・E・フランクル［二〇〇二年a］『夜と霧』（新版）池田香代子訳　みすず書房
V・E・フランクル［二〇〇二年b］『意味への意志』（新版）山田邦男監訳　みすず書房
甲野善紀［二〇〇三年］『古武術からの発想』PHP研究所
E・キューブラー・ロス［一九七一年］『死ぬ瞬間——死にゆく人々との対話』川口正吉訳　読売新聞社
E・キューブラー・ロス［一九八二年］『死ぬ瞬間の子供たち』川口正吉訳　読売新聞社
真仁田昭［二〇〇一年］「子どもの登校時刻対応にかかわる問題」『女子教育』目白大学女子教育研究所　四−八頁
中井久夫［一九七七年］「いじめの政治学」『共生の方へ』（講座 差別の社会学4）栗原彬編　弘文堂　二二六−二四三頁
夏目漱石『こころ』『硝子戸の中（うち）』
西平直喜［二〇〇四年］『偉い人とはどういう人か——「人生の選択」のために』北大路書房
白雲しずく（野上愛）「ひとりになりたくなかった」『いじめの解明——学校教育相談の理論・実践事例集』3−3−(1)−⑥ ①〜一八頁今井五郎ほか編　第一法規
坂村真民［一九九八年］『詩集 念ずれば花ひらく』サンマーク出版
鈴木大拙［一九七二年］『日本的霊性』岩波書店
谷川徹三編［一九五〇］『宮沢賢治詩集』岩波書店
上田閑照［一九九六年］『西田幾多郎随筆集』岩波書店
上田閑照［二〇〇〇年］『私とは何か』岩波書店
上田閑照［二〇〇二年］『十牛図を歩む——真の自己への道』大法輪閣
柳田聖山・上田閑照［一九八二年］『十牛図——自己の現象学』筑摩書房
柳澤桂子［二〇〇四年］「宇宙の底で」朝日新聞　六月二十二日

第七章　自己を問う旅

教育も心理臨床も、完全な者が不完全な者を導く営みではない。人はみな「死」を宣告された存在［パスカル］として対等であり、「いま−ここ」のいのちが満ちながらも、限りあるいのちの「意味」を問い、迷いながら「自己」を探す旅人であると、わたくしは考える。

本書の最終章では、ここまで導く側であったわたくしが、自らの師に導かれて、いかなる旅の途中にあるのか、夢と対話の一部を手掛かりにしてふれておこうと思う。

『対話の技』［二〇〇一年　陽春］を上梓した後、わたくしは不思議な無為にとらえられ、抜け殻のような自分を見つめる日々が続いた。つぎの本の構想を睨みながら、一文字も書けず、「師の期待」に応えたい思いと、「父のよき娘」から離脱したい想いとで葛藤し続けた。閉塞感と停滞感があった。師も揺れた。

二〇〇二年

華（厳冬）

わたくしはある事情から、「ひとりであるということの実存の深み」を知るに至った。「孤独の底」を知ったまさにその日、頼りなく弱々し気なわたくしが、奉職七年目にして、はじめて教授会で発言した。それは、不思議なでき事だった。自分がこれを言わねば、と決意して手を上げたのではなく、何かの力が働いて、右の腕をひき上げられたのである。そして立ち上がると、背筋がすぅっと伸び、話し出すと〔あっ、これがわたくし〕と何かが胸に落ちた。懐かしかった。そしてまもなく、わたくしの腰の高さほどに、紺碧の大海原が一面にふわぁっと広がったのである。

師はこの現象を『それは精神分析でファルス phallus と呼ばれているもの。あなたの中にある性差を越えた雄々しい部分。いわゆる「華、ここにあり」。海底に立っている人が、海面に浮かび上がっていこうとするエネルギーが手を上げさせている。海の外に出た瞬間に、海面が下に広がって見えた』と解いた。

ほどなく、わたくしは「白い馬」の夢を見た。

夢一　白い馬（残雪）

東山魁夷画伯の描くような青緑の森のなか。わたくしが指で土に触れると、その瞬間にふっと芽吹く。その芽は小さいけれど力強い。つぎつぎにふれて、つぎつぎに生まれる。どこに芽があって、どこにふれればいいかよくわかっている様子。たぶん、そこだけ、ほんのわずか土があたたかい。少しすると、わたくしの背にある湖の中から、いきなり真っ白な一頭の馬が飛び出した。オルフェウスの竪琴に涙する、そんな繊細でどこかはかなげな白い馬。しかし、その首からは卵管が突き出し、白馬は苦しみもがき、やがて湖面に沈み……多分、死ぬ。わたくしは、その馬が生んだ白い子馬をひしと抱き締める。母馬が死ぬことが外傷体験にならぬように。すると不意に湖のなかから、別の大きな白馬が水飛沫を上げて立ち現れる。それはまだからだ半分ほどしか形になっていない。だがそのからだは、ぎゅっとつまり、しまり、迫力に満ち、躍動し、生きている、いのちの塊のような、荘厳な白馬。わたくしは息を飲む。気おされて目覚める。息が苦しい。何か凄いことが起こっている。通常の呼吸では受け止め得ない、と感じる。

師と語った――〈はじめの白馬が自分だということはよくわかる〉――『これまでの自分ね。いまの自分と言ってもいい』――〈うん。いままでいろいろな方々の、ことばの背後の思いが、わたくしの自尊心を高めて下さった。だけど、この馬を「これが自分」と思えた時、はじめて穏やかな自己肯定感を得られたように思う〉――『どうも、ことばが気にいらんな。自己の発見。確認。外側という鏡に照らさなくても見える自分。そして、あなたがこの、この子馬をじっと育んでトラウマから守らなくてはと決意したので、逞しい生命力をもったつぎの自分として育った。あなたは自分で育てているけれど、本当は自分が育ってきている。ところが、育ってくる力が凄いから、自分で育てることができるかどうか自信がない。手に負えないのだと思う。どうなるか、ボクの解釈は「技」〔『対話の技』はじまりの対話〕に書いてあります』――〈「資質」が内から揺さぶりをかけ、ゆえに「病」の様相を呈し、「苦闘の人生」を生きることになる？〉――『うん。ボクがあなたを弟子として引き受けた時、最初に連想したのは、禅宗の師が「あなたに教えることはもうないから、つぎの師を探しなさい」という日が来るということ。わたしの手に余るほど大きいものを直観した』――〈白馬が育ってくるとどうなるの？〉――『師匠から「離れる‐止まる」ことですごく苦しむ。いまは先生との関係を利用して、新しい自分に育たないように、怖いから、どうなるかわからないからやめておこう、としている』――〈うん〉――『あなたが、それが発現することを恐れていたいのちのかたまりが、すでに作用している。教授会で手を挙げるという形で。いままでよりも率直になる。可愛がられる人から、恐れられる人になるよ』――〈うーん、可愛いのでいい〉と返しながらわたくしは、もはやそれだけではいられなくなっている自分を感じていた。

画家たちのエロス（陽春）

プラド美術館展（国立西洋美術館）に行き、ルーベンスの『わが子を食らうサトゥルヌス』に胸を抉られた。白髪と白鬚を振り乱しわが子の肉を喰いちぎらんとする老人サトゥルヌス。このテーマは、たしかロダンの『地獄門』にも描かれているのではなかったか？　自然主義者であった彼は、森羅万象、人間における真実のすべてに「美」を見いだした。老醜にも、腐敗にも、悪にも。ロダンは言う。「いのちある者に醜はない」［高村　一九六〇年］悪に潜む美と思索、すなわち「悪の華」を、わたくしは、ロダンから教えられた。

藤島武二展（ブリヂストン美術館）に行き、『黒扇』の「青」に魅せられた。わたくしの臨床は、師の治療からこの「青」が欠けたようなものだと気づく。何かが足りない。しかし何が足りないのかわからない。齢六十にして、画題の「朝日」を探して日本、アジアを旅された画伯の老境の日々に思いを馳せた。わたくしは、願わくば教壇で絶命したいと思う。

祈り（暮春）

〝いのち〟の波が低調。ランプの光で神谷美恵子先生の『日記・書簡集』を読む。「久しぶりに一人部屋にあるを得て祈る。今晩は満月。戸外はすきとおる様。天国を思う。かしこにのみ第一の国籍のある事を改めて痛感、自分がそう思うからでも思いたいからでもない、事実なのだ。これをごまかして、この世の者らしくあろうとする事の不自然さ、無理。……」――なぜこんなにも思うことが似ているのですか？　とわたくしは独りごちた。以前、師に言ったことがある、〈「空の彼方に本当の世界があり、いまここの世界はその影でしかない」と幼い頃からずっと思っていた。そして空ばかり見ている子どもだった〉と。朧気な記憶がよみがえった。そういえば幼い頃、父方の代々の信仰心あつき姿を見聞きしていたのだった。ずうっと忘れていたけれど。それで得心がいった。人は変わるけれど、変わらないものなのかもしれない。

〔人の一生は、何もかも予定されていることなのではないか〕と、二十八歳の時はじめて思った。このごろそれも確信になりつつある。「私は自分一個のためにもう充分苦しんだ。今はもはや自分のために苦しんでいる時でも喜んでいる時でもない」――わたくしは思わず、これが神谷先生の何歳の時のお言葉か、確かめた。二十五歳。〔いまならこんなわたくしもそう思っていいですか?〕と、問うていた。

夏、軽井沢へ行ったら、神谷先生が結核で療養された別荘を訪ねてみようと思った。

神田橋セミナーの中止（暮春〜晩夏）

この頃、わたくしは三度、神田橋セミナーの企画を立てたが実らなかった。師が伝授せんとする内容は深淵である。それゆえ不適切な教育方法で伝わると、いたずらに「神田橋かぶれ」を増幅し、弊害を生む可能性が大きい。だから〈先生の教育内容に添う方法の工夫、対象の吟味が必要です。ご検討下さい〉とお願いしてきた。セミナー開催にあたって、教育方法に苦慮した。そうこうしているうちに、わたくしは師の治療法のある部分を真っ向から否定することになり、自分が認められない治療法を広めるわけにはいかなくなった。さらに、弟子教育の際の「操作」に対する嫌悪と抵抗は、わたくしの「魂の叫び」といえるほど根源的なものであった。師に容赦ない批判を浴びせる日々が続いた。いま思えば、わたくしは「自分の」臨床と「自分の」教育を懸命に探していたのだと思う。それに、長い間、重くのしかかっていた期待、すなわちわたくしに重症患者の治療をさせたいという師の期待も粉々にたたき潰したかった。わたくしは師に自らの考えを突きつけ、批判に批判を重ね、やがて精魂尽きた。師は言った。『セミナーはやらなくていい。あなたは大きくなって、ボクを利用しなさい。大きくなりなさい』と。

なぜかその時、中学時代、わたくしが欠席だとわかるや『授業する価値がない』と言って帰ってしまったひとりの教師を思い出した。わたくしは針の筵のなかで友だちを失った。級友たちの憎しみを、実力で押さえ込んだ緊迫した日々。親友は言う。『信子はその出来事が骨身に染みてる。だから「褒められても本気にしちゃいけない」って、すぐになかったことにして、自分を低く、低く見積もり、そうまでして嫉妬を免れようとする』と。

その夜、急に、息苦しくなり、涙がとまらなくなった。がたがたと音を立てて自分が壊れていく。夜中だったが、何度も師の携帯に電話をした。つながらなかった。数分おきに電話した。こんなことは七年間ではじめてだった。

明け方、夢を見た。

夢二　**落下**（盛夏）

わたくしは住宅街をぬけて、幅の広い階段を降りていた。ところが、階段がかなり高い所で終わっている。とても飛び降りられる高さではない。わたくしは怖くなって振り向き、階段を上がろうとした。その瞬間、階段の枠が梯子のように外れ、わたくしはその梯子もろとも落下し始めた。死なないけれど大怪我をすると思った。〈助けて！〉と叫び声を上げて、目が覚めた。

早朝だったが怖さのあまり、師に電話した。留守電。夜、大学から帰り、自宅と携帯の二台の電話の着信履歴をみつめた——8 : 37 8 : 38 8 : 56 10 : 20 11 : 48 11 : 49 12 : 43 15 : 04 21 : 32 21 : 50 21 : 57——十一回の記録。刻まれた時刻を見ながら、師のこの深い情愛に育てられたと思い、師のやさしさが染みわたった。

翌日の昼、うとうとしてイメージが巡った。時折、夢かイメージか区別がつかなくなることがある。昨日、夢のなかで、後向きに落下して倒れたわたくしは、服の埃を払いながら立ち上がった。あたりを見回すと、そこはあの森の「道」だった。

十年ほど前、こんな夢をみた〔『対話の技』八八頁〕。

七、八歳くらいの女の子が、初秋のやわらかな日を浴びて森の「道」を歩いている。両側には深緑の杉の木立ちが、少女を守るかのようにはるか彼方まで続いている。その子はふと立ち止まり振り返る。するといままで来た「道」に、白い花が、天の川の星屑のように数えきれないほど咲いている。気高く、愛らしく咲いている。「あの一輪は、あの瞬間のやさしさ」「むこうの一輪は、あの時の真実」……と、一輪一輪が放つ透明なメッセージを少女は無心に受けとる。そして振り向いたまま、彫刻になってしまったかと思うほど微動だにしない、永遠の瞬間。

わたくしは大人の女性になっていた。かつて、この道から、突然、さらわれるように異世界に迷い込み、いまふたたびそこに戻ってきた感があった。そっと振り向くと、女の子に透明なメッセージを放っていた白い花々の一部が、淡いパステルカラーに色づき、やわらかく微風に揺れている。わたくしは、臨床で少女期のクライアントと響きあえた日々を思いだして、うれしく、懐かしかった。

いま、わたくしは、男性の気高さと純情と、哀しさと脆さを、そっと抱きとめられる「わたくし」になっていると思えた。そして、わたくしという存在の、奥の奥にあった何かが、いつのまにか壁一枚内側に待っていて、とうとう姿を現した。わたくしのなかで裸でずっとうずくまっていた「あなた」。「あなた」がおずおずと顔をあげた。そういえば、「あなた」はいつもわたくしと一緒にいた。わたくしは「あなた」を感じていた。〈一緒に行きましょう〉。「あなた」が立ち上がるのに手をかした。わたくしは、一歩、全体のわたくしに近づいた、と感じた。でもまだ、わたくしのなかに扉が開くのを待っている誰かがいる。三人、あるいは四人。そして、あの子も、後ろからそっと、ついてくる。小さな寄り道をしながら。

ふと、あれほど嫌悪していた転移・逆転移が近づいてきた感があった。けれどわたくしはその世界に入らないだろう。わたくしの中の何かがそれを拒否している。言語化できない何か。わたくしはその時、研究者であるのに「言語化できない」ことをだめだと思わない自分を見つけていた。

師に会いたくなった――『実はその「あなた」がわたしを発見した。自分を成長させ、見いださせて、統合させるために。なんとしてでもあそこ（神田橋のところ）に行かねばならない。その時は、まだ発見されていないから、説明がつかない不思議な力。それが、不思議な力でなくなって、姿を現す』――〈うん。わたしの扉の内側にまだ三人か四人いる。その人たちも先生との関係の中で現れてくるの？〉――『それもその人たちがあなたに指し示す。誰にもわからない。内なる促しは神の声である』――〈先生はなぜ、長い年月をかけて、父や母や師匠やいろいろな役割をとりながら、わたくしのそれを引き出そうとして下さるの？〉――『その楽しみは格別。教育者の喜びと探検家の楽しみ。わからない種や恐竜の卵を育てる楽しみ。「どんなふうになるんだろう」と。これがあるからやめられない。「子どもは三歳までに親孝行を終えている」って、いいことばだなと思う』――〈うん〉。

光（晩夏）

軽井沢で神谷先生の別荘は探し当てられなかった。しかし、帰り道、左上方の木々のあいだから、不意に洩れ陽がわたくしにまっすぐに射し込んだ。その瞬間、〈あぁ、陽はこんなわたくしにもずっとあたっていた。わたくしが気づかない時も、ずっとあたっていたのだ〉と気づき、大いなる存在に「愛されて許されてある」ことへの感謝に満たされ、ただ立ち尽くして泣いていた。

わたくしの臨床（晩夏）

師と語った――〈このところずっと、先生と違うところを見つけて、自分なりの臨床を作ろうと懸命だった。その過程で、いま自分が自分らしさとして意識化したことは、実はイニシャルケース（はじめて担当したケース）の中にすべてあったと気がついた。そして、どれもが上質に洗練されていると感じた〉――『そんなふうに思うならまずほんものだよ。よかったね。かわいい子は旅をして、ふるさとに帰って来る』――〈すべてイニシャルケースに戻るの？〉――『うん、イニシャルケースのなかにすでに現れている専門家以前のものに返る。返るけど、返り方の意味あいがもっと精緻になる。そうすることによって、専門家としての自分と、個人として成育史を背負っている自分とが調和したものになる。そうなると、個人と専門家というものがひとつのライフストーリーになる。説明するとそれだけのことをボクは何回も繰り返した。いまに至っているのは自然な流れだと感じるようになった、ということは自分の人生が自分の意識の中で確立したということ。そんなになるよ。よかったね』。

〈うん、その意味でもわたしはちゃんと師匠を嗅ぎ分けていたんだなと思った。わたし、もともとのものに戻って、確かさが増した。それで自分らしい臨床に名前をつけたの。「じゃがいもとおとぎ話の臨床」。お台所でじゃがいもの皮を剥きながら、針仕事しながら、お母さんが、子どもの「今日こんなことあって悲しかった」に応えて「あなたは小さな頃こんなだったから、こうしてみたらどう？」という感じで応答する。じゃがいも剥く手はとめないで、相手をする。そして、暖かいじゃがいもいっしょに食べたり、食べさせたりしながら伝説やおとぎ話を語って聞かせてる、そんな臨床してるなぁって自分で思う。〉

『それはいいねぇ。ボクがあなたの臨床について思ってたのと一致する。ずっと見ていて井上さんは力仕事の精神療法は向かないと思うね。なんでもかんでも触れていくほどのタフネスはない。そのため、ある程度以上の健康な人たちで、教育に近い方がいい。それには、転移、逆転移の世界まで踏み込まない方がいいと思う』――〈うん！　うん!!〉――『うんと健康なものを育てていく時は、健康なものの中にちらほらと見え隠れする病的なものもきれいにのけてしまわない方が、健康なものの育ちに寄与するんだよ。それは自然農法みたいなもの。ところが重いものを扱っている時は、健康なものは小さいから病的なものをうまく手当てしてやらないと健康なものが浸食されてしまう。だからじゃがいもの皮剥きながらじゃだめなわけよ。あなたはいいところに到着したと思うね。ボクはもう少し早く気づくべきだった』。

〈うん。文豪フローベール、エミリ・ブロンテ、トルストイは、実の母の愛に恵まれなかったけど、母代理のような素朴で子ども好きなお手伝いさんがいたの。彼女たちは、家事をしながら子どもにその地方の昔話や伝説の数々を語ってきかせたらしい。一日中台所でお話をせがんだであろう幼い日々の文豪たち。そのお話は乾いた土地に降る天来の慈雨のようであったと思う。お手伝いさんにはこの子を何ものかにしようという意図はなかった。そして、そのとき母親がどんな状況でも、子どもにとって母親以上の存在にはならない「慎ましさ」があったように思う。わたしにはそれが大事に思える。そして、ただいっしょの「時」を楽しんだ。資質や才能に溢れているのにボタンひとつの掛け違いで、あるいは何かの事情で、その開花が蓋されている子どもたちがいっぱいいると思う。彼らも援助を必要としているのに、通常、病気ではないという理由で放って置かれる。でも、そういう子どもたちにも実はその蓋をはずす援助が必要だと思う。このお手伝いさんたちのような臨床をする時、わたしの資質が開花するように思うの〉——『そうだねぇ、そうだねぇ……』。

わたくしは時折、診察室で師の椅子に腰掛け、師が患者さんにするように、少し上体をかがめてわずかに首を左にかしげてみる。この日もそうしていると、「天才とは外でも無い、本質の知識を持っていて、其を完全の域に到達した手業で作り出す者の事です。本質的人間の事です」〔高村 一九一六年〕というロダンのことばが想い起こされた。

業（晩夏）

一週間、風邪に苦しんだ。〝いのち〟の波が低調。暗い和室の中でずっと連想し、夕方這い出してくる日々。生きる意味を見失ったようだ。『対話～』の二冊めに「何を書きたいのか」を探しているつもりだった。しかし、どうやら「どう生きるのか」を探しているらしい。恩師、梶田叡一先生が、『対話の技』について「心理学を越えて人間学に入り込んだ。しかしそのなかで迷子になっている」と評して下さった。けれど、どうも「人間として迷子になっている」。パール・バックの『母よ、嘆くなかれ』を読む。女史の令嬢は知的発達遅滞だった。その避けられない哀しみをどう受け入れていくか、大海原にひとり小舟で漕ぎ出した母親の絶望と苦悩が描かれている。そのなかで「崇高に目的のために書かれるから、慰めがある」という文に出会い、わたくしは〈『対話の技』には「我」があった〉と気がついた。

師に伝えた――〈『対話の技』には「我」があった〉――『やっと気がついたか。自分で気づかなければ意味がないから、黙っていた』。

だが不思議とわたくしは落ち着いていた。「我」を捨てるには、捨てる「我」がなければならない。成長としては順調だ、と思えた。自分の資質を顧みた――〈先生は広大無辺な横への広がり。わたくしは上へ上へと向かう象牙の塔〉。なぜか「我」は上りゆく過程で自然にそぎ落とされるだろう、と思えた。師の想いやことばに揺れない自分がいた。

師は続けた――『ボクたちは違うんだよな。互いに自己実現をすればするほど、その違いが明らかになってくる。ギリシャの時代から、価値の方向が八つくらいある。ボクは快楽主義。その時、楽しいのがいい。終わると、楽しいことがアルバムに残されていく。あなたは価値ある人生を生きることが宿命づけられている。結局、自己実現は、身を屈して生きてこなければならなかった遺伝子の開花だから、親孝行でもある。ボクがいつも言ってるけど、親子三代の「業」を消す仕方は三通りある。「業」は開花しなかった遺伝子の怨念みたいなもの。それを消すには、自殺するか、子孫を残さないか、治るか』――〈うん〉。

『野口英世の母シカさんは野口英世より頭がいい。勉強したかったんだろうと思う。しかし、時代がそれを許さなかった。野口英世は「認められたい」でやってきた人だから哀しいな。』

〈シカが英世に送った手紙の中に「偉くならなくていい、幸せであってくれればいい」という一節がある。これが本当の親心。先生がわたしにいろいろ望み、期待をかけるのは本当の親じゃないからだと思って哀しい。先生は親馬鹿で、わたしを見誤ってる。わたしは平凡に生きたい。それに土居先生が精神分析は「当たるも八卦、当たらぬも八卦」と言ってるじゃない！〉

『それは土居先生だからだ。土居先生は考えてやってるから。ものすごく頭のいい人だからね。ボクは無意識でしてるからほぼ間違いがない。』

〈ふーん。わたしが先生を「この人」と思い定めたのは、論文抄録にコメントをつけてくれたのを見た時。わたしが逆転移を起こしている箇所に「自他を分けない方が自然だったの？」って書いてくれた〔『対話の技』二六八頁〕。それを見た時、〔この人は人を育てる。それに、この人は無意識を扱える。この人なら、この捉え難いわたくしを育てられるかもしれない〕と判断したから。わたしすごく育ちたかったんだと思う。〉

『そうだよ。無意識は可能性を知っているから、エネルギーが湧くのよ。あなたみたいのは初めてよ。』

〈先生の教育は無意識で資質を探り当てて、それは治療の第一歩と同じ。無意識の読みを鋭くするのにはどうするの？〉

『自由連想。自由連想は、無意識という発酵槽を撹拌するんだ。そこから出てきたものを書き留めたりせんのよ。それがまた無意識のなかに入っていって、無意識をかき混ぜるんだな。そして、何か新しい発見があると、ボクは自己愛が満足されて、その意味ではボクは科学者なんだな。』

〈うん。そうだね〔でも先生のは「科学」の意味が違うよね〕。〉と応えながらわたくしは、天才の最大の特徴はナルシシズムゆえに〔西平一九八二年〕、師が他者としてのわたくしではなく、師自身の延長としてのわたくしを自己愛的に愛するという「罠」と、わたくしのうちに否定し難くある、白光する得体の知れない「何か」とを、等分に見据えていた。

ふと、あるでき事が思い浮かんだ。師と出会って四年の歳月がたった頃の事である。神田橋は深情であり、転移－逆転移の「魔の海」に浮き沈みする人である。その思いはひたひたとわたくしの心身のうちに忍び込み、体内にある六〇兆と言われる細胞ひとつひとつに染み入り、わたくしは自己消滅の断崖に立たされた。その恐怖を告げると師は言った。『すぐ過ぎるよ。ボクとパデル先生もそうだった』と。ほぼ十日ののち、細胞の滲みは消え、わたくしは自らを取り戻した。それはわたくしが師への幻想に溺れていたから起こった現象であろう。しかしその時でさえ、天才的な師とその芸術的治療に自らの人生を仮託することを、わたくしのからだが決然と拒絶したのである。

二〇〇三年

煩悩（晩冬）

『花衣ぬぐやまつわる――わが愛の杉田久女』［田辺　一九九〇年］を読み終えた。高浜虚子にその才能を愛され『ホトトギス』の巻頭を幾度も飾り、大正から昭和を生きた女流俳人、杉田久女。しかし、同人たちの嫉妬に晒され、やがて虚子に破門された苦悩の境涯の中で独自の作風を創作したが、晩年は精神を病み、精神病院で生涯を閉じた。ほどなくわたくしは重い流行性感冒にかかり、起き上がれなくなった。咳、鼻水、啖、下痢、嘔吐、からだ中の毒を排出している。からだごと生まれ変わる生みの苦しみ。幾度目であろうか。「病を主体的に病む」こと。すなわち「病を生きる」［野口　二〇〇三年］ことを味わう。

病の床で師に伝えた。久女に魂を奪われ、永遠の時を得た。「久女はやはり、芸術の神に賞でられた存在であり、その句は生のまま残り、死後、輝きを増した」［田辺　一九九〇年］と。だが、師は言った。『ボクは、『発想の航跡』をまた書こうと思うんだけど、そこで書名の種明しをしようと思ってるんだ』――〈ああ、汽船波はすぐに消え、跡かたもないもとの海？〉――『ああ』。そして師は、鹿児島の地から遠隔で気功整体をして下さった。〈いつもして下さって嬉しいけど、ずっと心配。前に「外気功する気功師は早死にする」と言ってらしたから〉。すると『ボクはもうそのレベルは越えた』と、師の疲弊した声が聞こえた。

天の意と（早春）

脱皮、脱皮ごとに陥る病、を繰り返し、その度に強くなってきた。この日、〈天の意、天の摂理と自分の無意識が呼応している感じがします〉と師の携帯に伝言を残して眠りについた。もうひとりで眠ることができる。すべては大いなる存在の内にある。たとえ今夜わたくしが死んでも、それも大いなる存在の計画のうち。そう思えて、はじめて安らけくまどろんだ。

もなか（晩夏）

朝、師のお声が聞きたくなった。一時間ほど話す。初めておとうさんと「ちゃぶ台でもなか」を戴きながら、おしゃべりという感じになった。ほんわりした。父娘の親しさってこういうものなのかなぁ、と思ってみる。源氏物語、おしゃれ、と話に花が咲く。『あなたは服装がきらきらしてる。似合い過ぎる』とまたお小言。先生は人からライバル視されないように工夫しているという。そのひとつが服装。『どうでもいいような服にしてる』と。〈あら、先生のはさり気ないおしゃれで素敵よ〉と言うと、照れ笑いのあと『パリジャンがそうなんだ……』――〈どっちなんだ!?――愛らし過ぎるよ、おとうさん〉。精神分析の話もした、「同一視とは、期待をかけること。自分の資質が開花していたらこんなになっただろうか」と。同一視を免れる方法としてフロイトは「洞察」を言った。洞察を得ると、重ねあわせの心は同じで、重ねあわせの言動は減る。『いろんな話するなぁ』と、おとうさんが言った。

陣痛（初秋）

早朝、六時三十分に師に電話。未明から、自分と地球の回転軸が一致しているように感じられ眩暈。〈地球の自転が超高速回転して、苦しい〉と訴えると、『中心の回転があまりに速いので、周囲の景色は静止して見えるだろう。

脱皮の兆候だから、空を見なさい。産まれてくるものにふさわしい高級な食べ物を食べなさい』と言われる。わたくしは、武蔵野の自然に抱かれながら、多摩川上水辺りを散歩し、お気に入りの紅茶専門店でゆったりとした時を過ごし、料亭で懐石を頂いた。

兄弟子（秋麗）

〝いのち〟の波の低調が続く。生みの苦しみに耐え兼ねて、神田橋の高弟、後藤素規精神科医に相談にのって頂いた。

『神田橋はどこにでも行く。そして自由連想するだけ。前に座った人で連想の中身は異なる。自分と神田橋との関係だけを考えればいい。この年になって自分のなかに起こってくるものはすべて背負って行こうというふうになってきた。考えると止まる。感じるだけでいい。そのままにしておくと連想が始まる。夢を記しておくこと。それについて連想が起こったら、また、そこに戻って書く。僕が神田橋から学んだのは自由連想だけ。でも、それがavailableになったのはつい最近。神田橋とのつきあいは十七、八年』――後藤先生は率直に語り、自立した弟子のお姿を見せて下さった。わたくしは、納得と安堵を得た。

鮮烈な夢をふたつみた。

夢三　**白蛇**（秋麗）

象牙色の大蛇が数十匹、そのからだには九谷焼きのような鮮やかな紋様があり、肌の白い部分と半々の面積を占めている。細い黒い蛇も数匹まじっている。それらが画面、左端の家から右端の家にうねりながらすさまじい勢いで突進して侵入し、その家の右出口（画面の右端）から出て、もとの家の方に踵を返す。だが、その家の前を通り越し、つぎの何かを探し求めて画面の左端を越えて大移動を続ける。その光景を、わたくしは家々と対面している家の二階のバルコニーから見ている。目醒めて、ほとんどが白蛇であることから、わたしは自分自身が精神的存在であることを再認識し、さらに自らの生命エネルギーの膨大さをあらためて実感した。

夢四　**宇宙の始まり**（同日）

宇宙の始まり。暗闇。宇宙の右斜め上に穴が開き、そこから何かが生まれ落ちて来る。七ミリくらいの厚さの三角形の独楽のようなもの。それが地球の上端の弓なりの縁に、バランスをとりながら立脚する。しかし、宇宙空間に巨大な屋根が覆いかぶさり、宇宙を圧迫している。狭い。苦しい。わたしはその屋根をなんとか押し上げようとするが思うようにいかず、息が苦しい。

父と娘（秋麗）

オペラシティ・コンサートホールでの夕べ。世界最高峰のヴィオリスト、ユーリー・バシュメットとモスクワ・ソロイツ合奏団が、トランペッターにセルゲイ・ナカリャコフを迎えて、ショスタコーヴィッチの「ピアノ協奏曲第一番ハ短調」を演奏するというプログラム。ところが、ピアニストのヴェラ・ナカリャコフが病気療養のため、急遽、娘のクセーニャ・バシュメットが代役を努めることになった。からだが小さく、華奢な彼女にこのダイナミックな曲が弾きこなせるのか、会場中はかたずを飲んで見守った。父、ユーリー・バシュメットは指揮する前に、三度も振返って娘を見た。だがクセーニャは鍵盤を見つめたまま緊張のせいか父の気配に気づかなかった。演奏が始まった。指揮する父の背は、一心にクセーニャを見つめ、激励し、背中で抱きとめていた。やがて父の背が安堵の表情に変わった。クセーニャは若鮎のごとく躍動し、会場中の血が沸いた。わたくしは上気し、両手がじっとりと汗ばんでいた。終わった時、父は舞台で娘をひしと抱き締めた。このとき、わたくしは涙が溢れ、止めることができなかった。

そして、自分が何をすべきなのかを悟った。ついさっきまでのわたくしは、父、神田橋を倒すこと、父を越えること、父を殺すことに躍起になっていた。しかし、そんなことはどうでもよかったのだ。わたくしは、わたくしだけの一輪の花を咲かせることだ、とわかった。『対話の技』の最後とつながった――「五年の歳月をかけて、師匠、神田橋條治先生が育んで下さったもの、それは、わたくしがみずからの『花を生むこころ』であった」〔二八一頁〕。

いままでのわたくしは、父、神田橋の「息子」だったことに気がついた。そして、この時、わたくしは父、神田橋の「娘」になった。息子であったことは、『対話の技』の、師と重なりあう「富士山の夢」〔i頁〕が物語っていよう。息子は父親とライバル関係になり、打倒父親がテーマになる。しかし、娘は父とは別の道を探すようである。女の子は子どもを生むからであろうか。もっと〝いのち〟に近い、「土」に近い何かを創造するのかもしれない。父をいたわりながら。

舞台では、クセーニャが鳴り止まぬ拍手とブラボーの呼び声に、何度もセルゲイとともに舞台挨拶に引き戻されていた。それでも止まぬ拍手に、アンコールに応えて、若いふたりはシューマンの「夜の曲」を奏でた。主旋律はセルゲイのホルンであり、クセーニャは伴奏で、技巧的難易度はショスタコーヴィッチのそれとは比ぶべくもない。なのに、父、バシュメットは、いすに腰かけて娘を最後まで不安気にみつめる。その姿を見て、父親とはこういうものなのだ。手塩にかけて育て、自分と同じ道を歩もうとする娘にかける父の思いは、「祈り」なのだと了解した。

『箸の持ち方が悪い』『蕎麦の食べ方を知らない』『人に接近し過ぎる』『歩き方がおかしい』『遅いお帰りで（夜十時なのに！）』『派手な服装をするな（モノトーンなのに！）』『サングラスをかけるな（紫外線どうするの！）』……――父、神田橋のがんじがらめの束縛に、わたくしは〈思春期の娘に嫌われる過干渉の父親みたい!!〉と反抗しきりだった。書いても書いても書き直しを命じられる原稿――『あなたの文章は日光東照宮。絢爛豪華で二度と行こうと思わんじゃろ。桂離宮にしてきなさい。そしたら三度読みたくなる』――〈悪うございました！　薬師寺に変えてきます！〉――『本は残る。あなたが大きくなった時、残る。だから表現を抑えて、俳句のように。刺激せんように。ボクはもうすぐいなくなる。そうしたら、あなたを守れない』――〈俳句や墨絵は、おとうさん、あなたの世界。年代が違うの。言うこときいてたら瑞々しさが失われる。押しつけないで！〉と、その度にいきり立ってきたけれど、自分が死んだ後のことまで心配して、父親ってこんなに娘のことが気がかりなんだとわかり、涙がとめどなく流れた。

終演して、オペラシティの階段を降りながら、いつのまにか「ここに生まれて日本の、文化を起こす使命あり」と好きな校歌を口ずさんでいた。そして「静かに自らの使命を果たす潔さ」と二度、つぶやいているわたくしがいた。

師に伝えた――〈おとうさんの気持ちがわかってなかったことがわかった〉――『わかってないよ。ぜんぜんわかってない。わかってないなんてものじゃない』と、師は恨めし気に言った。

その瞬間、わたくしは慄然として、脳が高速回転した。わたくしが師を遠慮なく頼り、容赦なく攻撃する一方、〈産みたいから産んだんでしょ、育てたいから育ててるんでしょ、迷惑なもんだ〉と、たかをくくり、お気楽にしていたのは、本当の親子になっていたからだ。これこそが土居先生の「甘え」。甘えている自覚があったら、甘えたことにならない。「関係を生きる」とは、こういうことなのか。つまり、師のかかわりは、溺れている人に、自分は安全な岸にいて浮輪を投げるのではなく、自分も海に入って、溺れる危険の中で救おうとする。だから、自身も〝いのち〟の危険に晒される。この時、師も溺れている人とほぼ同じほど弱くなる。わたくしは、師は強いけれど弱いと思ってきた。そして、その弱さが、しばしばわたくしを苛立たせ、攻撃のかっこうの標的になった。だが、強靭な強さに裏打ちされたこの弱さこそ、転移・逆転移、転移性精神病の世界に入るための資質なのだ。教育にもその資質は程度の差はあれ、遺憾なく発揮されている。こんなことを八年もしてくれたのか、とわたくしは愕然とした。

明け方こんな夢を見た。

夢五　**宇宙空間**（晩秋）

宇宙のはるか上空から壮大なオーロラがかかり、美しい襞がゆったりと揺れている。オーロラが透けて、向こうの銀河系の星々が輝いている。静謐で雄大な宇宙空間のなかに、わたくしはひっそりと佇んでいる。天空はわたくしの胸の内にある。自在である。

『あなたは夢まで絢爛豪華だなぁ』、師は言った。その声を、遠くに聴きながら、わたくしは〔この静櫃で雄大な宇宙空間にやはり無意識ということばはそぐわない〕と思いながら、ひとり透明な世界のなかにいた。

二〇〇四年

いのち（陽春）

悠久の時の流れのなかで、わたくしは、これまで逃れ難かった哀感愛惜の煩悩が霧のように消え、他者がただ〝いのち〟として見えるようになった。そして、みずからの〝いのち〟の静寂と高揚、他者の〝いのち〟との交響だけを感じるようになった。

夢六　シャーク（盛夏）

いきなり巨大なシャークが水飛沫をあげて海面に飛び出し、天をめがけて上体を反らしてわたくしに牙を剥いた。わたくしは一瞬、恐怖に震えたが、呼吸がひとつ乱れただけでなんとか収まった。

いのちの旅（晩夏）

それは不思議な一日だった。

昼下がり。木洩れ日をあびて、白い花をつけたカルミアの木が風に揺れている。しなる枝に子雀が一羽泊まる。子雀はまるで木の一部であるかのようにリズミカルに揺れ始める。わたくしはその光景を凝視した。すると「いのちが謳っている！」「生きている！」と、からだのなかから音楽が湧き上がってきた。子雀のからだの丸み、質量感、ぬくもり、鼓動が肌の気孔を通してわたくしに伝わってくる。子雀のおなかの象牙色があざやかに映え、世界が新たな彩りで立ち現れた。風がからだを透き通り、光の一筋一筋が描出され、木の皮が発する匂いを感じる。風や木や鳥のいのちとわたくしのいのちは、「同じいのち！」。一瞬、わたくしの脳裏に、死期が近いのか、この世の見納めかと不安がよぎった。だがつぎの瞬間「死ぬもいのち」と、目が覚めた。風も光も木も花も鳥もみな「いのちそのもの」、「いのちはリズム」「横溢するいのち！」。詩の真実の扉が、いま、開いたかに思えた。——「芸術に於て、人は何も創造しない！　自分自身の気質に従って自然を通訳する。それだけだ！」「彫刻に独創はいらない。生命がいる」［高村　一九七六年］。新鮮な喜びのなかでロダンの言葉がよみがえった。

宵。この世からあの世へ吸い込まれるように歩み去る、古代からの無数のいのちの足音がひたひた、ひたひたと、通り過ぎ、遠ざかる。その向うに、踊り念仏の恍惚に時を忘れ、法悦に救いを求める時衆の老若男女が幻のごとく浮かんでは消えていく。遺体は「野にすててけだものにほどこすべし」とまで捨て切った遊行者、一遍上人［坂村　一九九八年］［栗田　二〇〇〇年］。「捨てるもいのち」と、わたくしのいのちが独りごちた。「いのちは時」。

夜半。夢かイメージか判別不能。闇の彼方に白い巨大な石膏のかたまり。天が放った青紫の閃光がかすかにその姿を浮かび上がらせる。画面は静止している。やがてそれは荒野に聳え立つロダンのバルザック像だとわかる。マントに身を沈めて自己の文学的夢想に埋没するその姿が、まるで巨大なミノムシのようで、それまでの写実的なロダンの作品との断層を、わたくしは長いあいだ越えることができなかった。しかし、それはいまわたくしの世界の内にある。闇のなかでわたくしは、それはバルザックその人を越えた、孤独な「いのちの形象」の造形化であることを了解した。

覚醒して、わたくしは自らの感覚の蕾が充ちてほころび、思索の花が咲こうとしているのかもしれないと感じた。

そういえば一遍智真は「旅の思索者」［栗田 二〇〇〇年］であった。「いのちは響き」。

いのち、それは宇宙創造のはじまりから大いなる「一」としてあり、森羅万象はその資質にしたがっていのちの「かけら」を表現しているにすぎない。しかし、「かけら」の中に「すべて」があり、表現する「瞬間」に「永遠」がある。そして、表現し終えた時、われわれはふたたび大いなる「一」に立ち還る。「『一』は虚空」。

裾野から頂を仰ぐ

夢七　とぐろ（晩夏）

背部が黒、腹部が白、尾も頭もしなやかな双頭の蛇がとぐろを巻いている。片方の頭がわたくしの左頬にふれんばかり。

恐怖で目覚め、やがて連想が起こった。「一」は「円」。

『対話の技』刊行後、三年の歳月、師匠、神田橋條治の守りの中にあったわたくしに訪れたもの、それは、いのちは「円・空・力」という息づかいであった。

引用文献

S・P・バック［一九九三年］『母よ嘆くなかれ』伊藤隆二訳　法政大学出版会

井上信子［二〇〇一年］『対話の技――資質により添う心理援助』（神田橋條治 対話）新曜社

神谷美恵子［一九八二年］『日記・書簡集』（神谷美恵子著作集10）みすず書房

栗田勇［二〇〇〇年］『一遍上人――旅の思索者』新潮文庫
西平直喜［一九八一年］『子どもが世界に出会う日――伝記にみる人間形成物語 2』有斐閣
野口晴哉［二〇〇三年］『風邪の効用』ちくま文庫
坂村真民［一九九八年］『詩集 念ずれば花ひらく』サンマーク出版
高村光太郎『ロダンの言葉抄』高村光太郎訳 高田博厚・菊池一雄編岩波文庫 一九九〇年
高村光太郎『高村光太郎全集 16』岩波書店 一九九六年
田辺聖子［一九九〇年］『花衣ぬぐやまつわる――わが愛の杉田久女』（上・下）集英社文庫
B・パスカル『パスカル』（世界の名著 29）前田陽一訳 中央公論社

参考文献

土居健郎［一九七一年］『甘えの構造』弘文堂
土居健郎［一九九四年］『日常語の精神医学』医学書院
神田橋條治［二〇〇四年］『発想の航跡 2』岩崎学術出版社
M・ローラント［一九八九年］『RODIN』高橋幸次訳中央公論社
中村庸夫［二〇〇二年］『海の名前』東京書籍
西平直喜［一九八一年］『幼い日々に聞いた心の詩――伝記にみる人間形成物語 1』有斐閣

対話　その七

「我以外、みな我が師」ということばがある。猫の動きを見て体術を磨いた人もあり、庭石や雨垂れから教えを受けることもある。同僚・後輩・クライアント、みなそのときどき師となりうる。人が相手を師とみなし、己を弟子とすることで、「師弟」という関係は生じる。すなわち師弟関係とは、弟子となる人による主体的営為である。

そうした成り立ちが本質なのだから、教師対生徒、リーダー対スタッフなど、あらかじめ社会のとり決めとして構造化されている師弟関係は変則的なものであり、変質が生じ易い。弟子となる人の主体性が薄い構造であるので、弟子を関係の中に縛りつけるさまざまの要因が生じがちである。結果として、弟子に内在する「師とは異質な資質」は伸びる機会を与えられず、師を越える弟子が育ちにくくなってしまう。流派・学統などの文化集団は、代を重ねるにしたがい、本質を失い形骸化する。

集団を離反する者によって、本質のルネッサンスが図られる。「正統なるものは常に異端である」というパラドックスはあらゆる文化集団において繰り返されてきた。それが師弟関係の世界史である。

師としての役割を与えられた人の心得が三点ある。

第一点は、自らは師として振舞わぬように心がけることである。対等の関係となるように、素直に語るべきである。ボクの努力は井上さんの記述の中のそこここに見てとることができよう。

心得の第二点は、弟子を師の欲求達成に利用しないことである。社会構造化された師弟関係では、これが日常的におこなわれており、資質を伸ばさない教育となっている。ただし、師となる側がどうしても逃れられない欲求がある。それは「育てる喜び」である。師は弟子に期待をかける。井上さんを優れた臨床家に育てたい、という当初のボクの欲求はその例である。井上さんの抵抗と資質とを見極めて、あっさりとボクの欲求を放棄できたことに安堵している。いまは、優れた教師としての成長に期待し、見守り、援助している。

心得の第三点は、第一点と矛盾する要請であるが、師としての役割をひきうける際の責務である。それは、弟子の投げかける「傾倒」と「幻想」にひたすら耐えることである。庭石や雨垂れのように耐える努力である。

その努力には二種ある。そのひとつは「傾倒」や「幻想」にひきずり込まれないことであり、それは第一の心得と共通する。ボクはこの点では及第点を貰ってよいほどに努力し得たと思っている。

努力の第二は、弟子の「傾倒」や「幻想」を修正して現実に引き戻そうとしないことである。傾倒と幻想と「別れ」とが、弟子の側の一方的な活動であり、最終的に師は庭石の位置に戻るのが理想である。ボクは井上さんの投げかける傾倒と幻想の質と量とに耐えきれず、たじたじとなり、つい修正しようと介入をしてしまった。井上さんが「操作」と呼んでいるものの多くはそれである。――「我いまだ木鶏に至らず」、未熟を恥じる。

フロイトが滑らかにフリースから離れ得たのは、フロイトの資質のせいもあろうが、フリースが関係を操作せず、またフロイトを自分の欲求の道具にしようとしなかったことによるのだろう。フロイトから離れた際のユングの混乱は、ユングの資質に由来するだけでなく、フロイトがユングに投げかけた種々の欲求や期待、そして精神分析運動という社会構造の中に二人の関係があったことも一因であろう。

まことに師弟関係とは、親子関係と同程度におどろおどろしきものである。なろうことなら師や親などにならず、弟子や子をして生涯をすごしたいものである。

あとがき

本書の「はじまりの対話」で師は、「幻想と傾倒と別れなしには、どんな自我の成長も起こらない」というお言葉を下さった。その構造は、わたくしのこの八年の体験にしっくりあう。しかし、わたくしが「フロイトの位地に置かれるのをひいきのひき倒しと思うかもしれない」というのは、あたっていない。なぜなら、フロイトが「人間」にいかに寄与したかはまだ未知数であり、評価も含めてこれからどうなるかわからない、と感じるからである。それよりも〝いのち〟の進化の胎動に胸躍るのである。

＊＊＊　＊＊＊　＊＊＊

本書において、かけがえのない忘れえぬ出会いを下さったクライエントとそのご家族に心から感謝いたします。わたくし自身は、これから教師として育ちゆく学生指導に生かすことで、貴いお気持ちに応えさせて頂きたいと存じます。ありがとうございました。また、カウンセリングへのご理解とご協力、及び、ケース公表へのご許可を頂きました校長先生、教頭先生、先生方に厚くお礼申し上げます。

本書にはたくさんの方々がご寄稿下さっています。そこでわたくしはこの本を編著書と考えて参りました。しかし、編集者の津田敏之氏から、全体に統一ある叙述を責任をもって著してほしいという強い要請があり、単著の形をとることになりました。清らで真摯な生き様を開示して下さったC子さん・Gくん、そしてそこに寄り添って深い成長を遂げられたお母様たち、また、いつのまにか驚くほど成長されてそれぞれの世界にはばたいていかれた里芋さん、五島さん、野上さん、酒井さん、鈴木さん、佐伯さんに深くお礼申し上げます。ありがとうございました。

わたくしは本書執筆の過程で学生の教育を振り返り、自らがいかに長年にわたる師恩に恵まれてきたかをあらためて確認いたしました。

本書の巻頭に「序文」を賜りました梶田叡一先生（兵庫教育大学名誉教授）に心からの感謝を捧げます。思い起こせば、先生は心理学の基礎のないわたくしに、約三ヵ月で論文を書くように命じられ、「人は時に無理をしないと大きくならない」「生涯に一冊でいい。歴史の波に洗われても残る本を書け」「逃げるな。やれ」と、志高く生きるべく、長年にわたりご指導を与え続けて下さいました。それも、わたくしが躓かぬよう常に十年先と同時に彼方を見据えてのお導きでした。先生はカトリック信者でいらっしゃり、日本の教育を改革されるお姿に「召命」の香りが漂います。

その梶田先生が関西に行かれる時、「関東であなたを育てられるのは藤永保先生（お茶の水女子大学名誉教授）だけ」と仰り、わたくしは藤永先生にご指導頂くことになりました。先生の「発達心理学」のご講義を二年続けて受講させて頂きましたが、できの悪い学生のわたくしは、一年目は、先生の「ほんものになりなさい」というメッセージを毎回、感涙とともに受け取るのが精一杯で、二年目にしてやっと、知識の獲得が可能になりました。そのご講義がいまもわたくしの授業者としての憧れであり、出発点になっております。そして先生は若き日の結核罹患のご経験から「一度失ったいのち、これからは人のために使おう」とお心に決められた生き様により、わたくしに人間の「格」を示して下さいました。

しばらくして、臨床に転向したいが周囲の賛意を得られず苦悩していたわたくしに、「みんなが大人になるなかで、あなたはひとり純粋。子どもの臨床があなたにはあっている」と背中を押して下さり、同時に臨床と研究の両立を勧めて下さった社会学者、見田宗介先生に感謝いたします。先生の「エチュード合宿」は衝撃的で、わたくしはそこに、学問のパラダイム・シフトの匂いを嗅ぎ取ったのです。

紆余曲折ではみだしがちのわたくしに、ずっと、さり気なくあたたかく「同行二人」でいて下さった真仁田昭先生（筑波大学名誉教授）に感謝いたします。もう二十年も前に「臨床は祈りである」と先生が教えて下さったおことばが、やっと、しみじみ感じられるようになりました。先生の芳醇な知性に酔いしれ、いつも瞬く間に永遠の時が過ぎていきます。

「何かあったらわたしが直談判に行くから、すぐに言ってきなさい」、わたくしが本学に奉職する時、そう仰って下さった故石川松太郎先生（元日本女子大学教授）、ありがとうございました。弱々しかったわたくしが教授会で発言できるようになったことを先生は喜んで下さるでしょうか。菩薩のような先生のお人柄に憧れます。

最後に、学生を守り育て、学生や労働者、弱者のために闘い抜くことを身をもってお示し下さった、いまは亡き岡野恒也先生（元愛知瑞穂大学学長）に感謝し、ご冥福を心よりお祈りいたします。わたくしは先生のご最期の清らかなお姿から「死に様は生き様である」という尊い教えを賜りました。わたくしも学生たちを守りきれるように天国からお力をお貸し下さい。

また、平成十二年度の国内研修では、久留一郎先生（鹿児島純心女子大学大学院教授）、畠澤郎先生（鹿児島国際大学教授）にご高配頂き、植村彰院長先生に伊敷病院での学びをお許し頂きました。厚くお礼申し上げます。

先生方に頂いたお教えは、次代を拓く学生や子どもたちへの、わたくしのかかわりのなかに息づいています。明るくて素直な感激屋さんの、ふつうの女の子だったわたくしがここまでこられたのは、先生方の至上のご教育のお陰でございます。そして二十代の頃に受けた感激や衝撃が、四十代のいまのわたくしの内界に炙り絵のように浮かび上がり、それらが仕事や人間形成の柱になっていることに気づきます。教育という営みの深遠さに深い感慨を覚えずにはいられません。わたくしも、わたくしらしい教育実践を考えだし、未来を創る子どもたちが輝く教育現場になるよう、力を尽くしたいと存じます。本当にありがとうございました。

そして、予想をはるかに越えて成長し続けてくれる教え子たちに感謝します。日々のわたくしの実践は、あなたたちの、やさしさに裏打ちされた敏感な感性と知性との響きあいに支えられています。ありがとう。木の芽は柔らかいから伸びるのです。十代・二十代の感受性煌く季節に、あなたたちとともに時を過ごすことに重い責任を感じます。そして、教師は捨て石です。どうぞ、わたくしを越えて、あなたの〝いのち〟の意味を見つけ、潔くこの世での使命を果たしていって下さい。祈っています。

ここには書ききれませんが、いままで出会ったすべての方々に感謝を捧げます。

本書の出版にあたって初出誌からの転載収録を許可して下さった、日本学校教育相談学会のご厚意に感謝致します。

元来、虚弱なわたくしの健康を支えて下さっていた、故岡島瑞徳先生に厚くお礼申し上げます。

自由で〈わたし、しあわせ〉と夢見がちのわたくしに『ぼく、しわよせ』と呟きながらも、楽しみつつ子どものお弁当を作り、家族を守ってくれる夫に深謝します。そして、幻想や傾倒を『必要だから大きく見えるだけじゃん』……、本書を著して〈自分がどんな教育をしてるのかわかったわ〉と言うわたくしに『下手になるね。無意識じゃないと』……、などなど新鮮な対話で母の脳を活性化してくれるわが子に「ありがとう」を贈ります。

最後になりましたが、この本づくりでは編集者の津田敏之さんが、わたくしのわがままに根気よくつきあい自由度を最大限に高めるため並々ならぬ努力をして下さいました。内省し厚くお礼申し上げます。

この本にはみんなの人生がいっぱい詰まっています。いまこうしているうちにも、ひとりひとりが刻々と独自の成長を遂げつつあります。わたくしの「〝いのち〟の教育」は、いま始まったばかりです。皆様のご批判・ご指導を頂きながら、熟成させて参りたいと存じます。

二〇〇四年八月二十七日

「愛」を見つめて

井上信子

神田橋 條治（かんだばし・じょうじ）

1937 年，鹿児島県加治木町に生まれる。
1961 年，九州大学医学部卒業。
1971-1972 年，モーズレー病院ならびにタビストックに留学。
1962-1984 年，九州大学医学部精神神経科，精神分析療法専攻。
現在，伊敷病院（鹿児島市）。

著訳書
『精神科診断面接のコツ』（岩崎学術出版社）
『精神療法面接のコツ』（岩崎学術出版社）
『精神科養生のコツ 改訂』（岩崎学術出版社）
『発想の航跡』（岩崎学術出版社）
『発想の航跡 2』（岩崎学術出版社）
『「現場からの治療論」という物語』（岩崎学術出版社）
『異常心理学講座 9 巻　精神療法 - 神経症』（みすず書房）
『「本」を遊ぶ』（創元社）
『技を育む』（中山書店）
『神田橋條治精神科講義』（創元社）
『神田橋條治医学部講義』（創元社）
『治療のこころ』（1-16，花クリニック　神田橋研究会）
『対話精神療法の初心者への手引き』(花クリニック　神田橋研究会)
『発達障害は治りますか？』(共著，花風社)
『精神分裂病の精神分析』(H.スポトニッツ，共訳，岩崎学術出版社)
『想像と現実』（C.ライクロフト，共訳，岩崎学術出版社）
『自由連想』（A.クリス，共訳，岩崎学術出版社）
『精神病水準の不安と庇護』(M.I.リトル，岩崎学術出版社)
『原初なる一を求めて』(M.I.リトル，共訳，岩崎学術出版社)
『転移分析』(M.M.ギル，共訳，金剛出版)
『ウィニコットとの精神分析の記録 新装版』(M.I.リトル，訳，岩崎学術出版社)

著者紹介

井上 信子（いのうえ・のぶこ）

お茶の水女子大学大学院博士課程単位取得満期退学。現在，日本女子大学教授。 主な著書に『現代の発達心理学』（共著，有斐閣），『中学生・高校生の問題と治療的カウンセリングの実際』（共著，明治図書出版），『質問紙法』（共著，北大路書房），『対話の技』『対話の調』（新曜社），『自己概念研究ハンドブック』（共訳，金子書房）などがある。

新曜社

対話の世界（たいわのせかい）

心理援助から「いのち」の教育へ

初版第1刷発行　2004年 9 月 20 日
初版第5刷発行　2018年 4 月 20 日

著　者　井上信子
対　話　神田橋條治

発行者　塩 浦　暲
発行所　株式会社 新曜社
〒101-0051
東京都千代田区神田神保町 3-9
電話(03)3264-4973(代)・FAX(03)3239-2958
e-mail　info@shin-yo-sya.co.jp
URL　http://www.shin-yo-sha.co.jp/
印　刷　亜細亜印刷株式会社
製　本　イマヰ製本所

ISBN 978-4-7885-0918-0 C 3011